YOUTH RULE OF LAW RESEARCH
2024

青少年
法治研究
2024

总第3卷

唐稷尧　全　亮／主　编
张光云　李长城／副主编

法律出版社
LAW PRESS·CHINA
北京

图书在版编目（CIP）数据

青少年法治研究. 2024 ：总第3卷 / 唐稷尧，全亮主编；张光云，李长城副主编. -- 北京：法律出版社，2025. -- ISBN 978-7-5197-9248-0

Ⅰ. D922.74-53

中国国家版本馆CIP数据核字第2024YA0216号

青少年法治研究2024(总第3卷)
QINGSHAONIAN FAZHI YANJIU 2024 (ZONG DI-3 JUAN)

唐稷尧　全　亮　主　编
张光云　李长城　副主编

责任编辑　张红蕊　聂　颖
装帧设计　汪奇峰

出版发行 法律出版社
编辑统筹 法规出版分社
责任校对 李争春
责任印制 耿润瑜
经　　销 新华书店

开本 710毫米×1000毫米　1/16
印张 18　　**字数** 275千
版本 2025年1月第1版
印次 2025年1月第1次印刷
印刷 北京新生代彩印制版有限公司

地址:北京市丰台区莲花池西里7号(100073)
网址:www.lawpress.com.cn
投稿邮箱:info@lawpress.com.cn
举报盗版邮箱:jbwq@lawpress.com.cn
销售电话:010-83938349
客服电话:010-83938350
咨询电话:010-63939796

书号:ISBN 978-7-5197-9248-0　　**定价**:68.00元

凡购买本社图书,如有印装错误,我社负责退换。电话:010-83938349

2024 卷首语

随着时代的进步和社会的发展，青少年作为国家的未来和民族的希望，其法律保护与法治教育问题日益受到社会各界的广泛关注。在这个充满挑战与机遇的新时代，《青少年法治研究》系列出版物肩负着重要的使命与责任，致力于推动未成年人法律保护和青少年法治教育领域的学术研究与实践探索。值此2024卷出版之际，我们深感荣幸能与您共同见证这一重要时刻，并分享我们的思考与展望。

2024卷是《青少年法治研究》系列的第三部代表作品。作为专注于青少年法治领域的学术性连续出版物，《青少年法治研究》的每一卷都精心挑选了十余篇具有学术价值和实践意义的论文，围绕未成年人法律保护、青少年法治教育、青少年犯罪预防与矫治、青少年司法制度等多个方面展开深入探讨。

最高人民法院2024年出台了《关于全面加强未成年人司法保护及犯罪防治工作的意见》，要求以依法履职促推“六大保护”融合发力。而《青少年法治研究》系列从策划选题开始就一直关注未成年人权益的全方位保护，尤其是家庭保护、学校保护、社会保护、网络保护、政府保护、司法保护“六大保护”体系的建设与完善。通过汇集那些深入分析国内外未成年人法律保护的立法规定和司法实践的学术研究成果，我们旨在为更加全面、更加有力地保护未成年人建言献策。

正在征求意见的《中华人民共和国法治宣传教育法（草案）》在第4章用了6条10款条文专门规定“青少年法治宣传教育”，显示出党和国家对青少年法治宣传教育工作的重视。本丛书一直致力于探索符合青少年身心发展特点的法治教育模式和方法。教育部高度重视青少年法治教育工作，教育部政策法规司、四川省教育厅、四川师范大学三方合作共建的“青少年法治教育中心”积极响应号召，通过集中介绍国内外先进的法治教育理念和实践经验，希望能够为教育工作者提供有益的参考和借鉴，推动青少年法治教育工作的创新与发展。

就在落笔之际，“邯郸初中生遭3名同学杀害埋尸案”刚刚宣判，3名未成年被告人中，一人被判无期徒刑，一人被判12年有期徒刑，一人送交专门矫治教育。这一判决既彰显了我国政府和司法机关坚决维护未成年人合法权益的坚定决心，又充分体现了我国预防和治理未成年人犯罪的明确态度。青少年犯罪预防与矫治、青少年司法制度等议题也是我们关注的研究重点之一。通过这些深入分析青少年犯罪原因、特点和趋势的文章，我们旨在提炼出更加科学、有效的犯罪预防和矫治策略。同时，我们还持续关注青少年司法制度的改革与完善，努力为推动建立更能实现“教育、感化、挽救”方针的青少年司法体系而添砖加瓦。

党的二十届三中全会通过的《中共中央关于进一步全面深化改革　推进中国式现代化的决定》中，明确将“改进法治宣传教育”、“加强和改进未成年人权益保护”和“强化未成年人犯罪预防和治理”作为完善推进法治社会建设机制的重要内容。这一顶层设计无疑为我们青少年法治的研究工作指明了新的方向。

加强青少年法治宣传教育、提升青少年法治素养和更完善地保护青少年合法权益是全面建设社会主义法治国家的重要任务之一。作为《青少年法治研究》的主编和主办方代表，我们深感责任重大、使命光荣。我们将继续秉持初心和使命，继续推动我国青少年法治研究工作的深入开展。

“铁肩担道义，妙手著文章”，与诸君共勉！

编　者

2025年1月

目　录

青少年网络保护

青少年犯罪治理

青少年司法

青少年被害人保护

青少年网络保护

青少年保护视阈下
搜索引擎自动补足算法责任规制

刘宇林[*]

内容提要 搜索引擎自动补足算法提高了网络信息检索的效率，但也隐含侵害青少年健康权、信息权等权益风险。当权益损害结果发生时，搜索引擎多以“技术中立”为由规避自身责任。本文通过对自动补足算法运作过程的拆解分析，认定算法结果实质融合了主观意识，进而确定搜索引擎“基于算法的网络内容提供者”的地位，这是破解算法中立困境的逻辑基础。此外，针对青少年网络权益保护，本文为搜索引擎设定三大义务，并采用备案制度固化算法运作轨迹，从而构建贯穿算法设计、运作、结果生成全过程的分层责任规制框架，最大限度地降低青少年合法权益受损的风险。

关键词 青少年网络权益 搜索引擎 自动补足算法 责任规制

在ABC时代，即以AI（人工智能）、Big Data（大数据）、Cloud Computing（云计算）为代表的技术革命和产业趋势的时代，互联网切实深入社会生活，青少年①也被时代“裹挟”着不可避免地参与其中。因为青少年的主体

---

* 刘宇林，四川师范大学法学院民商法研究生，四川师范大学青少年法治教育中心成员。研究方向：民商法学、青少年司法。

① 本文所提及的“青少年”指未满18周岁的未成年人。

特殊性，我们不得不更加关注其在互联网世界中权益受损的问题。就青少年而言，从互联网中汲取课内外知识已成为一种趋势，互联网对于青少年群体的积极作用不言而喻。从网络中检索目标信息的第一个步骤便是关键词搜索，在这个过程中，搜索引擎自动补足算法提供了一系列搜索建议，其中不乏存在与目标信息毫不相干，甚至包含低俗色情、虚假信息、暴力恐怖等元素的不良信息。鉴于青少年心智尚未成熟、好奇心强及自我保护能力弱等因素，其极易受搜索建议的误导而检索不良信息，导致其身心及其他权益遭受侵害。

一、现实困境：自动补足算法侵害青少年合法权益

网络用户获取信息的主要来源是通过搜索引擎检索关键词，而搜索引擎通过自动补足算法，在检索关键词的基础上为检索人提供相关搜索建议。自动补足算法为用户提供了可能有用的联想搜索建议，减少了打字时间，提高了搜索效率。但自动补足算法尚未被严格规制，自动补足的内容具有广泛性与任意性，其中不乏含有违法引导、精神损害、文化歧视及历史虚假等类型的不良内容，也不乏含有他人隐私的信息。青少年可能是信息的阅览者，也可能成为信息的素材，其健康权、信息权、隐私权面临极大的被侵害风险。

（一）阅览者：自动补足算法侵害青少年健康权

在法律意义上，行为能力是指“法律关系主体能够通过自己的行为实际行使权利和履行义务的能力”①。与成年人相比，青少年心智发展不成熟，缺乏基本的辨认与控制能力，其不具有完全行为能力。当青少年通过搜索引擎输入关键词检索目标内容时，自动补足算法生成的信息会完全展示在青少年面前，青少年可能会对联想建议进行逐一浏览。这意味着，即便建议内容与目标内容并不匹配，因认知较少、对未知事物具有强烈的探索欲，青少年也极有可能离开目标内容，转而点击自动补足算法提供的其他搜索建议。这些搜索建议不乏含有虚假、低俗色情、暴力恐怖等不良信息，这与青少年的适

---

① 张文显主编：《法理学》（第 3 版），高等教育出版社、北京大学出版社 2007 年版，第 162 页。

览内容极不匹配。青少年正处于生长发育的阶段，其心智、思维、判断乃至善恶观易受误导，这些误导信息一旦影响青少年心智的认知发展，青少年的思维与行为便会偏离正确的成长轨道，其心理健康也会受到损害，也即青少年的健康权受到侵害。

（二）被阅览者：自动补足算法侵害青少年信息权

在虚拟网络空间中，信息泄露与网络暴力多从首批侵权人在网络平台上散布的他人隐私信息开始，伴随着第一批信息接收者对当事人信息的进一步检索而扩大。信息接收者包括中间影响信息者与中间干扰信息者，他们可能对信息进行改造，成为第二批、第三批、第四批……信息传播者，最终导致当事人的信息被传播得"铺天盖地"，被改得"面目全非"。在我国社会影响恶劣的网络暴力事件中，不乏青少年未能逃出网络暴力的魔爪事件，如刘某某被网暴致死案①。刘某某自杀死亡，不仅是因为网红博主对其进行公开侮辱谩骂，更是源于谣言的无休止扩散：网络用户通过关键词检索，在粗浅了解刘某某信息后，对他进行更加恶劣的侮辱、骚扰。在整个过程中，网暴者难辞其咎。同时，作为信息传递第一环的搜索引擎自动补足功能，其存在的问题也凸显出来。根据点击量，自动补足算法会将刘某某事件作为热点信息，自动放入搜索建议栏，哪怕只在搜索栏中输入"刘"字，也可能弹出"刘某某事件"搜索建议。这使刘某某的相关信息更容易出现在公众视野，他被造谣、检索、讨论、侮辱、谩骂，且相关信息大肆传播，最终无法承受非议而走向死亡。当搜索者意欲检索青少年相关信息时，搜索引擎自动补足算法提供的搜索建议可能展示青少年的隐私信息和不实信息，直接或间接引导查访，这一途径侵害了青少年的信息权、隐私权。

二、法理基础：自动补足算法的运作融合了主观意志

搜索引擎作为众多网络平台中的一分子，其搜索功能的强弱取决于自动

---

① 参见张鹏翔：《被告当庭否认侵权，刘学州被网暴致死案将择期宣判》，载光明网，https://m.gmw.cn/2023-09/25/content_1303524485.htm。

补足结果同用户检索目标的差异大小。因此，不断深化算法功能是提高其行业竞争力的根本保障。算法在深度学习的过程中不可避免地会出现错误，平台便常以“技术事故”① 加之技术中立借口来推脱责任。在网络平台归责过程中，责任人与行为人相分离②，导致算法功能不断强化，平台主观过错无从探寻，平台责任一味减轻。为避免平台责任过轻现象，加强平台信息管理者责任、平台监管严格化的趋势愈加明显。③ 但传统的对平台的追责问责思路无法适应当前社会与技术的发展。因此，打破算法中立困境就成为解决当前问题的关键。应当明确的是，算法技术的设计与运用蕴含着设计者的价值观和主观意志，这是搜索引擎承担责任的根本依据。

（一）人的智能：自动补足算法蕴含价值选择

在大量有关未成年人的法律法规中，涉及网络信息保护的主要规定为：网络服务提供者一旦发现应当被处置的信息，即其平台传输的可能影响未成年人身心健康，或者是侵犯未成年人合法权益的信息，就应立即停止传输，采取删除、屏蔽和断开链接等处理措施，保存有关记录，并向网信、公安等部门报告。④ 信息是网络服务提供者监管的对象。信息生产的过程夹杂着编辑主体的主观意志，信息发布者一般会主动加工自己或者他人创作的作品，以此来生产信息。目前，“人工智能”本质上是应用“人”的“智能”，其生成内容的过程并不涉及创作所需要的“智能”，因此并不能成为受著作权法保护

---

① 比如，亚马逊网站中一本二手书被算法定位超高价，后被认定为算法设置有问题。See Andrew Couts, *Why did Amazon Charge $23, 698, 655.93 for a Textbook?*, Digital trends (May 6, 2024), https://www.digitaltrends.com/computing/why-did-amazon-charge-23698655-93-for-a-textbook/.

② 参见尹培培：《网络安全行政处罚的归责原则》，载《东方法学》2018 年第 6 期。

③ 2016 年以来我国相继出台了《互联网信息搜索服务管理规定》《移动互联网应用程序信息服务管理规定》《互联网直播服务管理规定》《互联网新闻信息服务许可管理实施细则》《互联网论坛社区服务管理规定》《互联网跟帖评论服务管理规定》《互联网群组信息服务管理规定》《网络信息内容生态治理规定》《互联网用户公众账号信息服务管理规定》等众多规范性文件。

④ 参见《未成年人保护法》第八十条第二款、《未成年人网络保护条例》第二十九条。

的作品,[①] 即目前人工智能生产信息的内容，依赖于“幕后操纵者”为其设置生产信息的主要内容（原材料）、目的或者一系列算法技术。因此，无论以何种方式加工或者生产信息，在目前的技术水平下，信息内容的生成都无法脱离人的主观意志。

在搜索引擎运作过程中，输入关键词是网络用户检索目标内容的第一步。搜索引擎自动补足算法提供的搜索建议，是通过收集用户信息和分析用户习惯，然后根据自己的运行逻辑为用户提供推荐的。[②] 当网络用户输入关键词时，自动补足算法便会为网络用户提供一定数量的搜索建议。搜索引擎自动补足算法的运行逻辑即为应用算法、规则和模板的过程，该算法、规则和模板则由人创作而成。因此，搜索建议的生成并非完全由算法自动编辑生成，而是通过搜索引擎自动补足算法的运行逻辑，对自动补足算法产生结果进行限制、过滤、删除、排序和确定，最后才呈现在网络用户面前。例如，谷歌能主动屏蔽色情、恐怖的信息，百度能将广告内容设置进搜索建议，等等。

（二）运作过程：自动补足算法运用全过程中主观意志的融入

自动补足算法的设计与运用是搜索引擎建构自身商业模式、吸引网络用户流量和强化自身功能的一种必不可少的手段。同时，利用自动补足算法的“自动性”特点，搜索引擎能减轻甚至免去对自动补足算法及其生成结果的责任。但自动补足算法实际蕴含设计者意识，将算法设计及运用中融入的主观意志作为对搜索引擎追责的根本依据主要有以下两项：

1. 设计者设计算法时嵌入了主观意志

算法设计时包含设计者的主观意志。“隐私设计理论”的兴起，代表着算法在设计之初便可以加入设计者在运用这一算法时最终想要达到的目的。[③] 在

① 参见王迁：《论人工智能生成的内容在著作权法中的定性》，载《法律科学（西北政法大学学报）》2017 年第 5 期。

② 参见宋灵妙：《搜索引擎自动补足算法侵权责任分析》，东北师范大学 2020 年硕士学位论文。

③ 隐私设计理论强调事先积极预防胜于事后消极救济，该理论主张从一开始就将个人信息保护的需求通过设计嵌入系统之中，成为系统和商业实践运行的默认规则，给予个人信息全生命周期的保护，以实现用户、企业等多方共赢。

我国开展的 App 治理行动中，主要治理的对象是“嵌入代码、插件”、“提供撤回同意功能”和“提供注销功能”等设计层面的算法，违反规定的行为则被认定为有不当收集个人信息的故意。[①] 因此，搜索引擎即便在算法运用过程中无任何操作，也不能抹去在设计算法时加入其主观意志的实质。事实上，搜索引擎也直接承认对算法的设计与运用中加入了自身的主观意志。在“搜索王与谷歌”案中，搜索王公司主张其网页访问量急剧下降是谷歌恶意篡改网页排名算法的结果。谷歌也直言，这就是其故意编辑的结果。在“魏则西事件”中，百度竞价排名的设计也同样是百度主动编辑算法而产生的结果，后调查组要求百度公司：“立即调整相关技术系统，在 2016 年 5 月 31 日前，提出以信誉度为主要权重的排名算法并落实到位。”[②] 此事件后，《互联网广告管理暂行办法》施行，不仅让搜索引擎承担事先审核广告商资质的义务，也增加了竞价排名算法结果的信息披露义务。[③] 此规定在 2023 年施行的《互联网广告管理办法》中得到延续和细化。至此，自动补足算法的设计与运用包含了搜索引擎的价值观念和主观意志成为不争的事实。

2. 搜索引擎作为算法使用者具备控制力

作为自动补足算法使用者，搜索引擎在自动补足算法运行过程中具备控制力，理应承担算法问责的后果。但是，算法的“控制力缺失”是搜索引擎作为抗辩法律责任的主要理由，其中最为常见的是以“行为人与责任分离”[④]为由进行抗辩。

“行为人与责任分离”，是指在对搜索引擎进行追责的过程中，搜索引擎以该结果由用户或者第三方行为引发，搜索引擎并不“生产”违法内容而作为免责事由。例如，在各大社交网络平台上的用户发布侵犯他人名誉权的内容，提供内容信息的行为人是用户，而非网络平台。对于类似案件，我国一

---

① 参见《App 违法违规收集使用个人信息行为认定方法》（国信办秘字〔2019〕191 号）。

② 《“魏则西事件”调查结果：百度整改　医院违规》，载中国法院网，https：//www. chinacourt. org/article/detail/2016/05/id/1856159. shtml。

③ 参见宋亚辉：《竞价排名服务中的网络关键词审查义务研究》，载《法学家》2013 年第 4 期。

④ 参见赵鹏：《网络平台行政法律责任边界何在》，载中国政法大学法治政府研究院网 2016 年 4 月 19 日，http：//fzzfyjy. cupl. edu. cn/info/1038/4987. htm。

贯采用“用户通知—平台删除”规则进行处理，这意味着平台处于中立地位，无须主动发现和介入违法事实。在责任认定过程中，也仅将平台的行为认定为“帮助侵权”，或者是该内容平台无法立即发现并处理，进而主张减免责任。①

事实上，搜索引擎作为算法使用者，看似不生产任何内容，却能够控制算法对网络信息内容在搜索建议中的推荐与呈现。相较于内容生产者，平台对算法屏蔽、推荐、呈现信息以及用户选择信息有更强大的干预作用。例如，搜索引擎通常会保留用户使用过程中留下的 Cookies②，再根据用户搜索行为并结合 Cookies 为用户提供个性化推荐，进而掌握用户喜好、吸引用户点击。这不仅提高了点击量，同时还增加了该关键词的热度并吸引其他用户点击，如此便在不断扩大范围的循环中增加了平台的意志。关键词热度与搜索引擎看似并无关系，但实际上关键词热度的提升离不开算法将信息选择性地呈现在用户眼前。算法在运作过程中将信息编排及再组合，而后推荐或者呈现给用户，这一过程本身就是生产新的信息内容，其中算法设计时蕴含的价值观念与主观意志决定了最终信息内容的产生。作为算法的使用者，搜索引擎实际扮演着信息生产者的角色，因而也需为算法运行的结果承担相应的责任。

自动补足算法生成之初便含有设计者的价值选择，也依照设计者的算法、规则和模板而运作。因此，根据自动补足算法生成的搜索建议并不完全是中立技术的产物，也理应认为搜索建议属于网络服务提供者监管的范畴。搜索引擎自动补足算法所提供的搜索建议中，若存在可能影响未成年人身心健康或者侵犯未成年人合法权益的内容时，网络服务提供者应当及时处置。

三、归责起点：搜索引擎自动补足算法功能认定

分析搜索引擎在虚拟网络空间中的角色能明确其法律地位，进而确定搜索引擎的责任与义务，这是搜索引擎的归责起点。此外，网络平台因其公共

---

① 在“大众交通（集团）股份有限公司等诉北京百度网讯科技有限公司等商标侵权及不正当竞争纠纷案”“慧鱼（太仓）建筑锚栓有限公司等诉北京百度网讯科技有限公司等商标侵权案”“金德管业集团有限公司诉北京百度网讯科技有限公司名誉权案”中，百度作为被告，在侵权责任认定中被认定为“帮助侵权”或是无责。

② Cookies 指由服务器发送到用户浏览器并保存在用户计算机上的小型文本文件。

属性而具备不可估量的社会影响力，所以当面对青少年这一特殊社会群体时，搜索引擎不可避免地需要承担特殊社会责任。

（一）地位确定：搜索引擎属于“基于算法的网络内容提供者”

搜索引擎的法律地位决定了其侵犯青少年合法权益时的责任承担方式。在网络侵权中，网络平台的主体地位主要通过其提供的服务性质来确定。网络内容提供者是指运用互联网向公众提供自己的作品或编辑他人作品而生成的新作品的主体；网络服务提供者是指运用互联网向公众提供信息媒介与交易中介的主体。网络内容提供者可以主动编辑其欲在网络空间中传播的信息，同时负担发布前的审查义务。若信息内容的传播造成权益损害，网络内容提供者需承担相应的法律责任。网络服务提供者只传递信息，并不生产内容，其仅作为信息集散的媒介而存在，只要其按照相关规定尽到审查、管理义务，则应当被认为立场中立。那么，搜索引擎属于网络内容提供者还是属于网络服务提供者，抑或二者兼具？判断的关键在于搜索建议的产生是否有搜索引擎实际控制者主观意志的融入。据前文阐述，搜索引擎在设计自动补足算法时，对搜索建议进行增添、过滤和删除便是主观意志融入的过程。毋庸置疑，这远远超出了网络服务提供者的权属范围。由此确定，搜索引擎在自动补足搜索建议时处于网络内容提供者的地位。

但是，在有关搜索引擎的侵权纠纷中，搜索引擎服务商通常辩称搜索建议是由自动补足算法自动生成的，并以技术中立作为免责依据。例如，以谷歌为代表的搜索引擎服务商对外宣称自己对于搜索引擎自动补足算法没有完全的控制权，无法对自动补足算法生成的搜索建议进行事前人工审查或限制。但是，据《卫报》报道，在以“犹太人”“女性”为开头的搜索关键词中，谷歌删除了“犹太人是邪恶的”“女性是邪恶的”类似补充建议，使其不会在自动补足搜索建议词条中出现。① 谷歌可以修改自动补足算法生成的搜索建

① See *Google Changes its Anti – Semitic Autocomplete Suggestions*, CBS News（May 7，2024），https：//www. cbsnews. com/news/google – autocompletes – anti – semitism – sexism – racism/.

议的事实，足以证明搜索引擎服务商以无法完全控制自动补足算法为依据的免责主张难以成立。同时，搜索建议的产生无法脱离自动补足算法而单独存在。因此，结合搜索建议性质的认定结果将搜索引擎定位为“基于算法的网络内容提供者”，并以此作为搜索引擎自动补足算法责任规制的原点得以证成。

（二）特殊责任：平台因公共性质而负担特殊社会责任

搜索引擎作为公众使用的网络平台，其本身应当承担网络安全保障义务，尤其面对青少年群体，更应主动承担起社会保护责任。从法律规范层次出发，网络平台在日常巡查过程中，对国家利益相关信息审查最为严格，社会公共利益紧随其后。在社会公共利益中，未成年人网络合法权益是重中之重。[①] 网络平台关于未成年人网络合法权益的保护及相关主体责任的承担应当更为严格。搜索引擎自动补足算法所提供的搜索建议在很大程度上能影响和干预网络用户的选择，而青少年群体本身好奇心强，对未知事物具有强烈的探索欲，离开目标内容转而点击自动补足算法提供的其他搜索建议的可能性极大。若不对自动补足的内容进行规范，青少年阅览不当信息造成身心健康受损的风险就会极高。因此，搜索引擎更应当主动承担保护青少年群体网络合法权益的社会责任。

四、规制路径：搜索引擎保护青少年合法权益的义务与责任构建

青少年控制自身隐私信息的能力及对于网络信息的辨识能力不强，易受网络不良信息的危害。在无处不在的个人信息海洋中，个人的控制力非常无力和渺小，个人的同意越来越被证明不能控制个人信息的流向和生命周期。[②]

---

① 例如，《电信条例》第五十六条、《计算机信息网络国际联网安全保护管理办法》第五条、《互联网信息服务管理办法》第十五条等规定，首要的被巡查对象主要包括危害国家安全、泄露国家秘密等严重危害国家相关利益的信息。《未成年人保护法》《儿童个人信息网络保护规定》《未成年人网络保护条例》《关于依法惩治网络暴力违法犯罪的指导意见》等法律文件专门为未成年人网络权益设置了保护屏障。

② 参见高富平：《个人信息保护：从个人控制到社会控制》，载《法学研究》2018 年第 3 期。

在法律保护方面，《未成年人保护法》第七十七条、第八十条详细规定了阻断危害信息传播的方式，并以“通知—删除”“发现—删除”为关键路径。但搜索引擎自动补足算法对青少年造成权益损害后，当事人却陷入了“维权难”的境地。传统的“通知—删除”方式无法有效应对互联网中层出不穷的不良信息。面对隐形的、巨量的侵权人，被侵权人无法固定证据。同时，关于网络平台或者搜索引擎的追责基础，在于网络服务提供者是否“知道”的复杂认定体系。[①] 因此，在虚拟网络空间中，被侵权人难以通过自身力量阻止侵权行为发生，更难以对侵权人进行追责。此外，传统的“家长同意制”与“青少年模式”亦无法达到保护青少年网络合法权益的实效。在这样的多重困境下，我们应寄希望于网络平台追责问责法律机制。实践证明，要求网络平台承担责任一般基于事件的危害结果，其中不免存在一些问题，主要包括：事前主观过错认定机制模糊不清，过于注重事后处罚而忽视了事前治理，平衡网络平台、公众、监管部门等多方利益的制度设计不够完善。[②] 然而，一味地扩大责任与义务会增加搜索引擎负担，抑制其创新与发展。因此，对搜索引擎设置合理的注意义务，将主观因素纳入责任考量范畴，能有效减少因运动式执法而存在个案罚与不罚、责任承担的不同情况。[③]

---

① 参见《民法典》第一千一百九十五条、第一千一百九十六条、第一千一百九十七条以及最高人民法院《关于审理利用信息网络侵害人身权益民事纠纷案件适用法律若干问题的规定》第六条对网络服务提供者是否“知道”侵权行为存在的相关规定共同构成网络服务提供者责任认定体系。

② 参见魏露露：《互联网创新视角下社交平台内容规制责任》，载《东方法学》2020 年第 1 期。

③ 据“网信广东”微信公众号发布的消息称，广东省网信办于 2017 年 8 月 11 日对腾讯公司微信公众号平台存在用户传播暴力恐怖、虚假信息、淫秽色情等危害国家安全、公共安全、社会秩序的信息问题依法展开立案调查。与此同时，北京市互联网信息办公室依据《网络安全法》就新浪微博对其用户发布传播“淫秽色情信息、宣扬民族仇恨信息及相关评论信息”未尽到管理义务，以及百度贴吧对其用户发布传播“淫秽色情信息、暴力恐怖信息帖文及相关评论信息”未尽到管理义务的违法行为作出从重罚款的处罚决定。北京市互联网信息办公室、原北京市规划和国土资源管理委员会就违法违规发布“大棚房”租售信息一事，联合依法约谈 58 同城、赶集网、百度等网站，根据《网络安全法》第四十七条及《互联网新闻信息服务管理规定》第十六条相关规定下达了行政执法检查记录，责令网站落实整改。参见尹培培：《网络安全行政处罚的归责原则》，载《东方法学》2018 年第 6 期。

(一) 设定搜索引擎的注意义务

在我国有关搜索引擎的裁判中，当涉及公共利益和个人利益时，对搜索引擎设置注意义务一般较为谨慎。① 美国对搜索引擎的侵权责任认定同样持谨慎态度。欧盟于 2018 年正式实施的《一般数据保护条例》为搜索引擎设定了更多的注意义务，要求其承担严格的法律责任。各国对于搜索引擎注意义务的设置与该国的国家价值取向和国家利益衡量相关。青少年属于国家特别保护的对象，对其利益进行保护也是对特殊的社会公共利益的保护。通过合理设置搜索引擎的注意义务，可以充分利用搜索引擎的技术优势；通过搜索技术手段约束搜索引擎，也能从源头上解决问题。当然，若搜索引擎未尽注意义务，也将带来问责机制的约束。

1. 事前辨别身份

网络平台根据公民个人身份信息来区别不同的主体。我国网络平台获取公民个人信息的方式为“知情同意制”，该机制要求网络平台发布隐私声明，网络用户阅读后作出同意的意思表示，以此作为网络平台对个人信息合法收集利用的授权。但该机制事实上遭受着严峻的挑战。遵循法律要求，网络平台往往呈列出冗长晦涩的声明，给用户阅读带来沉重负担，用户往往不阅读授权条文，而直接点击同意授权。在多数情况下，用户对其信息被收集并不知情。哔哩哔哩、腾讯和爱奇艺等软件已经开始适用“青少年模式”，但强制认证的烦琐流程会使平台流失大量的客户与流量，同时增加了网络平台的运作成本。但如果无法采取强制实名认证的方式识别青少年身份，所谓“青少年模式”也就形同虚设了。

搜索平台通过网络用户主动选择自己的身份进行分类管理收效甚微，而国家新闻出版署网络游戏防沉迷实名验证系统的运作可以为解决此问题提供

---

① 例如，“程媛媛与北京百度网讯科技有限公司网络侵权责任纠纷案”和“徐杰敖与北京百度网讯科技有限公司名誉权纠纷案”中，均判定百度公司在案中提供的服务介于搜索服务和内容服务之间，审查义务应偏向于搜索服务。参见北京市高级人民法院民事裁定书，(2022) 京民申 4669 号；辽宁省高级人民法院民事裁定书，(2014) 辽审一民申字第 312 号。

因应构建。在处理未成年人网络游戏沉迷问题时，由国家新闻出版署网络游戏防沉迷实名验证系统直接验证登录者信息，国家与各网络游戏企业、相关行业组织直接对接信息，严格执行强制实名机制，并对未成年人予以单独的游戏时间限制。如此一来，个人信息也有了进一步的安全保障。若能实现搜索引擎直接接入国家掌控的实名认证系统，可通过该系统对用户群体进行精准区分，"量体裁衣"为不同目标群体提供检索建议，此时便可以对向未成年人呈现的信息进行有针对性的筛选。这不仅能实现对未成年人的特别保护，还能降低个人信息泄露风险，降低企业运作成本，在青少年权益保护与网络平台发展之间达到平衡。

2. 个人信息的限制访问

在网络平台将用户群体进行区分后，青少年处于相对独立的保护空间中。搜索引擎也会因此获取青少年的部分身份信息，并予以保留使用。在 ABC 时代，信息具有经济价值，若不对信息控制者进行合理的规制，则个人信息可能会被悉数非法使用。因此，应当采取合理措施对搜索引擎访问权限进行限制。

美国于 1998 年颁布了《儿童在线隐私保护法》（Children's Online Privacy Protection Act，COPPA），其中关于网络运营商的义务设置值得我们进行借鉴。COPPA 规定，收集 13 周岁以下儿童信息需获得其可验证的父母同意；在父母同意后，运营商仅在合理范围内保留儿童个人信息，一旦处理了这些信息，运营商必须采取"合理措施防止未经授权的访问"。首先，为避免搜索引擎故意的模糊应对，使用户不知道互联网公司如何运作，更不知道其如何利用从用户处收集的数据信息，[①] 当搜索引擎意欲收集青少年行为信息及其特征时，应当征得其可验证的父母同意，否则，不允许使用。其次，对于被允许收集和使用的青少年群体的相关信息在被检索或者访问时，应当被限制，除非来源符合授权途径，否则不能被访问。以两个"否则"为原则，将相应

① 参见张凌寒、杜婧：《基于隐私权的个人信息保护路径研究——以美国为研究视角》，载《网络法律评论》2016 年第 1 期。

规定落地于法律、实践于社会，将会降低搜索引擎侵犯青少年信息权益的风险。

3. 搜索建议的特别注意义务

从谷歌对自动补足算法的内容编辑行为来看，例如，在以“犹太人”“女性”为开头的搜索建议中，谷歌删除了“犹太人是邪恶的”“女性是邪恶的”类似搜索建议，搜索引擎确有能力控制自动补足算法所生成的结果。既然能控制搜索建议的内容，则搜索引擎应当对此内容负担注意义务。在信息纷杂的网络空间中，搜索引擎在青少年检索信息时，应当对搜索建议进行着重审查。

在算法设计之初，算法设计者的价值观念与主观意志的融入，在很大程度上决定了算法生成的最终结果。搜索引擎作为具有公共属性的网络平台，法律和政策要求其在设计算法时应当本着“向善”的原则嵌入算法伦理。①尤其考虑到群体特殊性，自动补足算法更应对青少年给予善意引导。前期嵌入算法伦理、中期控制结果的生成、后期履行审慎的核查义务，是搜索引擎从源头出发保护青少年网络合法权益的完整路径。

（二）责任规制的框架构建

当自动补足算法生成的搜索建议造成权益损害时，问责机制的不完善与责任认定的不确定必然致使搜索引擎算法责任规制的不统一。以算法为解释依据，从解释内容考量其主观意志，配合注意义务的履行监督，促使搜索引擎自动补足算法权责相当。权力的有无，以其是否具有事实上的支配力与影响力来判断，这是识别权力的实质标准。② 搜索引擎作为网络信息的呈现者，纷杂海量的信息经其编辑而呈现，对各网页的排名也展现了其对网络信息的技术操控。因此，搜索引擎毫无疑问对界面的运作和内容的输出具有支配力。

---

① 参见张凌寒：《搜索引擎自动补足算法的损害及规制》，载《华东政法大学学报》2019 年第 6 期。

② 参见刘权：《网络平台的公共性及其实现——以电商平台的法律规制为视角》，载《法学研究》2020 年第 2 期。

搜索引擎主要通过算法设计来主导结果生成而行使权力，因此，技术层面的算法规制也成为搜索引擎责任规制的关键路径。

算法规制谱系主要包括算法标准、算法审查、算法解释、算法查验、算法认证、缺陷检测、风险监测、违规举报奖励、算法应用登记及监管便利条件等。① 在算法规制谱系中，算法解释是重要的一环。算法解释主要表现为“价值无涉地还原了机器决策的全过程事实，为个案执法提供了内容、素材和可行性的依据”②。通过算法解释，可对算法进行从设计到运作再到生成结果的全过程信息分析。这个过程的展开，可以清晰了解搜索引擎作为“基于算法的网络内容提供者”在算法运作全过程中的义务履行情况，也可以判断算法主观过错的程度，进而认定不同运算类型所承担的不同法律责任，这符合法律责任主客观一致的基本原则。那么，搜索引擎自动补足算法责任承担框架应当如何构建呢？

1. 事前备案：固化算法运行轨迹

自动补足算法设计之初的备案审查类似于行政部门的存档备查，主要表现在普遍算法规制谱系中算法审查、算法查验、算法认证、缺陷检测几个步骤之中。这是搜索引擎通过算法解释技术对算法结果予以核查检验的集中体现，是搜索引擎嵌入“向善”算法伦理的阶段，也是监管部门实现有效监管、细化责任的依据。例如，我国国家广播电视总局要求今日头条关闭“内涵段子”应用程序，今日头条对此迅速回应“将正确的价值观融入技术和产品”③。监管部门与搜索引擎在审查过程中，主要分析自动补足算法的目的、风险及搜索引擎对该算法的控制能力。通过备案，将自动补足算法中不确定的领域、有可能出现的问题和自动补足算法模拟应用的过程与结果予以存档，监管部门随后督促搜索引擎对备案问题进行完善，必要时也可使用第三方算法审查来固化算法运行的轨迹。

---

① 参见苏宇：《算法规制的谱系》，载《中国法学》2020 年第 3 期。

② 周翔：《算法可解释性：一个技术概念的规范研究价值》，载《比较法研究》2023 年第 3 期。

③ 参见《“内涵段子”被永久关停　张一鸣发文致歉反思》，载人民网，http：//media. people. com. cn/n1/2018/0412/c40606 - 29921792. html。

2. 算法解释：认定算法过错

通过算法解释技术对算法进行分析，监管部门可以详细了解该自动补足算法的运作流程，以此来明晰搜索引擎运作流程中的过错。在损害发生后，监管部门可以客观的损害结果为基础，并结合事先备案的内容来判断搜索引擎是否具有故意或者重大过失的主观过错，从而对搜索引擎追责问责。在此过程中，通过算法解释拆分自动补足算法的运作流程，若得出自动补足算法与损害结果之间具有的因果关系，监管部门则可以此为证据对算法设计者和搜索引擎平台追究责任，这就可以实现行政部门对行政相对人基本权利的保障。例如，在“魏则西事件”中，联合调查组在对百度的调查过程中要求百度对其排名算法予以解释，并最终要求百度以信誉度为主要权重更改排名算法。[①] 当然，算法解释这一行为也应当作为被监管的对象。在监管部门要求搜索引擎进行相应的算法解释时，如果出现虚假解释或者在解释中存在隐瞒的行为，也应当承担相应的法律责任。[②]

3. 流程分析：确定平台责任

搜索引擎违反引擎注意义务后，采用过错推定的归责原则，理由如下：其一，因青少年权益属社会特殊公共利益，予以特殊保护无可非议。其二，搜索引擎作为资源集合与控制的大平台，对信息资源拥有绝对的支配力，其推荐与展示的信息在很大程度上影响了青少年的心理与行为。其三，搜索引擎自动补足算法所生成的搜索建议若侵害了青少年的网络合法权益，青少年自身难以产生直观的感受；青少年及其监护人很难自行固化留存证据。因此，采用过错推定原则对搜索引擎违反注意义务造成权益受损进行归责是最为恰当的。

确认搜索引擎的过错程度需要依靠算法解释技术。算法解释将与损害结果相关的自动补足算法予以拆分，解释其设计、运作流程和结果生成的构成因素。同时，将主观过错要素在不同层次分别予以考量，确立不同层次的责

---

① 参见《“魏则西事件”调查结果：百度整改 医院违规》，载中国法院网，https：//www.chinacourt. org/article/detail/2016/05/id/1856159. shtml。

② 参见张凌寒：《网络平台监管的算法问责制构建》，载《东方法学》2021 年第 3 期。

任程度。因此，责任严格程度与搜索引擎主观过错程度呈正相关关系。

首先，在自动补足算法设计层面，即搜索引擎主观意志的融入阶段，搜索引擎对于算法最终生成结果是否进行了预计，是否主动干预结果的生成，成为算法过错的首要考量因素。例如，谷歌篡改搜索网页排名、百度的竞价排名和“新淘宝搜索规则”引起淘宝网商家的聚众抗议。① 如果搜索引擎对算法生成的最终结果予以主动干预，那么其结果所造成的权益受损应当被认定为主观过错中的故意形态，这种情况下过错程度最重。此外，应当采取隐私设计理论设置个人信息的访问限制义务，将信息访问权限、隐私保护等要素嵌入算法设计中。国家应该直接制定此类算法的核心标准，若违反国家标准则存在主观过错。

其次，在自动补足算法运作层面，依据搜索引擎对自动补足算法的控制力大小进行责任认定。若搜索引擎对自动补足算法拥有控制力，则搜索引擎应当保证算法正常且良性运行。当自动补足算法生成的搜索建议出现对青少年网络权益受损的情况时，算法未对其运行过程中的不良因素采取控制措施，或者技术人员在核查、处理过程中存在过失或故意，则应当追究相关责任人的责任。若监管部门确定搜索引擎对自动补足算法的部分运作不存在控制权，则追究其在设计层面的责任。

最后，在自动补足算法结果生成层面，主要考量搜索引擎是否尽到了结果审查的注意义务。该义务的履行主要通过“向善”算法伦理的嵌入来实现，自动补足算法生成的结果绝不能含有色情、暴力、流量或性别歧视等不良元素。需要注意的是，不能对搜索引擎施加过重的审查负担，否则会阻碍技术创新，增加企业革新与发展的成本。若搜索引擎在自动补足算法结果生成过程中，已经完全履行了审慎核查的义务，青少年因网页内容而招致网络合法权益损害，则该权益受损与搜索引擎自动补足算法无关。

---

① 2010 年，因为调整“卖家服务质量”在搜索排位中的权重，杭州的淘宝网总部陆续遭部分卖家“围攻”。参见《新淘宝搜索规则》，载百度百科，https：//baike. baidu. com/item/新淘宝搜索规则/869491。

数字时代留守儿童受教育权保障研究

陈　鹏[*]　李伊宁[**]

内容提要　数字时代，网络快速渗透留守儿童的日常生活中。然而，网络在推动留守儿童文化素质、综合能力和心理素质提高的同时，也给留守儿童受教育权保障带来了沉迷网络、数字学习情况不佳和精神素质亟待提高等挑战。基于此，本文提出数字时代留守儿童受教育权保障应从国家、社会、学校和家庭几个方面入手，构建全方位的保障体系。

关键词　数字时代　留守儿童　受教育权保障

一、问题的提出

近年来，随着4G网络、大数据、移动互联等新技术的发展，数字教育模式方兴未艾。《中国教育现代化2035》《教育信息化2.0行动计划》等政策文件出台，表明数字技术已成为推动教育高质量发展、建设教育强国的新引擎。党的二十大报告提出“推进教育数字化”的重要部署。推进教育数字化是抓住信息技术革命历史机遇、抢占科技竞争制高点的迫切需要。习近平总书记在中共中央政治局第五次集体学习时强调，教育数字化是我国开辟教育发展新赛道和塑造教育发展新优势的重要突破口。国家教育数字化战略行动持续

* 陈鹏，四川师范大学法学院副研究员。
** 李伊宁，四川师范大学法学院硕士研究生。

推进，数字教育已成为人才培养模式升级的重要力量，有利于全面提高个性培养质量、提升教学管理水平、促进教育公平。

留守儿童是我国经济社会发展转型过程中出现并长期存在的社会群体，是最需要关注的特殊儿童群体之一。留守儿童事业是妇女儿童事业的重要组成部分，是一项事关全局、面向未来的重大事业。随着脱贫攻坚任务的完成，留守儿童规模有所下降，但据统计，2023 年义务教育阶段农村留守儿童还有 1550.56 万人①。留守儿童数量众多，说明其仍将是未来一段时间社会应该重点关注的群体。此外，巩固脱贫攻坚成果，深入推进乡村振兴战略实施，都离不开关爱留守儿童、解决留守儿童的相关问题。关心关爱留守儿童，首先要直面的最基础的问题，就是保障其受教育权的实现。②

目前，在推动数字教育的大背景下，留守儿童受教育权的表现形式发生了变化。留守儿童由于缺少父母的监督和关怀，与一般儿童相比，更容易形成对网络的依赖，同时面临数字学习效果不理想和价值观受侵蚀严重的困境。在这种情况下，对数字时代留守儿童受教育权保障进行研究意义重大。

二、理论检视

（一）留守儿童的界定

中国教育科学研究院专家指出，“留守儿童”是指被外出务工的父母一方或双方托付给其他亲戚照顾，处于义务教育阶段的 6 岁至 16 岁的儿童。教育部指出，留守儿童是指外出务工连续半年以上的农民托留在户籍所在地家乡，由父、母单方或其他亲属监护接受义务教育的适龄儿童。国务院《关于加强农村留守儿童关爱保护工作的意见》（国发〔2016〕13 号）规定，留守儿童是指父母双方外出务工或一方外出务工另一方无监护能力、不满 16 周岁的未成年人。按照 2023 年“我国农村留守儿童状况研究报告”的说法，农村留守

① 2023 年 8 月，教育部发布的教育统计数据显示，2023 年义务教育阶段农村留守儿童的数量是 1550.56 万人。

② 参见杨三喜：《关心关爱留守儿童和随迁子女》，载《中国教育报》2023 年 10 月 25 日，第 2 版。

儿童是指父母双方或一方从农村流动到其他地区，并因此不能和父母双方共同生活在一起的0—17周岁儿童。

学界对于留守儿童的界定也存在不同的观点。有的学者将留守儿童界定为父母双方或一方外出流动到本县以外的其他地区时长超过半年，被留在户籍所在地而不能和父母双方共同生活的0—17周岁儿童。① 也有的学者将留守儿童界定为因父母双方或一方外出务工6个月以上而被留在户籍所在地，不能和父母双方共同生活在一起的未成年人。② 还有的学者将留守儿童界定为父母一方或双方外出时间连续6个月以上，且拥有农村户籍的7—15岁儿童。③

结合上述观点，本文所称的留守儿童是指父母双方外出务工，或一方外出务工另一方无监护能力长达半年以上，年龄不满16周岁的未成年人。之所以采用上述条件进行界定，主要原因如下：一是在没有父母双方或一方照顾关心的情况下，半年时间内儿童的生理心理状态足以发生较大改变。二是随着时代发展，16周岁未成年人的心智已经趋于成熟，16周岁以下未成年人的行为和心理更容易受到外界干扰，故可以把留守儿童的年龄限定为16周岁以下。此外，采用这种分类方式也有国务院《关于加强农村留守儿童关爱保护工作的意见》等国家政策和中国教育科学研究院专家的观点作支撑。

（二）相关权利理论

权利是当代法学研究的核心概念和基础概念，离开了权利话语，法学研究必将丧失其存在的根本意义，而沦落为只是维护国家和社会秩序的工具。④ 故研究数字时代留守儿童受教育权保障这一主题时，也应对相关概念进行理论分析。

---

① 参见郝静：《家庭教育与农村留守儿童发展研究》，载《晋阳学刊》2023年第5期。

② 参见刘岩、杨琰、刘文：《留守儿童的注意和冲动特征与手机成瘾：有调节的中介作用》，载《苏州大学学报（教育科学版）》2023年第4期。

③ 参见王卓、郭真华：《儿童相对贫困的标准建构与多维测度——基于2021年四川凉山州的专题调查》，载《农村经济》2022年第8期。

④ 参见张耀源、龚向和：《受教育权价值变迁及其在数字时代的价值定位》，载《国家教育行政学院学报》2023年第3期。

1. 受教育权

受教育权既是宪法法律规定的公民的一项基本权利，也是第二代人权的重要构成，还是教育领域的重要范畴。因此，对于受教育权的研究集中于宪法学、人权法学和教育法学，且一直热度不减。[①] 著名学者如劳凯声、龚向和等均对受教育权进行了研究并提出了自己的看法。笔者通过分析《宪法》[②]、《教育法》[③] 等与受教育权有关的法律以及学者的研究，认为对受教育权的理解可以从以下两个角度入手：一是从强调国家的保障义务角度出发。受教育权作为《宪法》规定的一项基本权利，国家对公民的受教育权负有保障义务毋庸置疑。受教育权是指公民接受国家做一定行为、采取一定措施为公民提供的受教育的机会、条件等。二是从强调公民的提升发展角度出发。受教育权是指公民获得品德、智力、体质等方面全面发展的权利，具体包括平等受教育权、自由受教育权、免费受教育权等。

2. 留守儿童受教育权

作为一个特殊的弱势群体，与普通儿童相比，留守儿童的差别主要表现为缺少父母的监管、家庭条件相对较差等。正是这些差别，使留守儿童的受教育权在形式和内容上存在一定的特殊性。从形式角度出发，国家应积极承担保障留守儿童实现其受教育权的义务，表现为注重通过政策倾斜和资金支持等措施以保障留守儿童受教育权的实现。留守儿童居住在农村，教育资源相对落后，需要国家这一义务主体予以重视，创造各种条件使其受教育权得以实现。从内容角度出发，对于留守儿童而言，其受教育权仍应归纳为文化素质、综合素质和心理素质等方面全面发展的权利。但由于欠缺父母的陪伴和监管，留守儿童受教育权实现难度大，突出表现为学习态度和学习习惯差、学习效能感低等。

---

① 参见魏文松：《新中国成立七十年来我国公民受教育权保障的历史逻辑与前景展望》，载《理论月刊》2020 年第 2 期。

② 《宪法》第四十六条规定："中华人民共和国公民有受教育的权利和义务。国家培养青年、少年、儿童在品德、智力、体质等方面全面发展。"

③ 《教育法》第九条规定："中华人民共和国公民有受教育的权利和义务。公民不分民族、种族、性别、职业、财产状况、宗教信仰等，依法享有平等的受教育机会。"

3. 数字时代留守儿童受教育权

数字时代是在“互联网+”背景下形成的以数字技术为核心的信息时代，其本质特征是数字化和智能化。① 然而，数字技术只是实现受教育权的手段，并不改变受教育权——通过学习从而提高生存和发展能力的权利的本质。但进入数字时代，数字素养已经成为公民的基本生存素养，受教育权也相应出现了新的样态，被赋予了更丰富的内涵，因此在教育的内容上应就数字素养的提升进行最低限度的设定。技术是一把“双刃剑”，数字技术对于留守儿童受教育权具有双向影响。一方面，数字技术打破时空限制，为留守儿童提供了自由、公平、开放、包容的学习系统，促进其受教育权的实现；另一方面，留守儿童因缺少父母的关心与监管，过度依赖、沉迷网络等的风险更大，故一定程度上也影响其受教育权的实现。

三、数字时代留守儿童受教育权保障的机遇

数字技术的浪潮已席卷教育领域，为留守儿童受教育权的实现带来了前所未有的新机遇。具体来说，数字技术有利于促进留守儿童文化素质、综合能力和心理素质等方面全面的发展。

（一）教育数字化推动留守儿童文化素质的提高

通过资源共享解决因资源配置不均而造成的教育不公从而实现教育公平，是教育数字化最基础也是最核心的使命。留守儿童普遍居住在经济欠发达地区，家庭条件较差，享有的教育资源较为匮乏。受学校设施陈旧、教师素质有限等客观因素影响，其无法像非留守儿童那样获得优质的教育，受教育权难以得到保障。

数字时代因自身具有开放、交互等特点，从而使教育资源的供给能够在较大程度上摆脱时间、空间、人力的限制，为缩小教育资源供给与教育资源

---

① 参见焦晓云：《数字技术赋能中国共产党形象建设：挑战与路径》，载《思想理论教育导刊》2023 年第 10 期。

需求间的巨大鸿沟提供了可能性。具体来讲，因数字教育资源在传播方面成本低、效率高，其复制几乎不存在边际，使原先封闭于校园之中的优质知识能够有效地被留守儿童所获得，实现教育资源的共享，进而缩小教育资源的“物理鸿沟”。留守儿童通过在线教育平台、远程学习设备等方式与大城市儿童“同上一堂课”，实时与教师和专家进行交流和互动，从而身临其境，共享共用，弥补了留守儿童教育资源的不足。①

此外，数字时代的学习工具和平台为留守儿童提供个性化的学习内容和学习路径，允许他们按照自己的节奏和方式学习，为他们提供更佳的学习体验，满足他们的学习需求。留守儿童拥有了接受教育的主动权，能自由选取课程、老师、时间和地点来提升自己。

综上所述，数字时代在促进留守儿童文化素质的提升方面发挥了巨大作用。

（二）教育数字化推动留守儿童综合能力的提高

留守儿童不仅面临学习困境，其综合能力或多或少也有所欠缺。第一，由于留守儿童与父母缺乏亲密沟通的机会，所处的社会环境相对封闭，缺乏与外界的交流和互动等，其社交能力相对较弱，沟通表达稍显不足，难以适应社会生活。第二，留守儿童多生活在农村，其无法接触到更多的信息和资源，也无法接触到更多的文化和艺术活动。第三，留守儿童的父母往往缺乏对孩子的教育和引导。他们没有足够的时间和精力来关注孩子的成长和发展，也无法提供足够的资源支持和帮助孩子拓宽视野和培养兴趣爱好。以上几方面的原因限制了留守儿童视野的开阔和兴趣爱好的发展。

留守儿童不仅能够通过运用大数据、人工智能等技术学习知识，提高学习成绩，更重要的是还能够通过网络拓宽视野、发展个性、强化社交，以提高自身全面发展的能力，从而保障受教育权的实现。首先，数字时代的社交

---

① 参见李威：《数字化时代乡村学生教育平等权保障的机遇、挑战及其应对》，载《南京社会科学》2023 年第 9 期。

媒体和在线社群为留守儿童提供了更多的社交和沟通机会。留守儿童通过社交媒体平台、在线论坛、视频会议等工具能够进行在线平台交流、分享学习经验和参与学术讨论，与拥有不同背景、文化和意见的人沟通，表达自己的观点看法，扩展了社交能力。其次，数字时代为留守儿童带来了开拓视野、发展爱好的机会。一是数字网络为留守儿童提供了大量的信息资源和渠道。留守儿童通过搜索引擎、新闻网站、社交媒体等方式获取各种新闻、观点和知识，了解更多不同领域的内容，从而开阔了视野。二是数字网络为留守儿童提供了丰富多样的娱乐和文化内容。音乐、电影、艺术品、文学作品等通过数字网络分享和发现，帮助留守儿童发现新的兴趣和展开丰富多样的文化体验。

（三）教育数字化推动留守儿童心理素质的提高

由于与父母分离，留守儿童在成长过程中缺乏父母的关注和情感支持，容易感到心理上的孤独和情感上的空虚，最终性格变得孤僻内向。在心理健康方面，留守儿童的抑郁、焦虑和行为失调发生率明显高于非留守儿童。

数字时代使留守儿童能够通过社交媒体、视频通话和在线游戏等方式与家人、朋友和其他人进行频繁的交流和互动。这种社交互动可以增加他们的情感支持和归属感，减轻他们的孤独感和焦虑感，提高他们的心理素质。与此同时，数字时代使心理辅导和干预服务更加普及和便捷。留守儿童可以通过在线心理课程、心理测试、心理咨询等方式获得个性化的心理支持和帮助，使他们更好地应对心理问题和挑战，从而提高他们的心理素质和抗压能力。

四、数字时代留守儿童受教育权保障的挑战

随着“数字乡村”建设的逐步推进，县县通5G、村村通宽带已成为现实，[①] 留守儿童普遍有条件使用网络等互联技术。数字方式异军突起，作为一种推

① 参见黄祖兵：《“培养分析”视域下乡村留守儿童网络成瘾干预机制探讨》，载《郑州航空工业管理学院学报（社会科学版）》2023年第6期。

动留守儿童受教育权的实现方式，其同时进一步加剧了教育鸿沟，对留守儿童受教育权的保障造成了冲击。①

（一）留守儿童沉迷网络现象严重

据调查，留守儿童沉迷网络事态已经十分严重，其中 69% 的留守儿童使用手机主要用来刷短视频，33.1% 的留守儿童使用手机主要用来玩游戏。② 从留守儿童使用电子产品的现状来看，他们使用电子产品主要用于休闲娱乐，而不是学习，这也给保障留守儿童受教育权带来了一系列的干扰。

1. 沉迷网络的原因

与其他儿童相比，留守儿童更容易沉迷网络的原因有以下几点：第一，缺乏监管。儿童心智发育不成熟，对新鲜事物充满好奇心、叛逆心强、自控力差，缺乏良好的判断能力。网络的娱乐性、刺激性、即时性迎合了儿童生长发育的特点，儿童难以抵挡网络的诱惑。一方面，虽然留守儿童的父母能够通过电话、视频等方式时常提醒孩子不要沉迷网络，但是口头提醒基本等同于无效监管，不能遏制儿童沉迷网络的现象。另一方面，父母以外亲人的监管难免存在疏忽的情形，无法有效地限制和监控留守儿童上网的时间和内容，不能及时给予留守儿童正确的网络教育和引导。基于以上两方面的原因，留守儿童与其他儿童相比，缺乏对网络世界的正确认识和教育，不了解网络的风险和安全问题，更容易受到网络上各种不良信息的诱导，进而沉迷于网络。第二，情感需要。一般而言，隔代照料只能提供基本的生活照料，满足孩子最低层次的生存需要，无法提供情感支持。③ 留守儿童的情感需求长期得不到满足，他们比较缺乏安全感，内心敏感而自卑。互联网提供的畅通的沟通交流机会能够满足他们的情感需求，从而使他们认为网络社交是自己唯一

① 参见黄玉冰：《以法治化手段推动教育公平实现——基于对教育鸿沟造成的受教育权不平等现象分析》，载澎湃新闻客户端 2022 年 5 月 20 日，https：//m. thepaper. cn/baijiahao_ 18181252。

② 参见王峰：《困在短视频里的孩子》，载法制与新闻网，http：//www. lawnewscn. com/channel/content/2023 - 05/29/content_ 8859174. html。

③ 参见魏东霞、谌新民：《共情陪伴与留守儿童精神健康——基于 2010 年中国家庭追踪调查的实证研究》，载《世界经济文汇》2018 年第 5 期。

的精神寄托，进而陷入其中无法分清虚拟和现实。[①] 第三，娱乐需要。留守儿童普遍生活在资源匮乏的地区，缺少丰富的娱乐方式，这使他们更倾向于借助网络来获取娱乐和满足感。比如，在线游戏、电影、音乐和社交媒体等为他们带来了一定程度的社交互动和娱乐体验，陪伴他们度过孤独寂寞的时光。

2. 沉迷网络的负面影响

留守儿童沉迷网络会对其受教育权的实现造成一系列负面影响。首先，沉迷网络会导致留守儿童的学习时间减少。留守儿童花费大量的时间在网络游戏、社交媒体和其他在线活动中，从而减少了学习的时间和精力。其次，沉迷网络会影响留守儿童的学习效果。长时间接触电子屏幕和不良内容会影响留守儿童的注意力和记忆力，从而影响他们的学习效率和能力。再次，沉迷网络会影响留守儿童的学习态度。有些留守儿童对网络虚拟世界产生依赖，对学习产生厌倦和抗拒心态，进而对学习失去兴趣和动力。最后，沉迷网络会使留守儿童养成散漫、随意的习惯，缺乏自律意识。

综上所述，数字时代，留守儿童更容易沉迷网络，进而对学习产生负面影响，导致其出现学习时间减少、学习效果不佳以及学习态度不端等问题。因此，应该加强对留守儿童的管理和关注，保障留守儿童受教育权的实现。

（二）留守儿童数字学习情况不佳

在“知识改变命运”的狭窄通道上，在线教育、数字教育为留守儿童打开了通向另一个世界的大门，同时也让受教育权保障的现实道路变得更黯淡。

1. 数字教育指导匮乏

近年来，随着教育数字化的持续推进，各地数字化教学条件全面提档升级，如将传统纸质作业转化为数字化形式，通过数字化形式学生可以更加方便地完成作业，进行个性化学习，接受差异化指导。对于广大农村地区来说，数字化已经成为助力乡村教育发展的有效手段。在教育数字化的大背景下，

---

① 参见徐超、李梓、杨雄娇、柳一桥：《贵州贫困山区农村留守儿童网络成瘾问题调查及对策研究》，载《现代农业》2020 年第 4 期。

不能把数字教育的责任全部推给学校，家庭在孩子的数字化教育中扮演着同样关键的角色，家校之间的合作和支持非常重要。留守儿童多由爷爷奶奶、外公外婆照管，而隔代抚养存在较多弊端。最典型的是老年人使用互联网存在数字鸿沟，对儿童数字学习情况的关心指导往往力不从心，导致儿童缺乏教育数字技能和素养的培育，在学习过程中遇到困难无法得到及时帮助。此外，部分老年监护人思想观念传统保守，认为保证孩子吃饱穿暖、健康安全才是自己的责任，对于孩子的学习情况则毫不在意。[①] 因此，留守儿童无法有效地规划学习时间和管理学业。在数字教育指导匮乏的情况下，留守儿童比其他儿童更容易出现学习动机不足、学习态度分化严重、学习习惯不良、课后学习缺乏支持[②]等数字学习效果不佳的情形。

2. 数字教育支持缺乏

数字接入的质量直接关系着留守儿童数字学习的质量。当前，留守儿童数字设备的使用严重制约着其学习方面的发展。随着脱贫攻坚战的完成，留守儿童家庭买不起智能学习设备的历史已经结束，几乎每个留守儿童都拥有学习的智能设备。但受制于家庭经济条件与家庭对教育的重视程度等因素，留守儿童在大屏幕设备、智能设备、学习辅助设备等的使用方面与其他学生差距较大。绝大多数留守儿童仅能使用小屏幕的手机进行学习，很少有留守儿童有机会使用电脑、iPad/平板电脑及其他设备进行学习，数字接入的软件条件、网速和硬件条件、设备的差异直接影响着学生的数字体验和感官，进而阻碍留守儿童在迅速变革的数字化时代获得优质教育。

3. 数字教育质量不佳

虽然数字时代为留守儿童提供了丰富的教育资源，但数字设备背后是当前留守儿童仍然难以“超越屏幕”的现实，充分发挥数字化价值和作用，其受教育权保障的道路仍然漫长。[③] 具体表现如下：第一，部分课程的教育不适

---

① 参见陈鹏飞、王秋艳：《农村留守儿童心理问题浅析》，载《新农业》2020 年第 10 期。

② 参见李森、张鸿翼主编：《当代中国乡村教育研究》，广东教育出版社 2018 年版，第 246－251 页。

③ 参见李威：《数字化时代乡村学生教育平等权保障的机遇、挑战及其应对》，载《南京社会科学》2023 年第 9 期。

合采用数字模式。体育、舞蹈等课程的教育若通过线上课程的形式开展，老师不能亲自指导学生完成动作，学生免不了在动作上学习不到位，达不到设置课程的效果。第二，数字教育完成情况得不到保障。虽然目前可以通过打卡等方式督促留守儿童完成任务，但对于不够自律的他们来说，效果有限。

综上所述，数字教育指导匮乏、数字教育支持缺乏以及数字教育质量不佳等情况严重影响着留守儿童的数字学习情况，进而给留守儿童受教育权的保障带来了挑战。

（三）留守儿童精神素质亟待提高

1. 精神素质亟待提高的原因

儿童的精神素质是其在成长过程中逐渐形成和发展的。良好的精神素质可以促使一个人全面健康发展，受教育权保障不仅要保障留守儿童能够获得公平优质的教育，更要保障留守儿童在精神素质方面的发展。而身处乡村、监护人受教育程度普遍不高、亲子陪伴缺失、受网络媒体影响严重等原因使留守儿童在社会结构性因素方面处于弱势地位，进而影响他们精神素质的提高。

2. 精神素质亟待提高的表现形式

精神素质涉及思想观念、道德伦理、法律素养等多个方面。受制于家庭环境、社会传统以及教育背景等因素，留守儿童的精神素质可能存在以下不足。首先，思想观念有待进一步提升。一方面，留守儿童的家庭条件大多较为困难，他们缺少父母的监管，更容易受到网络上不良价值观的影响，进而被物质主义所诱惑，他们会认为拥有更多的物质财富才能带来快乐和满足。因此，他们可能过分追求物质享受，存在拜金主义、享乐主义等倾向，而忽视了精神追求。另一方面，政治教育不仅需要学校的支持，更需要家庭的支持，且以父母潜移默化的教育最为有效。留守儿童接受来自父母的政治教育的机会较少，其利用网络也多用于玩耍放松，对政治的认识和理解不到位，对国家大事的关注和参与意识不足，对国家和社会的责任感和使命感不够强，等等。其次，道德水平有待进一步提高。儿童的思想行为尚未定型，其思想行为多从周围环境习得，自身缺乏辨别能力、判断能力、自律能力。对于留守儿童而言，其思想行为的习得在很大程度上依赖网络，而当前网络环境没有得到全面有效的监管，有些信息不健康、质量低。留守儿童临时监管人的文化水平一般较低，在照看留守儿童时，往往采取溺爱、责备、训斥、打骂等错误方式管教孩子。[①] 留守儿童缺少精神和道德上的管束与引导，导致其在道德素质方面更容易存在较大的缺陷，如自私自利、冷漠无情、缺乏同情心和关爱他人的意识等。最后，法律意识有待进一步增强。留守儿童更容易走上违法犯罪的道路。据统计，具有留守经历的未成年人暴力犯罪的发生率是没有留守经历的未成年人的 1.76 倍。[②] 因此，有必要提升留守儿童对法律知识的了解和认识，降低他们犯罪的概率。

五、数字时代留守儿童受教育权保障的完善措施

数字时代留守儿童受教育权保障存在的上述问题，需要政府、社会、学校和家庭的共同努力，加强对留守儿童的关爱和支持，帮助他们摆脱对网络的沉迷、提升数字学习的情况、培养高尚的思想政治素质，从而促进留守儿童受教育权得到全面保障。

（一）数字时代留守儿童受教育权保障的国家义务

1. 形成完整的法律体系

国家保障义务并非直接实现公民权利，而是为公民权利的实现创造基础条件，主要是由国家提供制度、组织和程序上的条件，这项义务主要由立法机关承担。立法的力量是强大的，通过法律制度的建构来履行数字时代留守儿童受教育权保障义务，能高屋建瓴地促进受教育权的实现。[③]

---

① 参见龙翠芳、聂建平：《贵州民族地区留守儿童德育问题调查研究——以黔东南州 6 所中小学为个案》，载《遵义师范学院学报》2011 年第 2 期。

② 参见孙炜红、陈杲然、王延涛：《留守经历、不良同伴交往与未成年人暴力犯罪》，载《青年研究》2023 年第 3 期。

③ 参见宁立标、万坚：《数字贫困视角下平等受教育权的国家义务范式探究》，载《世界教育信息》2022 年第 6 期。

（1）填补法律空白

首先，从宪法层面来讲，对于《宪法》而言，直接在其中增加留守儿童受教育权保障的具体细节不现实，但是在内容里增加“尤其注重特殊群体的权利保障”等规定值得期待。为留守儿童受教育权的保障提供宪法依据，使留守儿童受教育权保障的权威性大大增强。其次，从法律层面来讲，在现有相关法律中增加与留守儿童受教育权有关的内容。如《教育法》没有明确提及“留守儿童”这一特殊群体，只是“促进教育公平”等字眼暗示了要保障留守儿童的受教育权，因此，可以考虑在《教育法》第十条第三款后增加“国家扶持和发展留守儿童教育事业”、在第三十九条后增加“国家、社会、学校及其他教育机构应当根据留守儿童身心特性和需要实施教育，并为其提供帮助和便利”条款。从法律层面体现对留守儿童受教育权保障的重视，相关工作也更容易推进。对《义务教育法》《未成年人保护法》等与留守儿童受教育权有关的法律均应采取上述方法进行调整、完善。

（2）制定专项规定

留守儿童作为弱势群体中数量庞大且短时间不可能消失的主体，理应受到国家的特别关注。

针对现阶段尚未出台以留守儿童为主体的法律，其受教育权保障的规定散见于其他法律的现状①，制定保障留守儿童受教育权专项法律非常重要，如制定“留守儿童受教育权保护法”，规定留守儿童受教育权的概念、特点、性质和意义，规定学校、社会、家庭等不同主体相应的职责、权利与责任，尤其注重融入数字时代带来的改变，使留守儿童受教育权的保障有充足的法律支撑。

当前已形成涵盖国务院《关于加强农村留守儿童关爱保护工作的意见》（国发〔2016〕13号）等行政法规、民政部等部门发布的《关于进一步健全农村留守儿童和困境儿童关爱服务体系的意见》（民发〔2019〕34号）等部

---

① 参见霍翠芳、家小聪：《农村留守儿童受教育权保障的历程检视与优化路向》，载《教育理论与实践》2023年第11期。

门规章的留守儿童受教育权保障的规定体系。但笔者认为，既然留守儿童的形成与各地经济状况和文化传统密不可分，各地区留守儿童的数量、年龄分布又有很大差别，那么对于其受教育权保障的规定最好因地制宜。目前，只有很少一部分地区制定了有关规范性文件，各地应根据当地留守儿童的实际情况，针对数字时代其沉迷网络现象严重、数字学习情况不佳以及思政素质受侵蚀严重等问题，制定适合的与受教育权保障有关的规范性文件。尤其是偏远落后的贫困地区，留守儿童数量多、情况复杂，针对其受教育权更应制定完善、现实的规范性文件。

2. 开展专项活动

立法机关是履行保障义务的核心机关，但并不是说行政机关、司法机关等不承担任何责任。行政机关和司法机关可以采取开展专项活动的方式，来推动留守儿童受教育权保障工作。

（1）多方合作

各地教育部门、妇联组织、综治组织、共青团组织和关工委组织等应共同参与，充分发挥各自的作用，面向不同年龄阶段、不同家庭状况的留守儿童，围绕身心健康状况、数字学习习惯养成、道德品行培养等方面开展富有特色的指导服务活动，以保障数字时代留守儿童的受教育权。例如，教育部门、共青团和卫生健康部门可以合作，通过发放宣传手册、志愿结对帮扶、社工跟进服务等手段，对留守儿童进行必要的心理健康教育，降低其沉迷网络的概率。又如，民政部门落实财政补助等政策，司法机关采取具体措施惩处，从而形成留守儿童受教育权救助机制联动保障网。

（2）发挥优势

除了部门之间可以合作开展有关活动外，政府及各部门还应该采取相应措施，促进留守儿童受教育权的实现。第一，政府应设置专项资金改善留守儿童学习设备条件，良好的学习设备可以提高学习兴趣和学习能力。第二，司法机关应带着“防止悲剧发生为先”的思想，重点针对留守儿童开展犯罪预防和法治教育，如通过举办讲座等，扭转留守儿童违法犯罪概率大的现状。第三，团委应将留守儿童作为重点关爱对象，依托留守儿童关爱志愿活动，传递友爱、互助、乐观、自信等健康理念。第四，妇联应充分发挥关怀暖心的作用，通过“情暖童心”等活动，缓解留守带来的孤单、缺失感，给留守儿童带来关爱和温暖……

（二）数字时代留守儿童受教育权保障的社会义务

社会能有效弥补留守儿童在家庭教育方面的缺憾，主要表现在：一是通过社会资源将留守儿童受教育权与社会资本进行联系，为留守儿童受教育权利的实现提供与其他儿童相同的支持。二是通过社会氛围的形成潜移默化地影响留守儿童，注重引导他们脱离沉迷网络的困境，提高学习成绩并形成良好的思政素质。三是通过社会宣传将留守儿童这一特殊群体推到公众面前，呼吁更多的人关注并参与到留守儿童受教育权保障中来。

1. 整合社会资源

首先，整合社会各界人士的力量，结合所在区域的特点及留守儿童现况，积极构建免费的留守儿童教育中心、活动中心、托管中心、图书馆等机构，让留守儿童在空闲之余做更多有意义的事情，为农村留守儿童创建一个温馨的家园。[①] 其次，组建一支留守儿童受教育权保障的人才队伍。培养一批熟悉留守儿童身心发展特征的人员开展儿童教育工作，对留守儿童进行定期走访，全方位关注留守儿童发展情况，协调沟通，进行一对一的救助。最后，利用社会力量成立留守儿童教育专项基金，专门用于为留守儿童购买数字设备、开展教育活动等；建立留守儿童信息数据库，用现代化的手段动态跟踪掌握儿童信息。[②]

2. 形成社会氛围

全社会应形成关心爱护留守儿童，尤其是注重数字时代背景下留守儿童受教育权保障，主动了解留守儿童受教育现状，关注其因关爱不足引起的教

---

① 参见邹佰峰、姜慧娟：《农村留守儿童思想政治教育的现状审视与策略分析》，载《牡丹江教育学院学报》2022 年第 8 期。

② 参见霍翠芳、家小聪：《农村留守儿童受教育权保障的历程检视与优化路向》，载《教育理论与实践》2023 年第 11 期。

育方面的问题。具体应做到以下几点：首先，全社会应合力创建一个积极健康的网络环境，及时清除一些色情、暴力的信息，对留守儿童接触网络的渠道和内容加以干预，保证留守儿童在接触到信息网络的同时不至于沉迷其中。其次，全社会应合力创建一个开放包容的文化环境，对留守儿童进行健康的文化引导，广泛开展读书、观影、摄影、书法、绘画、戏曲、音乐、棋类、武术等公益性文化活动，号召留守儿童踊跃参与。这些活动一方面能够丰富留守儿童的课余生活，避免网络沉迷；另一方面能够帮助留守儿童感受文化底蕴、继承文化基因，提高学习能力。此外，这些活动还能够帮助留守儿童提高人际交往能力，形成活泼开朗的性格和积极进取的品质。

3. 强化社会宣传

自脱贫攻坚任务完成后，社会对于留守儿童的关注度持续降低。需要认清的是，留守儿童这一特殊类型主体仍将长期存在，且数量庞大，他们若不能得到良好发展，则影响着乡村振兴战略的推进，进而影响着政治、经济等方面的发展。留守儿童本来就缺失父母感情的关怀，若再得不到社会的关注和认可，便会沉迷于网络，使现实生活中无法得到的满足在网络中得以体现。① 因此，应该加强社会宣传，即社会需要加强对留守儿童和流动儿童等特殊群体的关注，了解这些儿童内心真正的需求，使这些儿童得到真正的关心和关爱，而不是一味地从第三人的角度去帮助他们。

（三）数字时代留守儿童受教育权保障的家校义务

数字时代，学校和家庭对保障留守儿童受教育权起到了至关重要的作用。

1. 学校义务

（1）筛选学习资源

数字时代，学校承担着提供数字学习资源的主要责任，要注意数字学习资源的把关，避免出现不健康、低质量的学习资料。第一，建立数字学习资

① 参见徐超、李梓、杨雄娇、柳一桥：《贵州贫困山区农村留守儿童网络成瘾问题调查及对策研究》，载《现代农业》2020年第4期。

源审查机制。学校可以建立专门的审查团队负责对数字学习资源的内容、质量、适用性等进行评估、审查，确保资源符合教育标准和学生需求。第二，定期更新与维护数字学习资源。对数字学习资源应随着时间的推移进行更新与维护，以确保其内容始终保持最新状态。学校定期检查资源的时效性和准确性，及时进行必要的修改和调整。第三，学校应设置学校内部的数字学习资源库，给留守儿童更多“爱的教育”，让他们感受到关怀，打开心扉。此外，应根据每位留守儿童的特点，有针对性地使用数字学习资源，充分了解并探索他们的特长和兴趣点，鼓励、引导留守儿童走上合适自己的人生轨道。①

（2）上网习惯养成

数字时代，学校承担着培养留守儿童养成良好上网习惯的责任。第一，学校应重视网络素养教育，建立完备的网络素养课程体系。学校是未成年人开展网络素养教育的主阵地，应把网络行为规范、网络防沉迷知识、网络法律法规等内容融入专业课程或融入精神文明教育课程。② 第二，学校应组织留守儿童进行集中教育，教会他们对多媒体教室、数字设备的使用，使他们尽早熟悉数字学习的模式，从小培养孩子良好的上网习惯和网络行为，能自觉抵制网络上不良信息的侵蚀，利用网络资源进行学习而不沉迷于网络游戏。第三，学校应采用柔性的引导方式，对留守儿童的网络沉迷加以疏通，强调“疏”而不是“堵”，在疏的过程中使其慢慢形成正确的网络习惯，同时要避免使本来就缺乏父母关怀的留守儿童再次遭受心灵创伤。③

2. 家庭义务

家庭是未成年人权益保障和犯罪预防的第一道防线。数字时代，网络为留守儿童提供了与大城市儿童一样的教育资源，留守儿童能更加全面地获得教育，这也是其受教育权实现不可或缺的重要组成部分。强硬地要求留守儿

① 参见项会兰：《农村留守儿童受教育权的法律保障研究》，载《农村经济与科技》2021 年第 13 期。

② 参见黄祖兵：《“培养分析”视域下乡村留守儿童网络成瘾干预机制探讨》，载《郑州航空工业管理学院学报（社会科学版）》2023 年第 6 期。

③ 参见徐超、李梓、杨雄娇、柳一桥：《贵州贫困山区农村留守儿童网络成瘾问题调查及对策研究》，载《现代农业》2020 年第 4 期。

童远离网络，不接触智能手机等上网终端既不现实也无法做到。因此，监护人对于留守儿童上网要秉持疏导与引导的态度，而不是强硬地限制和杜绝。①

（1）加强沟通频率

父母虽然不能陪伴在孩子身边，但应该广泛利用电话、视频等数字技术给予留守儿童关怀，尽量降低留守给他们带来的不良影响。在沟通频率上，一方面，留守儿童的父母至少每周与孩子沟通 2—3 次，并主动与老师和照顾留守儿童的亲人联系，这样才能全面真实地了解留守儿童受教育的情况。另一方面，遇到重大节假日而不能陪伴在孩子身边时，父母应多与孩子交流沟通，尽量弥补留守儿童内心的孤独。

（2）扩展沟通内容

在沟通内容上，不应局限于留守儿童的生活状况，而应全面包括其学习、心理、使用网络等状况。从学习角度来看，家长可以使用猿辅导、作业帮等在线学习平台，帮助孩子选择合适的课程，查看孩子的学习状况，了解他们的学习进度。家长还可以使用“腾讯课堂”“钉钉”等线上沟通平台，指导孩子完成作业，针对孩子的学习问题进行答疑解惑，提供学习方法和技巧，帮助孩子解决学习中遇到的困难。从心理角度来看，鼓励留守儿童多参加户外运动和力所能及的课外劳动，让留守儿童通过各类活动增长见识、锻炼能力，获得充实的生活体验，进而降低对智能手机成瘾的概率。家长更加应该了解孩子的心情，满足孩子的情感需求，尽可能消除因为距离所产生的消极情绪。从使用网络角度来看，父母应承担好教育引导留守儿童正确认识网络、科学使用网络的责任，培养他们在使用网络时的自我保护和自我管控能力，帮助他们及时辨别网络使用过程中存在的危险隐患，有针对性地及时纠错。②

六、结语

留守儿童的受教育权保障问题是社会现代化发展进程中不可避免的一大

① 参见黄祖兵：《“培养分析”视域下乡村留守儿童网络成瘾干预机制探讨》，载《郑州航空工业管理学院学报（社会科学版）》2023 年第 6 期。

② 参见黄祖兵：《“培养分析”视域下乡村留守儿童网络成瘾干预机制探讨》，载《郑州航空工业管理学院学报（社会科学版）》2023 年第 6 期。

难题，将会在未来一段时间内长期存在。数字化是一把“双刃剑”，既给留守儿童受教育权保障带来了文化素质、心理素质和综合能力提高的机遇，又给留守儿童受教育权保障带来了沉迷网络现象、数字学习情况不佳以及精神素质受侵蚀的挑战。因此，有必要汇聚国家、社会、学校和家庭共同的力量，助力数字时代留守儿童受教育权保障工作的开展。

未成年人网络充值打赏纠纷中的身份查明及行为效力认定

赵　赫[*]　高兴堂[**]

内容提要　近年来，涉未成年人网络充值打赏的纠纷居高不下。在司法实践中，此类案件的案由、诉讼主体、管辖、效力认定等诸多方面存在裁判标准不统一的问题，尤其是对未成年人的身份查明、未成年人网络充值打赏行为的效力认定成为该类案件审理的重点和难点。基于此，本文结合涉未成年人案件综合审判机制，剖析该类案件中未成年交易主体识别的参考因素，对“与年龄、智力相适应的民事法律行为”判断标准进行解释，从而提出涉未成年人网络司法保护优化路径，推动未成年人合法上网，减少此类纠纷的发生。

关键词　未成年人　充值打赏　年龄、智力相适应　身份查明　民事法律行为

近年来，随着互联网技术的不断发展，未成年人触网低龄化日趋明显，未成年网民数量不断增多，互联网进一步向未成年群体渗透。中国互联网络信息中心第51次《中国互联网络发展状况统计报告》显示，截至2022年12月，我国网民规模达10.67亿，较2021年12月增长3549万，互联网普及率

* 赵赫，北京市第四中级人民法院法官助理。

** 高兴堂，北京市第四中级人民法院法官助理。

达75.6%。[①] 数据显示，10岁以下、10—19岁网民占比分别为4.4%、14.3%。[②] 在互联网在线支付技术和网络娱乐服务行业迅猛发展的今天，网络游戏与网络直播对于未成年人的影响不断加深，特别是高额充值、游戏诈骗等现象对未成年人的负面影响日益显著。越来越多的未成年人参与到互联网交易行为中，成为交易行为的一方主体，未成年人直播打赏、虚拟充值等消费纠纷屡见不鲜，司法实践中出现了相当数量的未成年人在网络游戏中大额充值或在网络直播中打赏主播而产生的纠纷。

未成年人网络保护问题是全社会关注的热点问题。从政策导向层面看，2022年5月，中央文明办、文化和旅游部、国家广播电视总局、国家互联网信息办公室联合印发了《关于规范网络直播打赏　加强未成年人保护的意见》，明确禁止未成年人参与网络充值打赏，网络平台不得为未满16周岁的未成年人提供网络主播服务等要求。从法律规范层面看，《未成年人保护法》以“网络保护”专章的形式，对于网络直播、网络游戏等未成年人触网的热点问题作出了规定。《最高人民法院关于依法妥善审理涉新冠肺炎疫情民事案件若干问题的指导意见（二）》（以下简称《审理涉新冠疫情民事案件指导意见（二）》）明确了未成年人参与网络付费游戏或网络直播平台打赏纠纷的处理方式，为法院切实保护未成年人合法权益提供了基本的法律遵循。从司法实践层面看，最高人民法院通过发布典型案例的形式发挥裁判示范引领作用，切实维护未成年人合法权益。2023年3月15日，最高人民法院发布网络消费典型案例，其中在张某某诉某数码科技有限公司网络买卖合同纠纷案中，认定未成年人超出其年龄、智力程度进行网络游戏充值的，监护人可依法追回充值款。

本文对当前未成年人网络充值打赏纠纷在审判环节存在的司法困境进行梳理，从既有法律规则出发，从司法大数据角度剖析人民法院在处理该类案件中的审判难点，提出涉及未成年人网络司法保护规则优化路径，以期助力

① 参见中国互联网络信息中心第51次《中国互联网络发展状况统计报告》第1页、第23页。

② 参见中国互联网络信息中心第51次《中国互联网络发展状况统计报告》第31页。

未成年人网络保护。

一、现状检视：未成年人网络充值打赏行为效力认定的司法困境

未成年人参与互联网交易行为产生的纠纷主要集中在网络游戏充值、直播打赏领域。为了客观、全面地检视未成年人网络充值打赏纠纷的裁判情况，梳理和透视涉及未成年人网络充值打赏纠纷在司法审判环节中存在的问题，在中国裁判文书网上分别以“未成年人”、“充值”和“打赏”为关键词进行检索，剔除重复、不相关案件，共检索出涉及未成年人网络充值打赏民事案件 100 件作为本次实证研究的样本案例，① 对案件起诉情况、审理查明的事实、证据情况和裁判结果等进行归类、整理、分析，梳理了该类案件审理的难点（见图 1）。

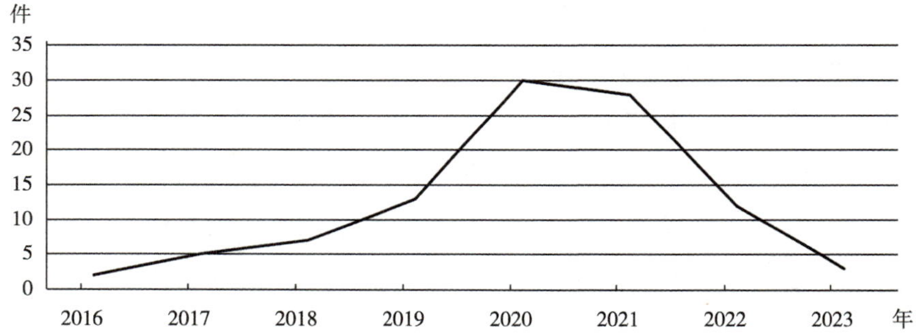

图 1　样本案例时间分布

从时间上看，未成年人网络充值打赏案件在近年来呈现增长趋势。在 100 件样本案例中，其中 2016 年有 2 件，2017 年有 5 件，2018 年有 7 件，2019 年有 13 件，2020 年有 30 件，2021 年有 28 件，2022 年有 12 件，2023 年有 3 件。因考虑到 2022 年、2023 年仍有正在审理中的该类案件，故未成年人网络充值打赏案件总体呈现增长趋势。

---

① 考虑到部分涉及未成年人网络充值打赏民事案件因调解结案，涉及个人隐私等原因未公开裁判文书，2022 年、2023 年应仍有正在审理过程中的该类案件等因素，未成年人网络充值、直播打赏纠纷进入司法审判环节的案件数量实际应多于笔者检索到的样本数量。本次实证研究的样本确定为可公开查询到的裁判文书的案例，包括审结案件以及有管辖裁定的未结案件。

总体来看，当前未成年人网络充值打赏纠纷审判中存在的司法困境主要包括移送管辖案件数量多①、案由认定不一致②、诉讼主体不一致③、未成年人身份查明标准不统一、未成年人充值打赏行为效力认定不一致、当事人过错程度衡量标准及返还比例酌定标准模糊等。因本文主要聚焦该类案件中的身份查明及行为效力认定两方面的问题，故本文将着重从充值打赏行为实施主体的认定及未成年人充值打赏行为效力两个方面展开分析。

（一）充值打赏行为是否系未成年人作出的认定标准不统一

未成年人网络充值打赏案件，原告的诉讼请求通常为确认原告与网络平台订立的合同无效、要求网络平台返还充值款项。行为主体是否为无民事行为能力人或限制民事行为能力人将直接影响到民事行为的有效与否，从而决定原告的诉讼请求能否得到支持。该类案件审理的难点为如何认定网络充值打赏行为系未成年人作出，即原告所提交的证据是否能足以证明是由未成年人在网络游戏或网络直播平台中充值并打赏。

从样本案例中的48件判决案件来看，未成年人进行网络充值打赏行为均在监护人的实名认证账户中进行，该网络充值打赏行为通常难以通过直接证据加以证明，原告通常向法院提供监控或录音资料、未成年人使用网络平台的照片或截图、报警记录、银行流水账单、微信或支付宝账单、主播信息等证据用以证明充值打赏行为实际由未成年人实施。在认定充值打赏行为主体时，法院通常会结合账号注册、使用情况，充值打赏的时间、金额、频次，

---

① 样本案例中的37件有管辖裁定的案件，有3件案件裁定驳回被告网络平台提出的管辖异议，有19件案件认定被告网络平台提出的管辖异议成立并将案件移送至有管辖权的法院，有15件案件裁定移送有管辖权的法院。

② 在样本案例中，有20件案件的案由被认定为合同纠纷，部分案件中法院将未成年人起诉网络平台要求退还充值款的案件案由认定为网络服务合同纠纷或服务合同纠纷，而部分案件中法院则将该类案件认定为信息网络买卖合同纠纷或网络购物合同纠纷；同为原告起诉要求确认合同无效的案件，有的案件被认定为确认合同效力纠纷，有的案件则被认定为确认合同无效纠纷。

③ 未成年人及其监护人在诉讼中所处的法律地位在个案中不一致，主要分为以下四种类型：（1）未成年人作为案件原告、监护人作为法定代理人；（2）监护人作为案件原告；（3）未成年人与监护人均作为案件原告；（4）监护人作为案件原告，未成年人及网络平台作为案件被告。

网络游戏、网络直播节目的主要受众人群及内容，聊天对话记录，当事人在庭审中的陈述，未成年人的消费习惯及偏好等内容进行判断，但司法审判实践并未形成统一的认定标准。

在 29 件判决驳回原告诉讼请求的样本案例中，有 23 件为法院在判决中认定原告无充分证据证明网络充值打赏行为系未成年人实施，原告主张返还充值款项缺乏事实依据，但不同法院对于“无充分证据证明充值打赏交易行为主体系未成年人”的判断标准不一，缺少相对客观的标准。对于存在样本案例说理不充分的情况，在 19 件全部或者部分支持了原告退还充值款项的诉讼请求的样本案例中，部分判决对“充值打赏行为是否由未成年人实施”未作论述，直接在判决中认定行为主体为未成年人；部分判决的说理较为概括、泛化、笼统，法官对于“充值打赏交易行为主体系未成年人”这一事实的心证形成过程展现得不够充分、具体。

（二）未成年人充值打赏行为效力的认定标准不统一

《审理涉新冠疫情民事案件指导意见（二）》明确，限制民事行为能力人未经其监护人同意，参与网络付费游戏或者网络直播平台“打赏”等方式支出与其年龄、智力不相适应的款项，监护人请求网络服务提供者返还该款项的，人民法院应予支持。因此，结合《民法典》中关于民事法律行为效力的相关规定及《审理涉新冠疫情民事案件指导意见（二）》的相关规定，要求 8 周岁以上的未成年人在参与网络付费游戏或者观看网络直播的过程中，通过充值、打赏等方式支出的款项如果与其年龄、智力不相适应，未成年人的付款行为则属于效力待定的行为，需要未成年人的法定代理人同意或者追认后方能发生效力。如果其法定代理人对于未成年人的付款行为不同意或者不予追认，则该付款行为无效，交易相对方因该行为所取得的财产，应当予以返还。不满 8 周岁的未成年人属于无民事行为能力人，其所参与网络游戏或观看网络直播所支出的款项一律应该退还。上述规范为人民法院依法妥善处理司法实践中的未成年人网络充值打赏纠纷提供了法律依据。

关于对“与年龄、智力相适应的民事法律行为”的理解，很大程度上受到充值打赏金额、地域等因素的影响，在个案中存在一定的差别，缺乏统一的裁判标准和尺度。在张某1与广州爱九游信息技术有限公司网络服务合同纠纷案中，法院认为“张某1主张的充值金额为每次3元至328元不等，总额为810元，考虑到充值时张某1的年龄、教育经历和其所处地区的消费水平，张某1应能够理解其为游戏角色充值的行为和相应的后果，该充值行为与其年龄和智力相适应”①。在温某某与北京思享时光科技有限公司网络服务合同纠纷案中，法院认为“结合其当时冒充女子身份并伪造医疗收费票据诈骗他人的事实，以及涉案平台充值款大部分来自诈骗所得等情况，可以认定当时原告已拥有较为丰富的社会生活经验，具备较高的认知和独立判断能力，其当时的年龄和智力水平已能与其主张的金额50至5000元不等的多次充值行为相适应，无需其法定代理人代理或追认”②。从上述两案可以看出，司法实践对未成年人充值打赏行为效力的认定标准较为主观，并未形成统一的客观标准。

二、理论溯源：身份查明及行为效力认定的法理辨析

（一）外观主义原则与优先保护未成年人原则之间的平衡

在传统的商务活动中，当事人一方通常情况下凭借直观感觉就能判断出交易相对方的行为能力。然而，在电子商务合同订立的过程中，网络空间的交易使法院对当事人民事行为能力的确认具有一定的难度，不利于对实际交易者的识别。③ 为此，《电子商务法》对电子商务合同缔约人的民事行为能力作出了推定，该法第四十八条规定：“电子商务当事人使用自动信息系统订立或者履行合同的行为对使用该系统的当事人具有法律效力。在电子商务中推定当事人具有相应的民事行为能力。但是，有相反证据足以推翻的除外。”上述规定明确了电子商务中合同当事人身份的“外观主义”原则，其核心要义

① 广州互联网法院民事判决书，（2019）粤0192民初1726号。

② 北京互联网法院民事判决书，（2020）京0491民初472号。

③ 参见王建敏、倪桂芳、李院院：《未成年人网络打赏的法律规制——基于16个典型案例的分析》，载《少年儿童研究》2021年第9期。

是公示于外表的事实，纵有与真实情况不符的情形，亦须加以保护。

但是，《审理涉新冠疫情民事案件指导意见（二）》第九条的规定要求司法实践尽可能地去查明是否存在“未成年人使用成年人的身份信息作出充值打赏行为”的情形，法院对于未成年人网络充值打赏行为事实的查明应采取更为积极的态度，从一定程度上突破了“外观主义”原则，体现了该领域在对交易安全的保护与对未成年人的保护进行价值权衡与选择时，更加倾向于保护未成年人的利益。①

（二）未成年人所作民事法律行为的效力

随着物质文明的发展，当下未成年人的心智和认知与上一代人相比都有了较大的进展，而不同法系对行为能力的认识不一。在大陆法传统中，行为能力是通过自己的意思表示，可以独立、完全有效地从事法律行为的能力。②对未成年人是否具有行为能力，我国法律有明确的划分，即包括未成年人所作民事法律行为有效和无效的情形、可撤销的情形和效力待定的情形。

1. 有效和无效的民事法律行为

根据《民法典》第一百四十五条规定，限制民事行为能力人实施的纯获利益的民事法律行为有效。因未成年人进行的直播打赏行为并非纯获利益的行为，故该情形不属于本文所讨论的范畴。

《民法典》第一百四十四条规定的无民事行为能力人实施的民事法律行为、第一百四十六条规定的以虚假的意思表示实施的民事法律行为、第一百五十三条规定的违反强制性规定和违背公序良俗的民事法律行为以及第一百五十四条规定的恶意串通损害他人合法权益的民事法律行为均属于无效的民事法律行为。在未成年人充值打赏行为中，很难存在以虚假意思表示实施的民事法律行为和恶意串通的情形，而无民事行为能力人所作行为又属于绝对无效的行为，故不在本次讨论之列。

---

① 《未成年人保护法》第四条中规定，保护未成年人，应当坚持最有利于未成年人的原则。

② 参见［德］本德·吕特斯、阿斯特丽德·施塔德勒：《德国民法总论》（第 18 版），于馨淼、张姝译，法律出版社 2017 年版，第 303 页。

关于违反法律强制性规定和公序良俗的行为，如涉暴力、淫秽、恐怖等违法内容，或者网络服务提供者的恶意刷单等违反公序良俗的行为，在该类情形中亦存在充值打赏的可能。对上述几种情形，无论网络服务提供者是否尽到了认证等义务，亦无论未成年人的监护人或者其他成年人是否尽到了监管的职责，因该行为属于法律明令禁止的违背公共秩序和善良风俗的行为，该网络充值打赏行为无效。

2. 可撤销的民事法律行为

《民法典》第一百四十七条规定的基于重大误解实施的民事法律行为、第一百四十八条规定的以欺诈手段实施的民事法律行为、第一百五十条规定的受胁迫情况下实施的民事法律行为以及第一百五十一条规定的显失公平的民事法律行为均属于法律规定的可撤销的民事法律行为。网络充值打赏一般都是未成年人的自主行为，该行为一般不构成欺诈和胁迫，充值打赏行为也并非显失公平，唯一可以适用的是重大误解，如对“火箭”等礼物的价值认知问题、误认为礼物免费而赠送问题等。但在实践中，还未有以重大误解为由提起诉讼要求返还财产的，而且此种方式因证明责任较大，也很难获得支持。

3. 效力待定的民事法律行为

《民法典》第一百四十五条规定的民事行为能力瑕疵和第一百七十一条规定的无权代理构成效力待定的法律障碍。在未成年人充值打赏案件中，民事行为能力瑕疵是未成年人本人实施的、法律后果由本人承担的法律障碍，要求民事行为能力与年龄、智力、精神健康状况相适应，在审判实践中，该条也成为判断限制民事行为能力人网络充值打赏是否有效的重要条款；无权代理则是以未成年人的监护人或其他成年人的名义进行的、法律后果由监护人或其他成年人承担的法律障碍。

（三）无权代理的适用

一般情况下，未成年人充值打赏时使用的是监护人或其他成年人的移动终端、账号、银行卡信息等，因该充值打赏的法律效果归于未成年人本人，故该种情形不构成无权代理，而是属于冒名行为；除非网络充值打赏行为的最终受益人为未成年人的监护人或者其他成年人，该行为才构成无权代理，应适用无权代理的规定。但笔者通过对 100 份裁判文书的梳理并未发现上述情形，且因充值打赏一般只是给未成年人本人带来观看时的精神刺激以及精神依赖，很少带来除此之外的金钱利益，故此类情况也不是本文讨论的重点。

三、标准厘定：未成年人网络充值打赏行为效力认定的规则完善

对于未成年人网络充值打赏行为效力的认定不能简单与传统民事行为效力的判断画等号，需要根据具体的行为发生方式和行为人的具体情况来判断。[①] 法院应当结合各类有助于识别行为主体的参考因素，尽可能积极地查明网络充值打赏行为的交易主体是否为未成年人。对于可以认定行为主体为未成年人的，基于对未成年人保护的原则，应充分考虑“与限制民事行为能力人年龄、智力、精神健康状况相适应”的标准，从而形成对未成年人网络充值打赏行为效力认定的规则体系。

（一）行为主体身份查明的证明责任

监护人或其他代理人在未成年人网络充值打赏纠纷诉讼中“举证难”成为原告败诉的重要原因。因多数监护人发现问题时时间已经过去久远，且难以还原或者搜集当时对自己有利的证据，特别是缺少能够证明充值打赏行为主体系未成年人的直接证据，其诉求缺乏充足的证据加以证明。

针对举证难的问题，有观点认为，对于举证能力较弱的未成年人一方应当采取举证责任倒置的规则，可以由被告即网络平台一方履行举证证明义务。[②] 具体而言，如果未成年人及其监护人已经尽力提出相关证据来证明未成年人系网络充值打赏行为的实际实施者，此时法院应当在综合考虑案件基本情况后，认定未成年人一方对于充值打赏行为主体的证明已经达到高度盖然

---

① 参见文慧：《论未成年人的网络直播打赏行为》，载《西部学刊》2019 年第 1 期。

② 参见邓青菁、郭琳：《审视与解困：未成年人直播打赏纠纷的裁判路径——以责任承担为视角》，载《北外法学》2019 年第 2 期。

性的标准，从而将主观证明责任转移至网络平台一方。这样，一方面有利于案件事实的查明，另一方面也可以倒逼网络平台主动采取有效的事前预防和保存证据措施。

然而，需要明确的是，举证责任的倒置应严格遵循法定原则，不应脱离现有实体法而承认倒置适用。[①] 由于不属于举证责任倒置的法定适用范围，在充值打赏行为主体的查明上，法院仍应遵循民事诉讼举证责任的一般规则，由主张充值打赏行为系未成年人作出的原告一方承担举证证明责任，来提供证据证明充值打赏行为的主体是未成年人。[②] 当然，在这一过程中，考虑到未成年人一方对于待证事实的举证能力不足的问题，法院可以通过行使释明权的方式，向未成年人一方释明其可以通过依法申请调查取证等方式，举证证明充值打赏行为实施主体等待证事实。法院在证据审查及事实认定的过程中，也应当综合考虑原、被告双方收集证据能力的强弱，离证据距离的远近程度等因素，优化关于未成年人充值打赏相关证据的审查认定标准。在认定是否由未成年人独立充值打赏时，法官应根据当事人向法院所提交的有限证据，结合充值打赏的金额、时间、频次以及游戏或直播的内容等信息，借助经验法则排除冒充退赏、恶意退赏等合理怀疑后，基于优势证据原则对于双方当事人所提交的证据的证明力大小进行判断，从而形成对于网络充值打赏行为主体的自由心证，最终判定当事人的诉讼主张是否成立。

（二）网络充值打赏纠纷中未成年交易主体的识别因素

如前文所述，法院在处理未成年人网络充值打赏纠纷案件时，需要尽可能地查明网络充值打赏是否存在未成年交易主体，这也是该类案件审理的裁判重点及难点。通过对样本案例的梳理可以看出，在司法实践中，各地法院对于判断网络充值打赏行为是否为未成年人实施积累了一定的判断方法。综

---

① 参见夏璇、苏世伟：《未成年人网络打赏行为效力证明责任再探析》，载《三峡大学学报（人文社会科学版）》2022 年第 2 期。

② 参见张知博：《未成年人网络充值打赏行为法律问题辨析》，载《少年儿童研究》2021 年第 6 期。

合起来，网络充值打赏行为的交易主体判断因素包括以下几个方面：

1. 证明充值打赏交易主体系未成年人的直接证据

证明充值打赏交易行为系由未成年人作出的最有力的证据是能够直接证明未成年人是充值打赏行为实施主体的监控录像或者照片。对于法院的事实认定来讲，如果有监控录像可以证明涉案充值打赏行为是未成年人做出的，自然能够较为容易地查明主体身份。然而，遗憾的是，由于未成年人充值打赏时通常缺少能够完整、清晰地记录整个过程的监控视频，因而该类证据被原告一方作为证据提交并最终作为法院认定案件事实依据的情形较为罕见，往往需要原告方提交一系列间接证据去证明待证事实。

2. 网络游戏、网络直播账号的实际控制情况

通常来说，利用网络游戏、网络直播账号进行充值、打赏行为是由账号的实际控制人操作的。因此，在认定网络充值打赏行为主体时，有必要审查账号的实际控制情况，特别是需要考虑未成年人对于账号接触或控制的可能性。如果监护人有充分证据证明涉案账号充值打赏行为发生时，监护人自身并不具备相应的条件，如监护人在充值打赏时段不具备使用手机等移动终端的条件等情况，应当考虑未成年人充值打赏具有高度盖然性。法院可以通过充值打赏交易行为的实际发生 IP 地址，结合监护人提供的居住情况的证明，判断充值打赏的行为主体。此外，如果确实存在未成年人使用监护人手机进行网上上课等特殊情况，监护人脱离对账号的控制或者本身不具备使用账号的可能性，该类情况亦可以用于佐证充值打赏行为主体为未成年人。

3. 网络用户的行为分析

网络用户的行为，包括网络交易主体充值、打赏发生的时间、频率、金额，以及网络游戏、网络直播的内容、受众群体，未成年人的偏好等。每日 20 时至 22 时、寒暑假时段是青少年上网的高峰时段，也是规范网络游戏和网络直播的重要时点。如果网络充值打赏行为的时间段与未成年人自身在学习、生活中可支配的时间段基本吻合，充值频率高，且短时间内多次、大额充值，这与青少年无风险意识的心理特征相符，应当考虑未成年人充值打赏具有高度盖然性。账号的命名符合未成年人的命名偏好，网络游戏、网络直播的内

容为未成年人喜爱观看的内容，受众群体面向未成年人，游戏、直播中账号所发表的各类言论符合未成年人的身份等情况，也可以佐证充值打赏行为主体。此外，未成年人的监护人发现未成年人有充值打赏行为的过程及采取的应对措施对于证明行为人系未成年人具有重要意义①，如在发现未成年人有充值消费行为后，监护人是否采取了诸如自助冻结微信支付账户、重新设置支付密码等补救措施。

4. 网络平台身份识别机制

根据《未成年人保护法》第七十四条的相关要求，网络游戏、网络直播等网络服务提供者应当针对未成年人使用其服务设置相应的时间管理、权限管理、消费管理等功能。网络服务提供者应加强技术支持，可采取生物识别系统，通过有效的指纹识别、人脸识别、人工审核等方式避免未成年人盗用监护人或其他成年人账户；加强大数据分析，对偏离正常范围的直播或打赏行为采用有效的告知、暂时封禁账户等方式，在确认系账户所有权人本人使用的情况后可继续使用；与账户所有权人沟通后设置每日打赏限额，对超过打赏限额的行为进行制止；对打赏金额实行“延时到账”功能，防止未成年人或其他打赏者不理性消费；加强对网络主播的管理，对诱导未成年人打赏的主播列入黑名单处理。上述网络平台身份识别机制的有无，有助于判定网络充值打赏行为的实施主体。如果作为被告的网络平台在目前实施的实名认证体系之下，不能排除未成年人冒用他人身份信息进行认证和注册的情况，或者在现有技术规范条件下，网络平台有能力提升该体系以加强防范冒名注册行为（如人脸识别系统、语音识别系统等），但网络平台并未穷尽防范措施存在疏漏，则该情况应当成为判断充值打赏行为实施主体的重要参考因素。

5. 当事人陈述

当事人陈述能够比较充分地反映出未成年人对于网络充值打赏行为的认知，父母或其他监护人与未成年人之间的关系，未成年人的监护人是否使用过游戏账号、直播账号等情况。如果在法院核实情况的过程中，未成年人可

① 参见北京市第三中级人民法院民事判决书，（2018）京03民终539号。

以熟练地操作直播平台的一些特殊设置，对游戏、直播的一些细节可以作出有效陈述，则在有其他证据可以相互印证的情况下，当事人陈述可以作为判断账号实际使用者的证据。

需要指出的是，上述因素不是单一存在的，法院在认定的过程中也不能仅凭借单一因素即认定充值打赏行为系由未成年人作出，而是需要综合考虑各类因素，加深法官在认定"充值打赏行为主体系未成年人"时的内心确信，形成相对完整的证据链，足以证明未成年人是涉案账户的使用者。否则，在待证事实真伪不明的情况下，法院通常会根据证明责任作出未支持起诉方的判决结果。

（三）未成年人虚构消费身份或者冒用身份时的行为分析

在网络环境中，合同交易双方都是以数据化形式存在的虚拟主体，网络上根本无法看到或辨识交易相对人，双方当事人是利用按键或鼠标为意思表示，即便网络平台要求交易相对人输入身份证号码、出生日期或信用卡卡号以证实其为成年人，也仍有伪造或提供不实资料的可能性。[①] 为了达到注册网络账号的目的，未成年人很多时候隐瞒或者虚构身份信息进行注册。国家对网络账号管制力度的不断扩大，在网络实名制的影响下，未成年人为了达到注册的目的，会盗用他人的真实身份信息进行注册，或者通过直接使用他人已经注册的真实账号进行登录后使用。

关于对未成年人在隐瞒或虚构身份信息时进行网络充值打赏行为的具体裁判规则，目前除了《审理涉新冠疫情民事案件指导意见（二）》第九条的规定外并无其他相关规定，且上述规定与《民法典》第一百五十四条的规定有异曲同工之处。其他国家和地区的法律也没有如此细致的解释。与此类似

---

① 参见潘伟华：《论电子合同当事人的行为能力》，载《安徽警官职业学院学报》2005 年第 3 期。

的是德国的“零用钱规则”[1] 和英美法系的“必需品制度”[2]，这两种规则更倾向于对未成年人的保护，即将未成年人在欺诈情况下订立的合同更倾向于认定应该为可撤销。我国台湾地区“民法”所规定的“诈术规则”[3]、“电信有效规则”[4] 则与之相反，台湾地区“民法”认为上述两种情况都属于有效的情形。因此，不同国家和地区根据本国或本地区发展的现实情况所规定的未成年人订立的合同效力不一。但我国《民法典》所确立的原则与欧美法系类似，即在能够确定系未成年人采取的网络充值打赏的情况下，其行为效力属于待定的状态：如果未成年人的法定代理人予以追认，则有效；如果未成年人的法定代理人拒绝追认，则无效。

（四）与限制民事行为能力人年龄、智力、精神健康状况相适应的标准

法律和司法解释对限制民事行为能力人所作行为是否有效的认定都是概括性的。有学者认为，在认定限制民事行为能力人所实施的行为是否与其年龄、智力、精神健康状况相适应时，应当采用客观标准，也就是按照社会一般通行的观点以及惯例来考察同年龄段的未成年人是否被认为可从事该民事行为。此外，法律行为与被监护人生活的关联程度以及合同条款本身的公平性也应当成为法院裁判时的考量因素。“与年龄、智力、精神健康状况相适应”实际上是未成年人在实施某项特定的行为时可以理解的也能够预见到其所实施的法律行为的后果的意思能力。其本质上是判断未成年人实施的法律行为与其意思理解能力以及表达能力是否相适应，未成年人能否清楚认识、

---

① 《德国民法典》规定，若未成年人在交易中所使用的金钱乃是其法定代理人经过考虑后给予且允许其自由支配的，那么在交易中只要未成年人将此部分金钱交给交易相对方，即视为其具有完全支配能力，无须经过其法定代理人同意，订立合同之行为具备法律效力。但该条款所涉及的交易标的额一般较小。

② 必需品是指在销售和交付时符合未成年人或其他相关人实际生活条件和需求的商品。依照判例，对于必需品的判断标准有三个：第一，标的符合未成年人生活条件；第二，订立合同和交付标的时，标的均是未成年人所需的；第三，订立合同和交付标的时，未成年人尚未处于必需品满足的状态。

③ 我国台湾地区“民法”规定，之所以强制法律行为有效，系以限制行为能力人既已能使用诈术，其智虑不薄，而且玩弄手段，无保护的必要。

④ 我国台湾地区“电信法”第九条规定：“无行为能力人或限制行为能力人使用电信之行为，对于电信事业，视为有行为能力人。但因使用电信发生之其他行为，不在此限。”

理解其实施的法律行为并对因法律行为的实施所可能产生的风险有所辨识。[①]通常来说，每个人的智力能力是随着年龄的增长而逐渐增长的，是一个逐步成熟的过程，智力发育缓慢儿童除外，但这类群体有医学证明或其他证据予以佐证。因此，法律将年龄作为自然人智力和心智的外在表现形式，将作为形式标准的年龄与实质标准的智力发展水平作为共同衡量未成年人是否具有实施具体民事法律行为的尺度。《民法典》的规定则证明了行为能力的判断标准并非单一不变，而是随着年龄的增长不断发生变化，只要当事人具备与法律行为相适应的行为能力即可。

因现实生活复杂多样，法官在认定限制民事行为能力人的直播打赏行为是否有效时，需要当事人充分举证，即未成年人的监护人需要提供证据证明其已尽到了相应的监护义务、未成年人在进行充值打赏时不具备相应的行为能力或者平台方未履行必要的查验义务等。在法律的大框架范围内，也需要结合各种不同的因素，且网络充值打赏行为与生活的关联程度、充值打赏的金额也因人而异，还需要内心确认和自由裁量。

笔者通过对 100 份裁判文书进行梳理发现，在司法实践中，法官一般从未成年人对于消费行为的认知、未成年人的家庭经济状况及消费水平、充值的时间跨度以及单次充值的金额、充值总金额、充值打赏行为对于家庭产生的影响等因素，来判断未成年人所做的充值打赏行为是否与未成年人的年龄、智力、精神健康状况相适应。[②] 另外，其参考的因素还包括未成年人的监护人是否尽到了监护义务以及平台是否尽到了监管责任等方面。

对于儿童的保护而言，应当结合亲权制度进行规定，总体上是限制儿童

---

① 参见朱广新：《民事行为能力制度的体系性解读》，载《中外法学》2017 年第 3 期。

② 对于“年龄、智力、精神健康状况相适应的标准”，《最高人民法院关于适用〈中华人民共和国民法典〉总则编若干问题的解释》第五条的判断标准是：从行为与本人生活相关联的程度，本人的智力、精神健康状况能否理解其行为并预见相应的后果，以及标的、数量、价款或者报酬等方面认定。该标准来源于《最高人民法院关于贯彻执行〈中华人民共和国民法通则〉若干问题的意见（试行）》第三条的规定，“十周岁以上的未成年人进行的民事活动是否与其年龄、智力状况相适应，可以从行为与本人生活相关联的程度、本人的智力能否理解其行为，并预见相应的行为后果，以及行为标的数额等方面认定”。

的线上交易。[①] 正如前文所述，现阶段的未成年人心智发生了巨大变化，年龄已经不再是评判未成年人行为能力的关键因素，但无论在哪个时期，监护人均有义务对未成年人进行必要的管理和疏导。目前，网络游戏更新及短视频传播的速度空前，尤其是疫情期间线下停课，未成年人接触网络的方式更加便捷。因监护人疏于监管导致的未成年人网络充值打赏行为应由监护人承担不利后果，而单次和总充值、打赏金额的大小也是监护人监管责任的重要体现。

因网络充值、打赏所订立的合同并非面对面合同，平台不可能知道订立合同的相对方是限制民事行为能力人。但按照法律规定，即使并非面对面合同，平台也不应该以此来逃避法律责任，平台完全可以通过电子身份验证等方式核验对方当事人身份，以此来确定登录方是否为限制民事行为能力人。然而，为了维护网络交易的秩序和安全，网络平台在网络环境下很难通过自动化的识别系统确认消费者是否具有与年龄、智力、精神健康状况相适应的行为能力，于是《电子商务法》第四十八条第二款规定了推定程序[②]，即推定当事人在电子商务中具有行为能力，这一点与我国台湾地区“民法”的“电信有效规则”相一致，除非监护人举证证明平台知道或应当知道用户为不能独立实施民事法律行为的限制民事行为能力人。

“与年龄、智力、精神健康状况相适应”是一个相对宽泛的概念，不同年龄、不同地域、不同家庭背景下的认定存在较大差异。《最高人民法院关于统一法律适用加强类案检索的指导意见（试行)》将类案定义为“与待决案件在基本事实、争议焦点、法律适用问题等方面具有相似性，且已经人民法院裁判生效的案件”。从统计的案例来看，确实存在“类案不同判”的情形，目前最高人民法院已上线统一法律适用平台。因此，对此类案件，应加强相关案例的发布和统一适用，努力做到同“与年龄、智力、精神健康状况相适应”相一致。

---

① 参见杨立新主编：《电子商务侵权法》，知识产权出版社 2005 年版，第 46 页。

② 《电子商务法》第四十八条第二款规定，“在电子商务中推定当事人具有相应的民事行为能力。但是，有相反证据足以推翻的除外”。

四、结语

未成年人网络充值打赏纠纷在理论和实践中都存在诸多值得探讨的问题。从司法大数据的角度出发，深入挖掘数据背后潜藏的未成年人网络保护信息，让司法审判做到更有“数”。换位思考，疏胜于堵，变堵为疏才是最终解决策略。因此，网络充值打赏行为主体的身份查明、行为效力在司法实践中形成的经验有必要加以明确，通过对个案中的判断方法进行梳理归纳可以形成一套较为全面、可行的身份查明标准，而相关案例的发布和统一适用可以为司法实践中“与年龄、智力、精神健康状况相适应”的判断提供裁判指引，从而平衡交易安全和未成年人保护之间的关系。

网络平台对儿童性剥削制品传播的法律责任研究

王轶磊[*]

内容提要 网络平台作为网络服务提供者，承担着维护网络秩序、保障用户权益的公共职能。由网络平台作为儿童性剥削制品防治主体，有利于提高政府规制能力、降低平台经营行为的负外部性。从儿童本位出发，当前网络平台仍然面对法律地位不明、义务承担机制存在法律漏洞、儿童性剥削制品认定标准不完善等问题。为防止儿童性剥削制品在网络中广泛传播，必须要落实平台主体责任，加快儿童性剥削领域的特别立法，对现有立法进行合法性审查，并健全儿童性剥削制品认定标准，以期构建立法先行的儿童性剥削制品防治体系。

关键词 网络平台 儿童性剥削制品 儿童权利 主体责任 认定标准

一、引言

法国著名儿童小说《小王子》中有这样一句话，“每一个大人都曾经是一个孩子，只不过是我们忘记了”。儿童权益保护是全社会不可推卸的责任和义

---

* 王轶磊，英国华威大学法学院硕士研究生。研究方向：国际民商法。

务，尤其是儿童在网络环境中的合法权益在当今时代背景之下更需要社会重点关注。

近年来，从生活社交类软件到短视频平台，从童模童星行业到“福利姬”涉黄产业，儿童性剥削制品已然成为某些不法分子吸引流量、牟取利益的工具。儿童阶段是人生中的一个特殊阶段，儿童心智尚未发育成熟，自我保护意识较弱，其对于何为性剥削制品、性剥削制品的危害、性剥削制品的传播等均无深刻的认识。因此，营造一个良好的网络成长环境，从法律层面限制儿童性剥削制品的传播，对儿童发展权的保障乃至国家安全，都有着非常重要的影响。

党的十八大以来，习近平总书记多次强调要建设好青少年聚集的网络平台，依法加强网络空间治理，加强网络内容建设，为青少年营造一个风清气正的网络空间。[①] 2020 年修订的《未成年人保护法》新增了“网络保护”一章，这正式标志着未成年人在网络方面的权利得到了法律层面上的保障，也为政府、司法机关和社会针对儿童网络权利案件的纠纷解决提供了法律依据。在此基础上，2023 年 9 月 20 日国务院常务会议审议通过了《未成年人网络保护条例》，该条例强调了未成年人用户数量巨大或者对未成年人群体具有显著影响的网络平台服务提供者需要承担的法律责任。然而，我国“扫黄打非”工作虽然在整体上卓有成效，但儿童性剥削制品仍屡禁不止，依旧在互联网平台等渠道广泛传播。各级政府及其职能部门对于网络平台的监管依旧任重而道远，禁止儿童网络性剥削制品传播的形势仍然严峻。因此，在新形势下，发挥网络平台的主体作用，用好法律、技术、道德等手段开展网络平台综合治理，既是网络平台自治的体现，也是对行政机关监管漏洞的有效补充。

二、儿童性剥削制品的概念及危害

（一）儿童性剥削制品的概念

针对以儿童为内容表露性或能让人产生性联想的制品，我国在日常用语

① 参见习近平：《论党的青年工作》，中央文献出版社 2022 年版，第 120－121 页。

和立法实践中通常使用“儿童色情”这一概念。由于“儿童色情”并不能清楚地指出该种现象的实质，且该词对儿童恐有污名化之嫌，因此国际社会通常将“儿童色情”表述为儿童性剥削或性虐待（child sexual exploitation material or child sexual abuse），[①] 但这样定义仍旧是模糊的。

首先，儿童应当指 18 周岁以下的任何人。从法教义学的角度来说，纵观我国各效力位阶的法律，对于儿童这一概念作明确规定的文件甚少。相较于“儿童”，我国在立法中更倾向于使用“未成年人”这个概念。因为“未成年人”的词义范围是清晰的，仅指未满 18 周岁的自然人。此外，我国批准加入的联合国《儿童权利公约》（Convention on the Rights of the Child）对儿童的年龄作出了明确规定，即儿童为 18 岁以下的任何人。[②] 两者的概念在内涵上有部分重合但外延不同，即所指代的年龄段根据不同的解释有不同的理解。由此可见，年龄是界定儿童的重要标准，但由于各国对于儿童起算点等因素认定不一，国际上也没有明确的儿童界定标准。[③] 因此，即使划分标准多样、学说纷纭，笔者认为仍然要从儿童本位的角度出发，尽量兼顾与其他法律相衔接、统一。虽然我国《儿童个人信息网络保护规定》中的“儿童”是指不满 14 周岁的未成年人，但基于儿童利益最大原则和尊重儿童原则，将未成年人、青少年等概念纳入“儿童”的法律概念范畴，将 18 周岁及以下的任何人界定为儿童应当是合适的。

其次，儿童性剥削制品侵犯的是儿童利益。由于儿童心智尚未发育成熟、自我保护意识相对较弱，儿童往往被视为廉价且方便获得的劳动力，针对儿童的各种形式的性剥削行为屡禁不止。被迫制作性剥削制品的儿童，不但要经受身心上难以忍受的折磨，还要暴露在感染艾滋病等恶性疾病的生命威胁之中，这无疑是对联合国《儿童权利公约》中所规定的生存权、发展权和受保护权等儿童基本人权的不当侵犯。在一些经济发展较为落后的发展中国家，

---

① 参见牛帅帅、陈欣怡：《儿童权利的隐秘威胁：“软色情”的危害与治理》，载微信公众号“致诚儿童”2021 年 4 月 6 日，https：//mp. weixin. qq. com/s/sIp0lF79 - eEbqwpdXDUGXg。

② 联合国《儿童权利公约》第一条规定：“为本公约之目的，儿童系指 18 岁以下的任何人，除非对其适用之法律规定成年年龄低于 18 岁。”

③ 参见王勇民：《儿童权利保护的国际法研究》，华东政法大学 2009 年博士学位论文。

为满足基本生存需要，儿童在符合特定条件时也被允许参与色情行业。[①] 但笔者认为，儿童为满足基本生存需要参与儿童性剥削制品的制作应当充分征询儿童本人的意愿，严格审查是否为生活所必需。若不满足上述两个条件，就不能最大限度地保证儿童的性自由，仍应当认定属于侵犯儿童利益。

最后，儿童性剥削制品的实质是剥削和虐待。为满足他人的性欲望，不法分子以儿童的性自由和身心健康为交易对象，采用强迫儿童进行色情表演、发行色情刊物、制作电影等方式制作儿童性剥削制品并在网络上传播，是对儿童生理和心理上的摧残。虽然联合国《儿童权利公约》提出了儿童性剥削，但在国际范围内并未取得法律规范的明确定义。目前，《反儿童商业性剥削斯德哥尔摩宣言和行动议程》对这一概念提出了较为科学的定义，即儿童性剥削是针对儿童实施强迫与暴力并以现金或实物回报儿童或第三人的将儿童当作商品的现代奴隶制行为。[②] 在该定义下，儿童性剥削制品有别于普通的儿童色情，其根本区别在于儿童是否遭受了构成剥削和虐待的行为。儿童性剥削制品除了具有普通儿童色情制品具备的诲淫性外，同时兼具了强迫性、商业性等特征。

综上所述，笔者将儿童性剥削制品定义为以强迫、威胁 18 周岁以下儿童牺牲性自由为代价的直接或间接展示性内容的满足他人性欲望的信息载体。[③] 儿童性剥削制品十分常见，其传播渠道包括但不限于图书、音像制品、画册，自进入互联网时代以来，其主要传播渠道是网络，因此本文主要探讨的是在网络平台中传播的儿童性剥削制品。

（二）儿童性剥削制品的危害

儿童性剥削制品产业凭借互联网传播速度快、传播范围广的特性在全世

---

① 参见李双元、李娟：《儿童权利的国际法律保护》（第2版），武汉大学出版社 2016 年版，第 175 - 177 页。

② 参见赵合俊：《禁止儿童性剥削——国际法与国内法之比较研究》，载《妇女研究论丛》2013 年第 1 期。

③ 本文主要探讨以儿童为受害者的儿童性剥削制品，但由于“儿童色情”与“儿童性剥削制品”存在概念重合，为方便表述与理解，本文仍在少数论述中使用“儿童色情”这一概念。

界范围内大行其道。在我国由于刑事政策的严厉性，儿童性剥削制品主要以软剥削的形式在网络中传播，其以明示或暗示的方式宣扬性并使人联想到与性相关联的不良内容，危害甚巨。儿童性剥削制品的本质在于将儿童的“性”视为商品而加以消费或牟利的行为，即一种附加了经济性要素的儿童性滥用行为。①

一方面，因为儿童对于身体的认知尚不完全，自身权利保护意识较弱，所以性侵儿童案件较成年人而言被发现的概率更低，被科以刑罚的可能性较小，故儿童本身就是性侵案件的高发群体。绝大多数性剥削者由于受教育水平、财富水平等自身条件有限，法律意识淡薄，没有树立正确的世界观、人生观、价值观，且受互联网各种色情文化和性剥削制品的影响，崇尚低级腐朽的生活方式，容易引发违法犯罪行为。② 他们会主动模仿性剥削制品中的行为，并对受害者伺机下手。随着性剥削者低级性需求的不断积累，便萌发了其发泄欲望的动机，从而加大了儿童群体被性侵案件的发生概率。

另一方面，儿童性剥削制品的传播已经形成了从选人、拍摄、加工到营销的完整产业链，其最大危害在于它违背了儿童的真实意愿。为激起社会中部分人对儿童的偏好或满足制作者的欲望，使其成为他人性的客体或者对象，在这个过程中，儿童不再具有独立的人格，而是被不法分子物化为儿童性剥削制品制作者的牟利工具，成为他人眼中的玩物。儿童性剥削制品在网络上流通后，儿童便处于完全失语、无法反抗的劣势地位，儿童的个人信息、隐私、人身安全等均无法得到保障。

虽然儿童性剥削制品侵犯了儿童的健康权、发展权、自由权，但儿童基本权利的可救济程度却很低。这是由于相对于成人而言儿童缺乏一般的权利意识，甚至在诱骗的情况下根本不知道自己的正当权利遭受了侵犯。在一般情况下，儿童的权利依靠其父母和社会公力救济，而在网络背景下儿童性剥削制品的传播更具有隐晦特征，救济成本和难度陡然提升，特别是在调查取

---

① 参见周政：《论虚拟儿童色情之刑事规制——对于国际共识的观察与反思》，台湾大学法律学院法律学研究所 2009 年硕士学位论文。

② 参见刘慧：《我国性侵害未成年人犯罪实证研究》，吉林大学 2016 年硕士学位论文。

证和侵害者确认方面，儿童权利保护变得尤为困难。

三、网络平台承担防治儿童性剥削制品传播责任面临的困境

鉴于儿童性剥削制品的巨大危害性，对网络平台中传播的儿童性剥削制品加以规制是当前维护儿童合法权益的迫切任务。互联网的特殊性导致了传统的行政监管主体与传播主体之间存在非对称性，因此也决定了行政机关处置儿童性剥削制品具有滞后性，这并不符合儿童利益最大保护原则。网络平台在互联网活动中具有重要地位，因此强调网络平台在防治儿童性剥削制品传播中的作用至关重要。然而，网络平台参与治理儿童性剥削制品并没有系统完善的法律进行规制，仍然存在许多问题亟须解决。

（一）网络平台的法律地位不明

网络平台是互联网时代的新兴产物，其法律地位备受争议。其原因在于与传统的经营模式相比，网络平台不仅具有市场经营主体的一般特性，更有技术性、公共性等互联网特有的属性。事实上，网络平台既有制定规则的权力，也有通过规则取得用户让渡权利的权力，其法律地位并不能通过公法和私法进行简单的传统意义上的区分。从法律上来说，网络平台属于私主体，由私主体地位匹配网络平台的公共平台属性并据此管理公众显得格格不入。

当前学界对于网络平台的法律地位尚有争议，主要有规制主体说和特别主体说两种主流观点。规制主体说认为，网络平台既是参与市场竞争的市场主体，也是规制平台内违法违规行为的规制主体，平台行使着“准立法权”“准行政权”“准司法权”等私权力，在事实上承担着维护网络市场秩序的公共职能。该理论的不足之处在于行使规制权力（准公法权）缺乏明确、正当的权力来源，在长期的发展中会导致规制权力膨胀从而侵犯用户的受私法保护的利益，同时也会造成行政机关的执法权名存实亡。[①] 特别主体说认为，网络交易平台在交易规则等方面均扮演了积极角色，很大程度上塑造了生产经

---

① 参见刘权：《论互联网平台的主体责任》，载《华东政法大学学报》2022 年第 5 期。

营秩序，同时也使网络交易平台很难如单纯通道经营者一样获得广泛的责任豁免。该理论的不足之处在于网络平台的责任豁免取决于是否对网络领域的生产经营秩序产生了实质影响，但网络平台类型众多，存在当事人、居间人、第三人的多重身份，难以判断和评估其实际产生的影响并取得责任豁免地位。①

即使网络平台的法律地位尚有争议，但是在信息化高度发达的当下，网络平台在网络治理中的主体地位是毋庸置疑的，因为网络平台掌握着技术、数据、资源等核心生产要素，其区别于一般的企业法人。网络平台是现代数字经济的核心，应当是运用交互手段实现资本、信息、数据、商品等要素快速、有序融通从而实施管理的营利或非营利法人。

（二）网络平台责任承担的立法漏洞

当网络平台发现其网站传输的信息存在法律、行政法规禁止发布或传输的信息时，应当根据《网络安全法》《互联网信息服务管理办法》《网络信息内容生态治理规定》等法律法规实施立即停止传输该信息、防止信息扩散、保存有关记录、向有关主管部门报告等措施。虽然立法者已经意识到对网络平台所享有的权利和所承担的义务进行立法予以保护，但是仍存在漏洞。这种漏洞既表现为显性漏洞，也表现为隐性漏洞。

1. 显性漏洞

网络平台的责任承担存在显性漏洞，即未对网络平台的管理权作出合理限制。网络平台无论是出于效率目的追求经济利益还是出于道德目的满足用户需求，都会自发地制定管理方案维护平台秩序，这些管理方案往往以平台公约、用户服务协议等文本形式呈现。由于网络平台并不是实际行使公权力的主体，亦未取得权力授权，因此大多以私主体的身份通过格式条款的方式取得用户的授权，从而对用户实施管理。然而，无规矩不成方圆，缺乏规制

---

① 参见赵鹏：《私人审查的界限——论网络交易平台对用户内容的行政责任》，载《清华法学》2016 年第 6 期。

的平台会因为市场的盲目性、无序性、滞后性，不恰当地限制或侵犯用户的主要权利。以短视频平台“抖音”为例，该平台的《“抖音”用户服务协议》免责条款第十四条第四款明确指出，公司依据法律法规、该协议和平台规则约定获得审核、处理违法违规内容的权利，该权利不构成公司的义务或承诺，公司不能保证及时发现违法行为或进行相应处理。这个条款设计得非常巧妙，以双方约定的形式既履行了法律法规要求的防止信息扩散的强制性义务，又达到了免除传播儿童网络性剥削制品的法律责任的效果。互联网平台正在以各种各样的形式使之成为无法归责的对象，从而规避监管责任并从中攫取巨额的利益。

2. 隐性漏洞

网络平台的责任承担存在隐性漏洞，即各效力位阶的法律规范存在冲突。针对网络运营者发现其网站存在法律、行政法规禁止发布或传输的信息，网络运营者应当采取何种举措这一事项，《网络安全法》和《互联网信息服务管理办法》存在不同规定。《网络安全法》有五项法定措施，即立即停止传输该信息、采取消除等处置措施、防止信息扩散、保存有关记录、向有关主管部门报告。①《互联网信息服务管理办法》仅有三项措施，即立即停止传输、保存有关记录、向国家有关机关报告。②

《网络安全法》是全国人大常委会制定的法律，《互联网信息服务管理办法》是国务院制定的行政法规，在效力层级上前者是后者的上位法。根据一般行政法效力位阶理论，当在下位法与上位法之间无抵触情形时，应当优先适用下位法。因此，《互联网信息服务管理办法》得以适用。其带来的后果是《网络安全法》中所规定的采取消除等处置措施和防止信息扩散措施形同虚设，以至于变成了空洞的口号。事实上，面对突如其来的网络突发事件，如

---

① 《网络安全法》第四十七条规定：“网络运营者应当加强对其用户发布的信息的管理，发现法律、行政法规禁止发布或者传输的信息的，应当立即停止传输该信息，采取消除等处置措施，防止信息扩散，保存有关记录，并向有关主管部门报告。”

② 《互联网信息服务管理办法》第十六条规定：“互联网信息服务提供者发现其网站传输的信息明显属于本办法第十五条所列内容之一的，应当立即停止传输，保存有关记录，并向国家有关机关报告。”

果网络运营者能第一时间采取消除等处置举措，有效防止信息扩散，那么比向主管部门报告等事后行为更具有有效性和时效性，更能维护互联网安全。

如果上位法对某一构成要件规定了后果，而下位法对该要件没有规定后果，此时是否构成“抵触”，要看下位法不规定对上位法目的的实现是促进还是阻碍。① 根据《网络安全法》第一条不难发现，其立法目的在于保护公民、法人和其他组织的合法权益，促进经济社会信息化健康发展。《互联网信息服务管理办法》限缩网络平台法律责任的行为会大大增加儿童网络性剥削制品传播的可能，不利于保护儿童权益，阻碍《网络安全法》的实施。因此，《互联网信息服务管理办法》构成对上位法的抵触。

《网络信息内容生态治理规定》第一条就表明了它的法律渊源是《国家安全法》《网络安全法》《互联网信息服务管理办法》等法律、行政法规。② 但是事实上该部门规章与两部法律是整体和碎片的关系。相比两部法律内容之宏大，《网络信息内容生态治理规定》聚焦的问题仅仅是网络信息内容治理并且将两部法律中与网络生态治理相关的零星规定系统化。反观《互联网信息服务管理办法》的立法宗旨、目的、法律责任，似乎与《网络信息内容生态治理规定》联系更为密切。从法律规范位阶的角度来说，由法律推导出行政法规，再由行政法规推导出部门规章，更有利于法秩序的统一。因此，认为《互联网信息服务管理办法》是《网络信息内容生态治理规定》的直接法源是合理的。

根据《网络信息内容生态治理规定》的规定，网络平台在发现违法信息后，应采取的措施有立即采取处置措施，保存有关记录，向有关主管部门报告。③ 通过对比其上位法不难发现，该部门规章采用了与《网络安全法》相同的表述。从文义解释的角度来讲，立即停止传输被包含在采取处置措施之

---

① 参见王锴：《合宪性、合法性、适当性审查的区别与联系》，载《中国法学》2019 年第 1 期。

② 《网络信息内容生态治理规定》第一条规定：“为了营造良好网络生态，保障公民、法人和其他组织的合法权益，维护国家安全和公共利益，根据《中华人民共和国国家安全法》《中华人民共和国网络安全法》《互联网信息服务管理办法》等法律、行政法规，制定本规定。”

③ 《网络信息内容生态治理规定》第十条第二款规定，“网络信息内容服务平台应当加强信息内容的管理，发现本规定第六条、第七条规定的信息的，应当依法立即采取处置措施，保存有关记录，并向有关主管部门报告”。

中，但根据《网络安全法》的条文表述，显然立即停止传输和采取处置措施是有所区分的两种手段。因此，《网络信息内容生态治理规定》的法律责任相比其直接法源——《互联网信息服务管理办法》是有所扩张的。然而，法律规范的效力位阶并不允许下位法就同一事项突破上位法的规定。

（三）儿童性剥削制品的认定标准不完善

我国在现行法律中对于儿童性剥削制品的认定仅有非常笼统的规定，多表述为“有关未成年人的淫秽色情物品和网络信息”等。在针对网络中传播的内容是否应当被认定为儿童性剥削制品时，往往需要监管人员结合道德等因素进行综合判断。事实上，目前儿童性剥削制品的认定处于无法可依的状态。

一方面，儿童性剥削制品的认定标准与成人一致。与成人性剥削制品相比，儿童性剥削制品的社会危害性更大，因为不论儿童在儿童性剥削制品的传播过程中是否具有过错，儿童永远都是受害者的身份，儿童发展权总是值得保护的。儿童性剥削制品侵犯的是儿童的利益，在法律评价上具有优先性，应当予以特殊评价。另一方面，儿童性剥削制品的认定标准难以规制软色情。从儿童性剥削制品表现的内容来看，可以将其区分为硬色情和软色情。硬色情，又称传统色情，其以直接裸露的方式展示与性相关的内容，通常以裸露生殖器和展示性行为为内容。软色情是以性暗示或者性挑逗为内容，间接地向受众传达性文化的色情。① 对于硬色情来说，在儿童性剥削制品的认定方面并无障碍。但对于软色情来说，由于它并不具备儿童性剥削制品的传统特征，如表现儿童裸体或者直接的性行为等，因此较难认定这些打“擦边球”的视听作品。

此外，在儿童性剥削制品的认定标准方面，韩国已经具有丰富的实践经验和较为成熟的分级规则。目前，韩国主要采用国际通行的互联网内容选择

① 参见杜东为、葛鹏、谢旭阳：《商业营销中“软色情”的界定和监管》，载《中国市场监管报》2021 年 8 月 19 日，第 4 版。

平台（Platform for Internet Content Selection，PICS），一方面由韩国广播通信审议委员会制定相关标准、提供服务器，另一方面由网络平台自主进行分级。① 事实上，PICS 并非提供了一个量化的评判标准，其本质在于提供了一个标记和分级的平台，监管主体可以根据防治儿童性剥削制品的需要选择标签并提交 PICS 执行。相较于韩国对于儿童性剥削制品的认定，我国的认定标准显得过于僵化、笼统，且在可执行方面显得尤为薄弱。

四、网络平台法律责任的完善路径

（一）坚持网络平台主体地位

禁止儿童性剥削制品不仅是网络平台应担负的社会公益责任，更是网络平台公共性的体现。网络并非私人空间，在公共场合传播色情信息违背社会公序良俗和人类的性羞耻感，本就是理当禁止的行为，更何况传播儿童性剥削制品。关于儿童性剥削制品，全球已经有 196 个国家立法将制作、传播儿童性剥削制品等行为作为犯罪进行打击。② 禁止任何形式的针对儿童的性剥削，是当前世界各国包括色情信息合法化国家的共识。

1. 强化网络平台责任承担机制

禁止儿童性剥削制品是网络平台应担负的作为义务。拒绝履行或承担网络平台主体责任的，应当承担刑事、民事、行政责任。

从刑事责任的角度来看，网络平台处于儿童性剥削制品产业链的中间地位，两头分别连接儿童性剥削制品制造者和儿童性剥削制品接受者。首先，对于性剥削制品制造者而言，网络平台是性剥削制品的传播工具，当其传播性剥削制品时，便成为危险源。网络运营者负责平台日常维护，对平台负有监督管理义务。尽管危险的来源是由性剥削制品制造者产生的，但是该危险处于网络运营者的支配范围之内，因而其仍有制止传播的义务。其次，对于

---

① 参见杨攀：《我国互联网内容分级制度研究》，载《法律科学（西北政法大学学报）》2014 年第 2 期。

② See International Center for Missing and Exploited Children，Child Sexual Abuse Material：Model Legislation & Global Review（10th edition，2023），p. 4.

性剥削制品接受者而言，《网络安全法》《互联网信息服务管理办法》等法律规范将防止性剥削制品传播的网络安全保护义务托付给网络运营者。网络运营者有权拒绝向儿童提供网络服务，但是一旦允许儿童访问其网站，网络运营者就有责任对可能危害儿童身心健康的性剥削制品予以制止。最后，无论是网络性剥削制品的内容包含儿童，还是网络性剥削制品针对儿童，儿童的无助脆弱状态决定了其在侵权事实中处于弱势地位，因而网络平台负有作为义务。① 司法机关在办理涉及网络平台案件时要加强证据的综合审查运用，重点结合拒不履行信息网络安全管理义务罪、非法利用信息网络罪、帮助信息网络犯罪活动罪等有关网络犯罪的罪名加以认定。

从民事责任的角度来看，网络平台在侵权纠纷中的地位取决于侵权主体。当网络平台直接侵犯或者与其他用户共同侵犯儿童权益时，则网络平台当然负有赔偿责任。当网络平台在发现侵权事实仍不采取必要措施时，则网络平台应当按照《民法典》第一千一百九十七条规定负担连带责任。② 因此，网络平台总是要承担侵权责任的。在一般情况下，儿童在遭受性剥削制品侵害时可以由其监护人作为法定代理人提起诉讼。纵使绝大多数儿童性剥削制品是在儿童被强迫、诱骗等非自愿的情况下由他人制作的，但也应当注意到有相当一部分的儿童性剥削制品是由儿童自己或者其监护人、家庭成员制作并传播的。在这种情况下，儿童失去了内部救济的可能，需要由妇联、居委会、村委会、民政部门等履行保护职责，或者由检察院行使国家亲权提起公益诉讼。

从行政责任的角度来看，网络平台应当对尚不构成犯罪的传播儿童性剥削制品的行为承担行政责任。行政执法部门尤其是网信部门应当按照《网络安全法》《互联网信息服务管理办法》《网络信息内容生态治理规定》等规定对网络平台进行依法处罚，但是处罚的数额仍然有待商榷。互联网领域内资源高度集中，往往表现为头部企业占据了绝大多数资源。当前的行政法规作出的处罚以违法所得为基准按倍数或者以固定的行政裁量基准来确定处罚数

---

① 参见张明楷：《刑法学》（第 5 版），法律出版社 2016 年版，第 153、158 – 159 页。

② 《民法典》第一千一百九十七条规定："网络服务提供者知道或者应当知道网络用户利用其网络服务侵害他人民事权益，未采取必要措施的，与该网络用户承担连带责任。"

额。对于大型网络平台来说，这样的行政处罚数额明显没有达到行政处罚必要的惩戒性力度，建议借鉴英国的做法以年营业额为基数计算处罚数额。

2. 增加技术保障条款

网络平台作为网络产业中的一种平台化经营模式，其由专业的平台开发商或运营商以互联网为基础、以网络技术为依托构建一个平台架构，为网络用户提供一站集成式信息服务。① 尽管网络平台提供的信息服务及技术本身是中立无害的，但是这并不能成为网络平台不可归责的理由。

网络平台应考虑自身特性，制定相应平台规则来规范用户传播儿童性剥削制品的行为。以社交共享网络平台为例，对于用户的发言可以采用信誉分级制，根据其历史情况和使用过程中所传播的违法信息（包括儿童性剥削制品在内）情节严重情况，给予评定不同等级。评定等级越低，网络运营者对其所发布的内容审查频率越高。

此外，网络平台还需加大技术研发投入，注重利用高精算法，结合区块链、物联网、人工智能等高科技技术精准识别儿童用户身份，自动过滤网页中的有害信息，用自动化手段处理浩如烟海的网络信息。结合我国现状，在网络分级制未出台的情况下，海量的网络信息无法被标识。但是，为满足初步的信息分级处理需求，行政机关相关业务部门可以制定最低儿童性剥削制品过滤标准，并要求网络平台针对自己所服务的不同的用户群体，在最低标准之上加强特殊保护。

（二）完善网络平台责任承担法律体系

1. 推进网络平台责任承担机制合法性审查

针对儿童性剥削制品传播的网络平台责任，《网络安全法》《互联网信息服务管理办法》《网络信息内容生态治理规定》等法律法规均有规定，但其存在的立法冲突前文已述及，此处不再赘述。三个位阶的法律规范发生冲突的

---

① 参见周昕：《信息生态视角下网络平台构建机理及运行效率评价研究》，吉林大学 2016 年博士学位论文。

原因在于，行政法规作为法律和部门规章之间的桥梁并未起到良好的衔接作用。相反，法律责任的不连续为网络平台规避责任提供了空间。因此，推进以全国人大常委会法制工作委员会牵头的合法性审查是相当有必要的。合法性审查不能只流于形式，以条文为表现载体的形式冲突一般是极为罕见的，更多的与上位法的抵触表现在内容评价的实质冲突。立法机关在审查低位阶的法律规范时，应当从本位阶法律规范的立法宗旨、目的、效果等角度出发，综合考虑是否构成“抵触”。针对儿童性剥削制品领域上下位阶之间的法律规范冲突，应当以儿童利益最大化原则作为解决抵触问题的根本出发点，防止儿童遭受进一步侵害以及未来再受侵扰。

2. 加快网络领域防治儿童性剥削制品特别立法

目前，我国在儿童性剥削制品治理方面，虽然各层级的法律规范数量不少且粗具规模，但是其规定过于笼统，未突出对于儿童的特殊保护。成人与儿童的生理、心理存在较大差异，儿童在使用互联网的过程中处于弱势地位，若采用“一刀切”的规定，难免会降低对儿童的特别保护。因此，立法机关在《未成年人保护法》关于网络保护部分的基础上，整合散见于法律、行政法规和部门规章的有关儿童的网络性剥削制品防治规定，制定独立的法律对儿童予以倾斜保护，为特殊群体制定特别法，是非常有必要的。

首先，推进防治儿童性剥削制品特别立法必须要坚持共同治理原则。从宏观层面来说，当今社会每一个人都身处网络时代，无论是国家、社会还是公民，都对网络治理负有责任。信息发送端、信息处理端、信息接收端、信息监管端都是儿童性剥削制品传播的重要环节，因此政府必须与社会、公民一道参与网络治理。从微观层面来说，互联网信息的传播具有瞬时性、不可预测性，因此事前许可、事后处罚都不是应对儿童性剥削制品传播的最佳手段。① 实践证明，网络平台占据信息传播的中心环节且掌握核心技术手段，因此要更好地发挥网络平台的主体责任。此外，要明确各类网络平台“共同但

① 参见杨攀：《我国互联网内容分级制度研究》，载《法律科学（西北政法大学学报）》2014 年第 2 期。

有区别”的责任机制，即登记备案的网络平台主体对儿童性剥削制品的传播均负有责任，但因自身企业规模大小不同在责任大小上有所差别。

其次，推进防治儿童性剥削制品特别立法必须要坚持最小限制原则。自20世纪90年代以来，美国便开始制定《儿童色情防治法》《儿童互联网保护法》等一系列法律来保护儿童在互联网中的合法权益。但是，这些法律在施行过程中由于不恰当地限制了公民的言论自由，根据美国第一宪法修正案均遭受了合宪性审查，最终仅有《儿童互联网保护法》未被宣告违宪。[①] 由此可见，在对儿童利益加以特殊保护的同时，也应当对成年人参与互联网活动的正当权利进行保障，尽可能地减少对成年人上网的限制。

最后，推进防治儿童性剥削制品特别立法必须要坚持合理负担原则。强调网络平台主体责任要求网络平台承担更多法律上的义务，这是对网络平台经营责任的加重。由于网络平台的本质是营利法人，其存在的根本目的是创造利润，因此过分地强调网络平台的社会责任极有可能会遭到网络平台的抵制。不仅如此，网络平台承担的主体责任并非唯一责任，防治儿童性剥削制品离不开政府的支持和家庭的配合，要形成网络平台先行、全社会共同分担的良好局面，系统规范地实现儿童权利保护。

作为目前我国出台的第一部专门性的未成年人网络保护综合立法，《未成年人网络保护条例》在第三章对儿童性剥削制品的传播进行了规定。不可否认，《未成年人网络保护条例》是对《网络安全法》《互联网信息服务管理办法》《网络信息内容生态治理规定》已经实现规制手段的系统性整合，但是该条例对于上述三项原则的贯彻仍然表现得不够充分。例如，该条例对于网络信息内容的规范并未强调儿童正当上网权利的保护，极有可能导致网络平台服务提供者为追求免受潜在的行政处罚或刑事处罚，从而不正当地限制儿童参与互联网活动的权利。因此，《未成年人网络保护条例》在生效实施后固然会对儿童权利实施更加完善的保护，但仍然需要从儿童本位出发重视儿童本身权利，这也为后续《未成年人网络保护条例》的修改完善提供了空间。

---

① 参见唐文娟：《美国网络色情信息规制模式研究》，苏州大学2020年硕士学位论文。

（三）健全儿童性剥削制品认定标准

以美国和英国为代表的普通法系国家在儿童性剥削制品的认定标准上有着鲜明的特色，即其以判例为主体、立法为补充。但我国采用制定法，法院的案例不能构成法律渊源，显然以成文的形式建立完善的儿童性剥削制品认定标准更符合我国国情，更有利于我国在司法实践中统一认识。事实上，互联网内容分级制度并非新鲜产物，美国、韩国、德国等国家已经取得相对成熟的、可供参考的分级标准，但是儿童性剥削制品认定标准与互联网内容分级制度并不能完全等同，在进行法律移植时仍需注意其独有特点。

其一，儿童性剥削制品认定标准的内容应当具有广泛性。凡是以儿童为对象且能够让人产生性联想的网络文字、图片、音像等均应纳入该标准，而并不局限于传统的硬色情。随着新形势下人们思想观念的进步，具有强烈性挑逗和性诱惑性质的儿童软色情逐渐取代传统儿童硬色情成为儿童网络色情的主要形式。因此，在儿童性剥削制品认定标准中要把软色情作为重要认定标准之一。不仅如此，要在审查成人性剥削制品符合要件的基础上着重审查儿童要素，审查其在一般的表达性之外是否还有剥削和虐待。对于那些难以被完全鉴别为儿童性剥削制品的信息，要根据儿童利益优先原则予以认定并进行规制。

其二，儿童性剥削制品认定标准的制定主体应当具有多元性。互联网信息传播错综复杂，网络平台数量庞大且规模不一，由国家统一制定标准细则并不一定是投入产出比最高的方式。毋庸置疑，网络平台应担负主体责任，因为它作为私权力拥有者在网络空间中享有技术、平台、信息等资源优势，具备采用何种认定标准、怎么实施认定标准的客观条件。① 对于网络平台所采用的具体标准，政府应当要求网络平台采用备案审批制，重点审查该标准是否明显侵犯儿童合法权益，是否违反法律、行政法规及部门规章的强制性规

① 参见周辉：《变革与选择：私权力视角下的网络治理》，北京大学出版社 2015 年版，第 9 - 14 页。

定。对于儿童点击较多的网站，政府部门要加大标准审查力度，以更严苛的标准对儿童性剥削制品进行认定。另外，要强化未成年人保护组织、互联网行业协会的社会组织作用，利用好其自身特色优势，赋予它们标准制定和执行的监督者地位。

此外，英国的《在线安全法案》（Online Safety Act 2023）有一些有益的做法可资参照。该法案要求网络平台应当确保在平台上及时发布风险评估，若网络平台未履行法案规定的义务，英国通信管理局（Office of Communications）有权对网络平台处以最高 18 万英镑或全球年营业额 10% 的罚款（以较大者为准），同时也可以对网络平台的高级管理人员提起刑事诉讼。① 我国国家互联网信息办公室也可以要求网络平台将自行制定的标准在经政府有关部门批准后向社会公开并接受监督，对不履行标准制定义务以及不按规定对标准进行公示的平台作出行政处罚或者移送司法机关追究其刑事责任。

五、结语

我国的网络文化环境治理历来注重以政府为主导，但是随着儿童性剥削制品的发展，其隐晦性、高发性、私密性等特点致使政府在监管方面力不从心，因此提高政府的规制能力十分重要。

儿童性剥削制品的广泛传播离不开网络平台，因此规范网络平台的义务承担是防治儿童性剥削制品的重中之重。在数字经济时代，国家应当深刻认识到网络平台不再是绝对意义上的公权力的服从者，更是共同保障网络文化环境健康、有序发展的主体。明确网络平台在儿童性剥削制品传播和儿童权利保护方面的主体地位和法律责任，并使其充分发挥技术优势，无疑有利于遏制儿童性剥削制品的传播。但是，网络平台的主体地位并不能等同于传统意义上的公法中的主体地位，网络平台的主体地位应当是在保证网络平台有效运转、高效创新的前提下其所被附加的在合理限度内承担的法律责任。

立法机关需要加强合法性审查，畅通各位阶的法律规范，重视儿童弱势

---

① See Online Safety Act, Schedule 13, §4, U. K. (2023).

地位，完善儿童性剥削制品防治法律体系。行政机关要转换角色，指导和协助网络平台制定儿童性剥削制品认定标准，从直接监管向间接监管过渡，保障行业整体健康有序发展。网络平台自身要自觉履行法律义务，在政府授权和平台自治范围内完善平台规则，加强监管技术研发，自觉履行社会责任。

青少年犯罪治理

行刑衔接视域下青少年轻罪预防与治理研究

——以探析酌定不拘留制度的适用为视角*

吕笑增**　蔺　菁***　米胜男****

内容提要　本文探讨的青少年轻罪治理是指14—16周岁未成年人实施犯罪行为，但因责任阻却事由而不构成犯罪，只能处以治安处罚的违法行为治理路径。针对现行法律规范中对未成年违反治安管理行为人处罚措施不科学的现状，以及部分未成年人屡犯不止行为的严重社会危害性，重新考量未成年人教育性处罚替代措施及制度有着重要的现实意义。将“酌定不起诉”等司法立法实践已经证明可行的制度纳入治安管理处罚的架构中，构造“酌定不拘留”制度对青少年违法行为开展教育治理，有利于推进法律效果和社会效果相统一，可以对青少年轻罪预防与治理起到关键作用。

关键词　轻罪治理　治安处罚替代性措施　轻微不罚　教育矫正

* 基金项目：本文系2024年度吉林省青少年发展研究计划课题（项目编号：2024jqy－502）“行刑衔接视域下青少年轻罪预防与治理研究”的研究成果。

** 吕笑增，长春市公安局宽城区分局办公室民警。

*** 蔺菁，中国共产主义青年团吉林省团校科研管理部讲师。

**** 米胜男，吉林省司法厅戒毒管理局三级主任科员。

一、青少年轻罪预防与治理治安管理路径概述

从具体治安违法行为类目角度看，违法二元论观点更多地体现了青少年轻罪预防与治理的治安管理路径，其通过治安管理处罚措施预防和治理青少年犯罪现象。本文所分析研究的青少年轻罪类型，是指 14—16 周岁的未成年人实施的，因责任阻却事由而不构成犯罪的，只能处以治安处罚的违法行为。虽然在司法实践中此类行为只能称为违法行为，但其在刑法构成上属于犯罪行为，其本质属于轻罪治理的范畴。

当前，侵财类犯罪是青少年轻罪中最主要的类型。现行《刑法》规定，16 周岁以下未成年人无法构成盗窃罪，这是出于对未成年人这一特殊群体的特别保护。针对此类行为，现行《刑法》排除了刑事法律的治理手段，因此公安机关对该类未成年人的犯罪行为只能处以治安处罚。但是，针对 16 周岁以下未成年人是无法执行治安拘留的，纵使对 16—18 周岁未成年人可以处以治安拘留，但短期监禁刑的教育挽救实效性又乏善可陈。因此，综合因素共同导致了青少年轻罪治理处于质效双低的尴尬境地。现阶段，在青少年侵财类犯罪不断增多、犯罪低龄化趋势明显、未成年人再犯数量较多的情形下，有必要在保护与惩罚之间作出权衡，① 通过调整未成年人违反治安管理处罚措施以实现青少年轻罪预防治理。

具体治理路径是，在《治安管理处罚法》的修订过程中实现对 14—16 周岁未成年人违反治安管理行为处罚措施的修正。其主要包括将“16 周岁以下未成年人违反治安管理行为处以治安拘留不执行”更改为“酌定不处治安拘留”制度，灵活运用“轻微不处罚原则”“首违不处罚原则”等，最终以期实现《治安管理处罚法》同现行《刑法》《行政处罚法》保持法律框架统一、法律规范和谐的目的，更具实效性地做到对青少年的教育、感化和挽救。

---

① 参见龙敏：《我国未成年人累犯制度的反思与完善》，载《青少年犯罪问题》2022 年第 4 期。

二、青少年轻罪预防与治理治安管理路径的逻辑架构

（一）从相对的违法一元论角度剖析逻辑基础问题

从刑法和行政法关系的角度来看，目前法学界有“刑法—行政法”违法二元论和“刑法—行政法”违法一元论两种观点。其区别在于认为刑法和行政法的法律秩序是否有必要相统一，其立法价值取向和保护对象是否有必要相同。张明楷教授认为，行政违法与刑事违法存在以下三种关系：一是某些刑事违法不以行政违法为前提；二是某些行政违法行为无论如何都不可能演变或者上升为刑事违法；三是某些刑事违法以行政违法为前提。①

本文认为，站在错综复杂、条款繁多的《刑法》分则具体罪名保护法益对象不同的出发点和落脚点，给予行政执法行为和刑事司法行为按不同程序操作的灵活空间，为审判中心削减了行政执法者的影响。但站在《刑法》总则和治安管理处罚通用性条款角度，违法一元论更有利于行政机关和刑事司法机关职权相统一的部门开展工作，即贯彻“刑法—行政法”违法一元论有利于公安机关更好地履行打击违法犯罪的职能，或者说将《刑法》总则部分和《刑法》分则部分分别对应违法一元论和违法二元论更有利于在具体执法过程中统一尺度、权衡标准、落实法律效果。这也正是称其为“相对的”违法一元论的原因所在。

简单的违法一元论（如以“量的区别说”为基础的严格的违法一元论）提倡以“量”的多少判断是一般的行政违法还是严重的刑事违法，仅对构成要件作形式上的理解，忽略了刑法本身的特殊性，放弃了对全体法秩序进行实质性的考量与调整。② 相对的违法一元论与缓和的违法一元论不同，后者考量刑法和行政法全领域，从总体角度思考问题，而前者是从实务实践工作角度出发，强调贯彻《刑法》和《治安管理处罚法》总则部分、通则部分的框

---

① 参见张明楷：《避免将行政违法认定为刑事犯罪：理念、方法与路径》，载《中国法学》2017年第4期。

② 参见刘婧：《行政违法与刑事违法界分》，山东大学2022年硕士学位论文。

架相容、规范统一、秩序和谐，强调的并非相对人的罪与非罪的问题，而是执行相匹配、公众公正价值诉求实现相协调、法律效果和社会效果相统一的问题。

基于刑法和行政法律规范的统一，为了让多数人在参与法律活动的过程中有明确的指引，更好地发挥法律的评价、指引作用，作为行政法律部门之一的《治安管理处罚法》在关于违法行为人条件认定方面应当与《刑法》总则相统一。否则，实施了同一行为而法律处理结果不同，如 14—16 周岁未成年人实施故意伤害行为，在《刑法》中可能构成犯罪，但在《治安管理处罚法》中却完全不能得到处罚，这会导致民众无法理解、无所适从，社会法律适用成本也会增加，甚至最终会导致损害实体正义。虽然由于《刑法》与《治安管理处罚法》保护的法益不尽相同，且涉及违反两法的行为性质和后果也不同，两法关于违法行为人具体条件的认定是可以出现一定差异的。但在实际情况中，尤其是对 14—16 周岁行为对象违法的认定和具体执行问题，两法已经出现严重衔接脱轨和立法代差。这是倡导调整当前未成年人违反治安管理处罚措施的逻辑基础。

（二）从三部法律的相互关系分析立法一致性问题

《治安管理处罚法》与《刑法》、《行政处罚法》的关系在《治安管理处罚法》第二条、第三条中已明确列明，分别为衔接和补充的关系，尤其是《刑法》和《治安管理处罚法》，在本质上具有同宗同源的关系。目前我国《刑法》大体上相当于大陆法系、普通法系国家刑法典中的重罪（felony）内容，而轻罪（misdemeanor）和违警罪（infraction）对应我国的治安处罚，其立法目的和立法技术本质上是相同的。[①] 从我国特色刑罚体制角度出发来看，治安处罚的设立本质上是为了保证行政处罚和刑事惩罚在体系上的构建更加协调，让行政处罚和刑事惩罚之间拉开区间，可以更趋科学、合理。基于此，行政处罚和刑事惩罚在责任年龄和特殊人员的责任能力方面也应当是协调的，

---

① 参见刘仁文：《调整我国刑法结构的一点思考》，载《法学研究》2008 年第 3 期。

两法在责任年龄与精神状态方面的规定应当具有一致性。[①] 比如，对不满18周岁的未成年人构成犯罪或违反治安管理的行为，都从轻或减轻处罚；精神病人在不能控制或不能辨认自己行为的时候犯罪或具有违反治安管理的行为，都不负刑事责任或免予处罚；等等。

但随着现行《刑法》的修正，“刑法—行政法”的违法一元论秩序逐渐失衡了。《刑法修正案（十一）》出台后增设了恶意年龄补足制度规定，即“已满十二周岁不满十四周岁的人，犯故意杀人、故意伤害罪，致人死亡或者以特别残忍手段致人重伤造成严重残疾，情节恶劣，经最高人民检察院核准追诉的，应当负刑事责任”，以及特殊犯罪需负刑事责任制度规定，即“已满十四周岁不满十六周岁的人，犯故意杀人、故意伤害致人重伤或者死亡、强奸、抢劫、贩卖毒品、放火、爆炸、投放危险物质罪的，应当负刑事责任”，这是刑事立法对青少年犯罪现实问题作出的回馈和反应。但现行《治安管理处罚法》关于未成年违反治安管理行为人“14周岁以下一律不处罚”以及“14—16周岁行政拘留一律不执行”的规定明显丧失了与刑事立法趋势的协调性和一致性。

《刑法》伴随着社会背景的变迁和法治需求的变化而不断修正，增设了对涉及个体极端案例未成年犯罪行为人的处罚法律依据，但《治安管理处罚法》的修订相对处于停滞状态。面对部分青少年轻罪屡犯、违法常为的社会现实态势，《治安管理处罚法》没能给予基本的立法回馈和治理态度。针对现行法律，民众可以朴素地理解为16周岁以下的未成年人违反治安管理行为不会有任何实质性惩罚。这种现象充分证明，刑法部门和行政法部门关于责任年龄的规定一致性被打破了，这是倡导调整当前未成年人违反治安管理处罚措施的基本出发点。

（三）从平衡被打破的现实危害解析修法需求问题

《刑法》与《治安管理处罚法》关于责任年龄问题规定的一致性被打破

---

① 参见陈晓燕：《治安行政处罚研究》，复旦大学2012年硕士学位论文。

后会造成法律价值的失衡。如上文所述，部分行为会遭受刑罚惩罚，却得不到违法处罚，两法孰轻孰重的价值秩序被颠倒了。两法关于同一责任年龄段的违法行为人的规定衔接性失衡，会导致法律的正义价值难以实现。

例如，司法实践中存在较多的青少年盗窃问题，由于《刑法》第十七条中未规定 14—16 周岁未成年人可以构成盗窃罪，因此不论行为人盗窃多少价值的财物，造成多么严重的后果，公安机关对其处罚和加强社会治安管理的唯一依据都只能是《治安管理处罚法》。然而，依据《治安管理处罚法》的现行规定，公安机关依旧不能对行为人作出实质性处罚，只能处以治安拘留但不执行的"似是而非"的处罚，另外附加难以执行的罚款。至于责令退赔赃款、挽回被害人损失、加强青少年教育管控等措施更是无法支撑、难以实现。现实中，问题青少年的违法犯罪行为往往"一传十、十传百"，甚至形成了青少年违法犯罪群体中"师傅带徒弟"的模式：这些"师傅"不仅会传授给"徒弟"盗窃技巧和手段，更会向其传授"16 周岁以前作案警察无法打击处理你"的"法律知识"。不法青少年群体成群聚集、共同作案，对社会治安管理、居民生产生活甚至辖区营商环境都带来极大的影响。

三、重新解析审视青少年轻罪治理处罚措施的必要性

（一）从青少年轻罪危害性角度探究

当前，实务界对于"酌定不拘留""降低治安拘留年龄"等积极修法的态度较为支持，而在理论界有更多人秉持谦抑性精神，对加强行政机关治安管理举措的修法倾向持观望态度。究其根本原因，在于尚未出现一批较有社会影响力且能够撼动大众基本认知观念的未成年人违法案例作为修法的民意基础，在于大部分未从事实务工作的人依旧简单地、理想化地认为 14—16 周岁未成年违法行为人可以通过"教育"而得到"感化和挽救"。因此，关于未成年人治安管理处罚的修法议程被一拖再拖、一再搁置。但是现实情况是，青少年屡犯轻罪对被害人和社会的危害性极大，因此重新调整未成年人治安管理处罚措施是极有必要的。

1. 对被害人的危害性大。典型的如校园霸凌类案件中的故意伤害违反治

安管理行为。此类治安违法行为虽不具有严重的社会危害性，但考虑到未成年人实施的侵犯人身权益类治安违法行为针对的对象大多数也为未成年人，其对当事人的危害甚至可以构成终身性的心理损伤。如果立法仅强调保护违法行为人的权利，一味强调和重视感化、挽救违法行为人，事实上就是对受害人合法权利的忽视甚至蔑视。当前阶段，由于部分案件缺失法律规范作为支撑，导致公安机关无法有效、有力地打击未成年违法行为人，更谈不上教育、感化和挽救了。治安管理处罚中对治安拘留措施的适用有严格限制，这种限制在一定程度上为“真正初犯”提供了悔改的可能性，却无疑成了 16 周岁前屡次实施违法行为“惯犯”的“最后一个挡箭牌”。[①] 然而，对违法行为人的处罚不力会导致被害人的心灵受到极大损伤，对 16 周岁以下违反治安管理行为人的一律不拘留（包括拘留不执行），尤其是在校园霸凌类案件、猥亵类案件、网络暴力类案件中，最终结果往往是被害人“转校”“搬家”，甚至在被害人原本的交际范围圈层中还会演化出“受害者有罪论”的舆论效应，这种立法考量已经严重造成了“纵容致害人，无视被害者”的实际效应。[②] 这种局面必须得到及时的扭转。

2. 对社会的危害性大。典型的如 16 周岁以下未成年人实施砸车盗窃、溜门撬锁盗窃、扒窃绺窃等行为。据抽样统计，在因盗窃罪免予刑事责任、予以治安拘留但不执行的未成年违法行为人中，有监护人且监护人有能力监管的占 87.5%，在校就读率为 13.5%。在公安机关对其教育训诫后，两个月内再次犯罪的占 4.6%，返校就学率为 17%，劳动就业率为 2.3%，其余的仍处于社会闲散状态，重新犯罪的概率极大。通过进一步跟踪统计发现，被公安机关处理后，既未返校又未参加劳动就业的未成年人重新犯罪的概率比辍学后游荡社会的闲散未成年人首次犯罪概率高三成左右。究其原因，最主要的因素是几乎接近于零的犯罪成本变相鼓励了青少年再次犯罪。客观上，“不

---

① 参见吕笑增：《预防未成年人校园霸凌行为向有组织犯罪演变的研究》，载《犯罪与改造研究》2022 年第 10 期。

② 参见孙传浩、于阳：《未成年人严重不良行为专门教育制度完善路径》，载《行政与法》2021 年第 10 期。

劳而获”的诱惑力也是未成年违法行为人再犯的重要影响因素之一，以盗窃为代表的侵财类犯罪再犯率是各类常见犯罪中最高的（约为 83.2%），通过调查从事犯罪的当事人，得到其再犯的原因往往是“找不到工作”“偷东西赚钱快”“想着再干几次就不干了”等。因为从事盗窃类犯罪的未成年违法行为人大多经济拮据，盗窃得手后往往会立即销赃或花销，加之其知道自己的行为不会受到惩罚，所以基本上也没有为被害人退赃、返赃以期减轻处罚的意愿。这导致公安机关为被害人追赃挽损工作的难度极大，进一步加深了青少年侵财犯罪的社会危害性。这种“罪不当其罚”的现象不仅会丧失法律权威，更会使被害人的正当权利无法得到伸张。长此以往，社会面上无法管控的侵财类未成年违法行为人增多，势必导致治安环境波动，从而影响居民的正常生产生活秩序甚至辖区营商环境。

（二）从矫正刑探索适用角度思考

与取消拘留执行的限制观点相反，目前实务界有观点认为，短期监禁刑无法起到真正的教育和挽救作用。立足于此，单纯考量取消 14—16 周岁未成年人拘留的适用条件恐怕也不能真正实现对未成年违法行为人的震慑，甚至很有可能对正值叛逆期、青春期的未成年违法行为人起到适得其反的作用。正如王顺安教授所持的观点，从人类监禁历史演变来看，短期监禁已被证明惩罚无功、威慑无效、矫正不能、学坏正好，因此探究短期监禁的替代性措施大有裨益。①

因此，从矫正刑角度出发，让未成年违法行为人切实受到教育绝不能仅依靠当前的行政拘留手段。即便是针对成年违法行为人，行政拘留的执行也主要依靠静坐、按时作息、服从性培养等刻板的规训和无实效的短暂学习措施，并不能起到思想上的教育和影响作用。

综上所述，从矫正刑角度调整对未成年违法行为人的处罚措施成为扭转

---

① 参见陈风莉：《治安拘留年龄降低，到底是耶非耶?》，载《中国青年报》2017 年 2 月 27 日，第 7 版。

"拘留无用"尴尬境地的思考方向。一方面,矫正主要侧重于教育而非惩罚,这就注定排除了行政拘留的使用,但要把行政拘留作为最后的严厉制裁手段予以保留,要加强拘留的执行效果和震慑力,给"酌定不拘留"制度的适用和教育效果的落实提供了可执行基础;另一方面,矫正教育的重点在于方式而非内容,因此针对青少年的有效教育必须从调解青少年的心理入手,要向善向上引导教育违法行为人,只有深刻地触及心灵和"三观"的教育才是有效的,才能切实挽救未成年违法行为人。通过增加掌握青少年心理特征的司法、行政从业人员,提升司法行政机关关于青少年工作的能力,切实把"酌定不拘留"的"酌定"用活、用好,还需要大量的实践探索。仅就理论而言,"酌定不拘留"制度可能成为替代当前"拘留不执行"制度的最佳矫正方向。

(三)从行政法律规范法理角度探析

第一,调整针对未成年人治安违法行为的处罚措施是基于合理行政原则中"比例原则"要求的考量。合理行政原则是我国行政法律原则中对合法行政原则的扩充与深化,其要求高于合法行政的标准,是实现行政法律规范"控权保民"基本精神的有效措施,从合法行政到合理行政是从形式法治到实质法治的变化。针对合理行政的职权处理方式,有学者认为其必须事实认定清楚、有足够根据且同时符合一般法律原则、行政先例和执法指南要求。① 因此,调整未成年违法行为人处罚措施是对行政拘留"措施"和教育与处罚措施相结合"目的"的重新评估,其本质上是一种在不违反上位法基本立法精神条件下对"行政拘留措施"的灵活运用。

第二,调整未成年人治安违法行为的处罚措施,能够真正实现对被害人的保护和对违法行为人的教育,符合公平公正的立法精神。社会学法学的观点认为,法律规则是实现社会公正的指针,而不是永恒不变的模型。② 从行政法律部门角度考虑,《治安管理处罚法》本质上追求的是对社会秩序的维护,

---

① 参见何海波:《论行政行为"明显不当"》,载《法学研究》2016年第3期。

② 参见徐爱国:《法学的圣殿:西方法律思想与法学流派》,中国法制出版社2016年版,第356页。

是管理者视角的法律，因此法学界理论研究者认为《治安管理处罚法》的立法缺乏服务精神，忽视了被管理者权益的保护。因此，从立法目的来看，行政处罚必须坚持公平公正的立法精神，行政行为应当在法治轨道下尽力契合人民群众最根本的朴素道德情感。对未成年人治安处罚措施的调整，既保证了被害人一方切实感受到公平正义，也确保了对违法行为人的教育，最终实现不断消除社会治安不安定因素的管理目的。

第三，调整未成年人治安违法行为的处罚措施，既是对《治安管理处罚法》当前存在的不合理实体规定的修缮，也是为了维护裁量平衡的程序正义。行政法律规范诞生自宪法，其核心是对行政权的约束和控制。正如哈耶克（Friedrich August von Hayek）所说，行政法诞生自“一个演化出的新权力”，“它越来越负担起对行政机关酌情裁量权加以限制的作用”。[①] 在英美法系中，行政法院发挥着制衡行政机关行政裁量权、保障公民权利的作用，但就行政法院本身来讲，其裁判权亦然属于需要被制衡的公权力。由此，行政法诞生了。由此可见，行政法律规范的最重要意义以及立法初衷，是诠释对裁量性（discretionary）公权力制衡的立法目的和对社会秩序与公民正义之间个案矛盾的平衡。其把对未成年违反治安管理行为人的“酌定”裁量处罚权力切实落实到纸面上，形成成文的法律规范条款，不仅在程序上保障了未成年违法行为人的权益，也给了行政机关一个在一定范围内行使权力的蓝本，框定了行政权的行使范围，这在本质上是符合社会主义现代化法治内在要求的。

四、《治安管理处罚法》中增设“酌定不起诉”制度的修订思路

（一）修订的基本原则

1. 框架性原则

《治安管理处罚法》的修订不仅仅是一部法律和个别法条的修订，《民法典》出台并取得了良好效果，充分说明了中国特色社会主义法治道路的正确

---

① ［英］弗里德里希·奥古斯特·哈耶克：《自由宪章》，杨玉生等译，中国社会科学出版社 2012 年版，第 304 页。

性，展示了在法治轨道下推进国家治理体系和治理能力现代化的优势，证明了依靠法治调整社会规范和各类社会关系是正确可行的。因此，新修《治安管理处罚法》要始终牢记四个底线：一是作为下位法，不能与上位法《宪法》的法律原则和规则相冲突；二是同是公法，要衔接刑法修正案所考量的社会背景所体现的谦抑性修法精神；三是作为特殊法，要同一般法即《行政处罚法》的框架和原则保持和谐统一；四是作为部门法，要考虑未来“行政法典”出台时的整体架构布局及自身所处的位置。

2. 制约性原则

要实现行政法治，就必须对自由裁量权（discretionary power）加以控制，“自由裁量权，如果不设定行使这种权力的标准，即是对专制的认可”①。《治安管理处罚法》作为行政法律规范，行政机关既是用权主体，也是自由裁量的主体，修订时更要审慎考量是否有利于法治国家、法治政府、法治社会的一体化建设，要牢牢用法律规范的框架框住赋予行政机关的行政权力，确保“用权”时切中肯綮，精准打击社会的乱象“痛点”；确保“限权”时规矩绳墨，不留滥用权力的监管“盲点”。尤其是针对修订治安处罚的部分内容，实质上扩充了行政机关手中的权力，能否审慎用权，执法能否符合法律规范，能否做到公开公正、权责统一、科学高效，最终由写在纸面上的法律规范决定，而不是由手中握有权力的执法者个人和执法机关决定。

3. 实践性原则

修改针对未成年人治安处罚措施的问题对于《治安管理处罚法》乃至整个行政处罚体系而言可谓寸辖制轮，必须经过实践的反复考量，否则贸然扩张警察权可能导致整个行政处罚体系的限权制度崩溃。修订对未成年违法行为人的处罚措施，事实上是在当前较为宽松的处罚环境下增加了限制条款，是对14—16周岁未成年违法行为人原本拥有“处罚不执行”的法律赋予权利的褫夺。限权条款的制定和通过必须经过漫长而严谨的证成程序，这也正是

① ［美］E. 博登海默：《法理学：法律哲学与法律方法》，邓正来译，中国政法大学出版社1999年版，第367页。

学术界和实务界进行了近10年“降低行政拘留年龄”的呼吁却一直没有体现在修订的新法中的原因。如同《刑法修正案（十一）》出台的恶意年龄补足制度，其是在立法界、学术界经过近20年的思考和争论，以及2018年湖南吴某持刀杀母案、2019年辽宁蔡某杀人抛尸案、2020年安徽杨某杀人抛尸案等一系列主观恶性极其严重、挑战社会伦理底线的案件作为民意基础的前提下出台的。因此，《治安管理处罚法》中的新条款或许可以全国人大常委会特殊授权的形式率先在未成年人违法犯罪态势严峻的地市区域尝试实验后在全国推行。

（二）修法的具体制度举措探究

目前，对未成年人治安管理处罚主要依照的是《治安管理处罚法》第十二条“不满十四周岁的人违反治安管理的，不予处罚，但是应当责令其监护人严加管教”的规定，以及该法第二十一条“违反治安管理行为人有下列情形之一，依照本法应当给予行政拘留处罚的，不执行行政拘留处罚：（一）已满十四周岁不满十六周岁的；（二）已满十六周岁不满十八周岁，初次违反治安管理的”的规定。本质上，《治安管理处罚法》第十二条规定体现的是治安处罚的责任年龄问题；第二十一条第一项规定体现的是对未成年人的保护目的，第二项规定体现的是“首违不罚”的行政法理精神，这三个具体法条的背后反映了不同法理，在修法时应当分别讨论。

第一，14周岁以下未成年人违反治安管理行为的处罚。当前，继续保持14周岁以下未成年人违反治安管理行为不予处罚的规范有其合理性，这种维持是确保公法“谦抑性”的必要措施。从2017年《治安管理处罚法（修订公开征求意见稿）》出台时关于“将行政拘留年龄从16周岁下调至14周岁”的意见一直争议较大来看，社会公众对未成年人违反治安管理行为的接纳度和包容度远大于刑法法律规范。如前文所述，单纯调整行政拘留年龄，考虑适用当前执行模式的短暂性监禁刑能否真正起到教育、挽救未成年人的作用仍有待商榷，因此针对14周岁以下未成年人违反治安管理行为一律不处罚的规定有其理论必要性和物质存在基础。

第二，14—16 周岁未成年人违反治安管理行为的处罚。针对 14—16 周岁未成年人违反治安管理行为的处罚方式，应当从原本的“处以拘留但不执行”更改为“附条件的、酌定不执行拘留”。原因如前文所述，一律“处以拘留但不执行”的实效无异于不予处罚，对屡教不改的违法行为人非但起不到震慑和教育作用，反而越发助长其犯罪意图和气焰，实属形同虚设。因此，此法律规范可修改为由法律法规授权行政机关行使拘留主动权，让公安部门决定对未成年违法行为人设置考察期间和考察条件，对考察期表现优异、思想上确有悔改的未成年人不予执行治安处罚。其优势在于可以灵活地把握拘留的适用条件，有利于增强教育、挽救的实效性，而其弊端在于容易导致公安机关权力寻租。如果公安机关及其人民警察的自由裁量权过大，就存在潜在威胁：警察不能正确行使自由裁量权，不仅会降低行政效率，更会对公民造成侵害，最终直接威胁行政法治。[①] 因此，要警惕权力寻租，就必须尽可能将酌定和附条件的具体情节规定在纸面上，把“附条件”的具体条件范围和“酌定”所考虑的具体情节写入法律规范之中，并配套规定严格的程序条件和有效的救济途径。

调整未成年人治安管理处罚措施的核心在于“附条件不拘留”和加强监禁刑处罚实效的二元对立统一结构。一方面，细化、实化“附条件”是切实增强教育未成年违法行为人实效，给予未成年违法行为人“改邪归正”的机会，压减未成年违法行为人犯罪意图和犯罪空间的重要举措，其减少了短期监禁刑的适用，避免了未成年违法行为人进入监区环境后因“破罐子破摔”心理所导致的逆反效果。另一方面，加大短期监禁刑的处罚力度，强化监禁刑带来的后果和对行为人生活的影响，让未成年违法行为人对监禁产生真正恐惧和担忧，从反方向作用缩减了短期监禁刑的适用，也促使未成年违法行为人更珍视“附条件不拘留”的机会，从而推动教育、感化、挽救实效进一步落地。从具体措施看，对未成年违法行为人适用“附条件不拘留”可分为

---

① 参见魏继华：《〈治安管理处罚法〉的立法缺憾剖析——兼与相关法律规范之比较》，载《行政法学研究》2010 年第 3 期。

积极条件和消极条件。积极条件方面表现为：可以要求未成年违法行为人按学时制每周参加心理教育，参加社区、村委会、社会福利机构等单位组织的社会公益性质活动，参加政府机构、国家企事业单位牵头组织的社会公共性事务实践工作并获得一定的劳动报酬，参与各类文体艺美活动，等等。消极条件方面表现为：可以具体地要求未成年违法行为人考察期间内“不得与同案人员、教唆其违法的人员等某些人见面”“不得进入网吧、游戏厅等某些场所”“不得逃学”，等等。

第三，16—18 周岁以下未成年人违反治安管理行为的处罚。针对 16—18 周岁以下未成年人违反治安管理行为，要保持行政法合理行政的比例原则。依据《治安管理处罚法》第二十一条第二项和第十九条之规定，对已满 16 周岁未满 18 周岁未成年违反治安管理行为人执行“初犯不行政拘留”的政策，且违法情节特别轻微的可以不予处罚。依据《行政处罚法》第三十条规定，对未成年违法行为人应当从轻或减轻行政处罚。依据《行政处罚法》第三十三条规定，初次违法且危害后果轻微并及时改正的，可以不予行政处罚。综合立法精神来看，公安机关在对已满 16 周岁未满 18 周岁未成年人违反治安管理行为进行处罚时，要审慎考量处罚力度，注意综合《行政处罚法》中的“轻微不罚”、“首违不罚”和未成年人从轻减轻处罚条款进行处罚，对符合不处罚条件的坚决不予处罚，以保证未成年违法行为人在违法记录空白的前提下真正实现悔改，切实给予未成年违法行为人一次为自己错误“埋单”的机会，并且邀请法律援助机构及时、适当地介入案件，[①] 加强心理引导和价值观培育，真正实现“教育为主、处罚为辅”。

（三）试运行和风险评估

法律的生命在于实施。可行性、客观性和社会性是保证修订法律顺利实施所要遵循的重要原则，为确保修订后的法律能够长期稳定运行并符合社会

① 参见于龙、吕笑增、米胜男：《公安派出所创新校园霸凌案件侦查路径研究》，载《贵州警察学院学报》2021 年第 4 期。

客观需求，应当在修法前对修订法案实施后的社会接受度和执法可行性的阈值区间进行谦抑性考证，避免扩大公法打击面，造成“口袋条款”。

第一，在犯罪风险预测中要注重对违法行为人的长期追踪和定期考察。治安违法行为是衔接刑事犯罪行为的特殊社会“越轨”行为，其相对于刑事犯罪行为而言具有轻微性，但本质上其与刑事犯罪行为所侵害的法益和秩序是相同的。在国内国际环境下，未成年人犯罪趋势呈现出攀高态势：从国内来看，“恶意年龄补足制度”的确立证明了控制青少年犯罪态势的必要性；从国际来看，近年来未成年人犯罪也呈现出严重化趋势，主要表现为未成年人刑事案件数量剧增、犯罪主体年轻化以及犯罪情节严重化。① 因此，在治安管理的过程中，务必要注意对未成年违法行为人的长期跟踪评估，警惕其犯罪倾向性行为，建立专业力量定期对其进行犯罪学、社会学和心理学的评估，并对不同犯罪态势的青少年予以不同的跟踪教育和重点关注。

第二，在“酌定不起诉”的审查评估中要注重品格证据（character evidence）的收集和采纳。品格证据是指能够证明一个人的品格或品格特征，并以此来推论该人行为的证据。② 品格证据常常被认定为不具有关联性的无效证据，但在未成年人案件审理过程中，品格证据却能为酌定适用不拘留措施、犯罪风险评估、教育感化挽救的具体执行方案起到重要作用。品格证据的介入，使由原本单一“行政拘留但不执行”的无效举措转变为“附条件酌定不拘留”的有效教育措施的可行性大幅提升。例如，在法国的青少年法庭审理过程中，人格调查系必经环节，青少年法官应全面了解未成年犯罪嫌疑人的品格、社会、家庭及学业情况以寻求各种恰当的方式对未成年人进行再教育，促使其尽快融入社会。③ 在我国现有审判经验实践中，虽未规定品格证据的具

① See C. Lazerges et J. – P. Balduycl “Papport au Ministre de la Mission interministérielle sur la prévention et le traitement de la délinqunance des mineurs”, La documentation française, mai 1998; J. – P. Schosteck “Délinquance des mineurs: la République en quête de respect (rapport de la commission d’enquête sir délinquance des mineurs)”, 27 Juin 2002.

② 参见汤文华：《美国〈联邦证据规则〉中品格证据原则详解》，载《英语世界》2022 年第 7 期。

③ 参见施鹏鹏：《法律改革，走向新的程序平衡?》，中国政法大学出版社 2013 年版，第 598 页。

体运用规则，但在实践中可以看出法院有条件地在一定程度上采信品格证据。例如，若法院采信了被告人提出的有关其品行良好的证据材料，确信被告人没有再犯罪的危险，则一般适用缓刑。[①] 因为未成年人生活环境较为单一，在学校、家庭中接触的人较为固定，所以品格证据确有一定可信度。因此，在“酌定不起诉”的审查评估过程中，必须重视对未成年人品格证据的收集，作为“酌定”考虑的重要因素。

第三，在制度试运行中要注重法制审查评估修订条款的合理性。要确保修订后的条款符合法治社会的客观需要，保证实效性和可操作性。首先，要定期组织法制部门审查评估，对修改条款的适用案例进行剖析研究，从行政相对人的跟踪考察及其是否真正被“教育、感化”角度入手确定条款的实效性。其次，要依托法制评估报告和结论，对修改条款不断细化，确保基层可操作性、可执行性强，压减权力寻租空间。法律细化亦可称为法律具体化，其目的在于使法律更具有可操作性。法律特别是成文法，因具有高度的抽象性、概括性而使其对社会生活进行广泛调整成为可能。因此，从法学理论上看，法律细化是法的安定性之必然要求，[②] 这也是确保修订后的《治安管理处罚法》能够长久稳定运行、切实解决社会问题、回应社会期盼的基本初衷。

五、结语

第十三届、第十四届全国人民代表大会代表孙建国指出，近年来，未成年人犯罪多发，个别多次触犯法律的未成年人没有得到有效的教育和引导，屡犯难改，对社会治安稳定以及当事人和受害人的家庭造成了不良的影响和后果。从根本上看，青少年轻罪活动已成为公安机关打击锋芒性犯罪中的重点和难点，青少年侵财类作案数居高不下，青少年尤其是 16 周岁以下未成年人违法犯罪再犯率长期难以遏制；从法律规范上看，针对青少年犯罪的打击

---

① 参见徐瑞珂廷：《我国刑事诉讼中被告人品格证据适用的实证研究——以中国裁判文书网 53 件刑事案件为研究样本》，载《云南警官学院学报》2022 年第 3 期。

② 参见李晓娟：《试析〈治安管理处罚法〉的细化》，载《中国人民公安大学学报（社会科学版）》2013 年第 6 期。

力度不足、依据匮乏；从客观情况上看，针对青少年违法犯罪的教育感化挽救措施停留在表面，缺乏实效；从社会环境上看，政府、学校、家长都无法强制修正青少年越轨行为，导致监管失语。因此，改变上述现状必须以立法先行，只有切实把青少年轻罪预防与治理的手段从传统的经验领域纳入现代化法治轨道上，才能真正提升有关部门的治理力度和治理水平。只有依靠"酌定不拘留"制度加强全方位教育感化挽救替代以往一味"拘留但不执行"的处罚措施，才能让青少年客观认识到不良行为和不良后果的负面意义，才能给青少年一个真正"改过自新"的机会。

未成年人网络保护公益诉讼研究

成都市人民检察院课题组*

内容提要 未成年人在网络使用过程中存在个人信息及隐私泄露、网络信息无差别推送、遭受犯罪侵害以及沉迷网络影响现实生活的风险，主要体现在现有的用网规制手段效果不理想、未成年人安全与责任意识欠缺、社会综合保护合力发挥不足等方面。最高人民法院颁布的《关于互联网法院审理案件若干问题的规定》第二条明确将检察机关提起的互联网公益诉讼案件纳入互联网法院集中管辖案件的范围。新时代未成年人检察工作应当坚持遵循未成年人司法内在规律，运用公益诉讼构建未成年人网络权益综合保护体系，守护未成年人用网安全，护航未成年人健康成长。

关键词 未成年人 网络安全 公益诉讼 综合保护

近年来，随着互联网的普及和快速发展，未成年人网络保护问题日益凸显，并成为社会关注的焦点。为此，我国在立法层面进行了积极的探索和努力的实践，不断完善未成年人网络保护的法律体系。2020 年修订的《未成年人保护法》增设了“网络保护”专章，标志着我国未成年人网络保护的法律基础初步构建完成。该专章共 17 条，详细规定了未成年人网络保护的基本原

---

* 成都市人民检察院课题组成员：朱雪梅，成都市人民检察院副检察长；丛林，成都市人民检察院第九检察部主任；刘昱宇，成都市双流区人民检察院检察官助理。

则、具体措施以及相关责任主体，为未成年人在网络空间的安全和健康提供了有力的法律保障。其中，该法第一百零六条的规定尤为引人注目。该条规定明确指出，当未成年人的合法权益受到侵犯时，如果相关组织和个人未能代为提起诉讼，人民检察院可以督促、支持其提起诉讼。这一规定不仅强化了人民检察院在未成年人网络保护中的法律监督职责，也为未成年人网络权益的维护提供了更为有效的司法救济途径。2024 年 1 月 1 日施行的《未成年人网络保护条例》对未成年人网络保护问题进行了更为细化的规定。该条例明确了网络平台服务提供者的义务，包括加强内容审核、建立投诉举报机制等；规范了网络信息内容，禁止传播危害未成年人身心健康的信息；加强了个人信息网络保护，要求网络平台不得泄露、滥用未成年人个人信息；针对网络沉迷问题提出了防治措施，包括限制未成年人上网时间、推广防沉迷系统等。这些法律法规的出台和实施，为涉未成年人网络公益诉讼的提起提供了充分的法律依据。当未成年人的网络权益受到侵害时，相关组织和个人可以依法提起诉讼，要求侵权者承担相应的法律责任。

一、未成年人网络使用现状

中国互联网络信息中心（CNNIC）发布的《第 51 次〈中国互联网络发展状况统计报告〉》为我们揭示了截至 2022 年 12 月中国互联网络发展的全面景象。该报告详细剖析了网民规模、互联网普及率、网络基础资源、信息通信业发展等多个方面的数据，为我们了解当前中国互联网的发展态势提供了重要的参考。该报告显示，截至 2022 年 12 月，我国网民为 10.67 亿人，其中 10 岁以下网民和 10—19 岁网民占比分别为 4.4% 和 14.3%，青少年网民数量近 2 亿人，受调查的未成年人在近半年内均有过上网行为，未成年人互联网普及率几乎饱和，明显高于 75.6% 的全国平均值，① 并呈现出以下特点。

---

① 参见《第 51 次〈中国互联网络发展状况统计报告〉》，载中国互联网络信息中心网，https：//www.cnnic.cn/n4/2023/0303/c88 - 10757.html。

（一）未成年人上网目的以娱乐为主的占比较大

关于未成年人上网目的的调查显示，网上休闲娱乐活动主要以玩游戏和观看短视频为主。具体来说，经常上网玩游戏的未成年人占比高达67.8%，而经常观看短视频的未成年人的比例达到54.1%。与此同时，上网聊天作为未成年人主要的沟通社交方式，其占比也颇为可观，达到53.6%。在详细分析各类应用程序的使用情况时，我们发现未成年网民经常在网上玩游戏的比例已经攀升至67.8%，相较于2021年的62.3%有了显著增长，提升幅度达到5.5个百分点。这一数据进一步印证了网络游戏在未成年人中的广泛流行和受欢迎程度。经常在网上看短视频的比例达到54.1%，较2021年的47.6%提升6.5个百分点。在各类图文视频应用中，短视频类App及其他视频网站尤为受未成年人的青睐。具体而言，未成年人中经常浏览短视频类图文视频App的比例高达36.11%，而倾向于浏览长视频网站的未成年人则占到了23.11%，17.25%的未成年人倾向于浏览具有特定属性（二次元）的视频网站。未成年人使用App的倾向在不同年龄阶段表现有所不同，相比小学生，在上网时选择网络论坛类平台和二次元类App的初中生和高中生比例明显更高。

（二）互联网逐渐成为未成年人获取社会信息的重要渠道

在移动互联网的时代背景下，网络信息传播展现出了诸多显著特点，如速度实时性、内容海量性、形态多样性、检索便利性、过程交互性以及范围全球性。这些特点使网络成为未成年人获取社会信息的重要渠道之一。数据显示，电视节目以其直观、生动的形式成为未成年网民获取新闻事件和重大消息的首选渠道，占比高达64.9%。这进一步证明了在当今社会，网络及电视节目对于未成年人信息获取的重要影响。其次是各类视频网站和官方媒体网站，分别为48.7%和48.2%。值得注意的是，在未成年人短视频用户中，会有意识地区分短视频信息是官方发布还是自媒体发布的比例为 48.1%①，超过一半未成年人短视频用户对信息发布渠道缺乏鉴别意识。

（三）网络流行文化盛行，互联网成为未成年人自我呈现的平台

未成年时期是人的高速成长期，未成年人的行为模式和思维方式极大地受所处环境影响，通过网络表达自己的形式以及比例不断增加。据调查，2006 年上网主要写博客/更新个人主页的未成年人仅占 10.6%，随着互联网媒介系统的升级以及当代未成年人生活方式的转变，以图文视频 App 为主导的互联网自我呈现方式搭建起了未成年人社会互动的新型框架。从自我呈现的方式来说，2022 年有 16.4% 的未成年人使用微博、贴吧等话语方式进行网络活动，而表示使用短视频类、其他视频网站、二次元类 App 的未成年人分别占到了 65.3%、41.8% 和 31.2%。这类即时性、碎片化的非话语方式成为未成年人自我呈现的主要选择。除此之外，从近三年的数据可以发现，未成年人采用图文视频 App 进行自我呈现的主动性明显提高，表示会使用音频、视频等进行网上创作或发布消息（如发布朋友圈、微博，制作微信公众号、抖音短视频等）的未成年人占比由 2020 年的 30.9% 增长到了 42.9%。互联网的发展为未成年人进行自我呈现提供了良好的互动机制，容易激发未成年人的获得感、成就感和自我满足感，当然这也是容易导致未成年人沉迷网络的原因。

同时，各类互联网平台全方位整合了购物、展示、交流、借贷等功能，创造出以即时满足为目标的消费新场景。依托各类互联网平台，未成年人通过网络在兴趣圈层中找到自己的细分定位，基于趣缘的垂直圈层成为未成年人显著的消费文化特色。未成年人的流行文化消费模式正在发生显著转变，逐渐从传统的精英生产、用户消费模式向自我生产、自我消费的模式转变。这种转变推动了文化圈层的分化，加剧了不同圈层之间审美的差异和裂变，

---

① 参见《2021 全国未成年人互联网使用情况研究报告》，载中国青年网，http：//news. youth. cn/gn/202211/t20221130_ 14165457. htm。

进而对主流话语体系产生冲击，深刻影响着未成年人的价值观形成。

二、未成年人网络使用过程中存在的风险分析

（一）个人信息及隐私的泄露风险

互联网的开放性、传播的广泛性为个人信息在网络中迅速传播创造了条件。一方面，因为监护人活动的广泛性，教育、医疗、娱乐领域的线上化都涉及大量未成年人信息登记，同时又伴随着未成年人触网年龄持续走低，监护人和教育者面临着难以实时、全面监督未成年人网络使用行为的挑战。另一方面，网络环境的秩序主要建立在自我约束和责任自负的基础上，其缺乏对未成年人因年龄、知识水平和社会经验差异而应有的特殊关照机制。需要注意的是，网络服务平台出于隐私保护的原则，通常仅对未成年人公开发布的信息进行监控，而对他们在社交场景中的聊天内容原则上不予监控。这无疑增加了未成年人在网络环境中把控个人信息和隐私的风险。

除了未成年人自身隐私保护意识不足，一些经营者和平台工作人员泄露公民数据及隐私的行为也加剧了未成年人个人信息和隐私泄露的问题。网络运营商及其工作人员出于非法目的或为了获取不法利益，经常将收集到的未成年人个人信息泄露给第三方主体。2020 年，肖某、邓某注册贩卖个人信息的网络平台，前后半年内共出售 95 万余条未成年人个人信息。2021 年 3 月，浙江省杭州市拱墅区人民法院以侵犯公民个人信息罪，对肖某、邓某以及涉案平台卖家分别作出刑事判决。虽然肖某、邓某等人得到了刑事追究，但正是由于网络技术的专业性和隐蔽性，在未成年人个人信息及隐私受到侵害时，司法机关难以及时发现并予以救济，而且即使已经发现，未成年人个人信息广泛扩散，无法实现有效补救，这种事后补救的方式很难实现未成年人保护的最优化效果，因为隐私一旦受到损害，其影响往往具有“不可逆性”。需要注意的是，不法分子通过互联网侵害未成年人时，其目标并非仅限于个别未成年人，而是更广泛地针对在网络领域活动的未成年人群体。由于互联网的隐蔽性和持续性特点，这些侵害行为往往难以被及时发现和制止。更为严重的是，网络作为媒介，实际上扩大了施害者触及未成年人的范围，使更多的

未成年人面临潜在的风险。

（二）网络信息的无差别推送风险

在如今的大数据时代，算法机制在短视频、网络购物平台等场景中得到了广泛应用。这些平台通过收集和分析用户的个人喜好、消费记录以及数据流量等信息，形成精细的“人物画像”。基于这些画像，网络平台能够为用户提供“量身定制”的各类信息，实现精准推送。这种方式不仅提升了用户体验，还使广告和推广更加高效和精准。比如，部分浏览器 App 以及短视频 App 可以通过用户浏览的次数、类型以及停留的时长，分析用户的喜好度从而定点投放，并且可以在后台进行用户画像分析。快餐式的信息输出因其迅速、便捷的特点，与流行内容保持高度的契合度，并精准满足了未成年人的多种心理需求，因此在未成年人群体中广泛流行并深受他们的喜爱。然而，短视频表现形式的丰富性使未成年人放弃对书籍的阅读而转向短视频，造成了未成年人阅读能力的下降，“信息茧房效应”[①] 也不断缩小未成年人的知识面。同时，短视频网站虽有审核机制，但并未设定分级机制，未成年人除了可以自行注册账号外，也可以使用监护人账号，从而绕过“青少年模式”观看可能不益于未成年人成长的内容。

在网络交易方面，依托于互联网的新业态加速发展，网络购物、直播带货、新媒体、数字娱乐等日益盛行。对未成年人网络模仿行为的调查结果显示，未成年人容易受到互联网新经济业态的影响。2011 年表示“网上流行的东西会去买”的未成年人仅占比为 3.3%，而到了 2022 年这一比例已上升到 16.4%。以物联网、新媒体为基础的数字经济迎合了未成年人的生活方式，他们是数字经济的重要参与者。然而，不少通过明星效应以明星直播带货、选秀打投、游戏充值等方式引发的粉丝经济，使未成年人不断进行盲目消费。另外，一些自媒体通过短视频、Vlog 打造出的精奢生活同样吸引着心智尚不

① 信息茧房效应，是指人们关注的信息领域会习惯性地被自己的兴趣所引导，从而将自己的生活桎梏于像蚕茧一般的“茧房”中的现象。

成熟的未成年人的关注，未成年人出于攀比心理不顾实际情况进行的盲目模仿也容易使他们掉入消费主义的陷阱。除此之外，网络欺诈、网络支付安全问题等也让未成年人难以招架。互联网新经济在为当今生活带来便利的同时，更容易使未成年人陷入负面旋涡之中。一些对未成年人具有潜在危害的信息被主动推送给他们，同时搜索引擎也缺乏实名注册制度，这导致未成年人更容易触及监管的盲区。不仅如此，未成年人仍然可以通过网络购物平台、外卖平台、二手交易平台以及代购等途径购买到法律明文禁止向未成年人销售的商品，如酒类产品和管制刀具等。以刀具为例，多个购物平台均能提供相关商品的查询和购买服务，且购买过程没有年龄限制。当关键词搜索次数达到一定数量后，相关商品甚至会被无差别地推送给用户。更糟糕的是，一些不法分子为了谋取利益，会绕过线上平台设置的关键词限制，诱导未成年人通过其他社交软件进行交易，这进一步加剧了未成年人接触危险物品的风险。

（三）未成年人遭受犯罪侵害的风险

随着未成年人互联网参与度的提升，其受到违法信息侵害的风险也随之加大。据最高人民检察院《未成年人检察工作白皮书（2022）》显示，2020 年至 2022 年，检察机关审结（含起诉、不起诉）未成年人涉嫌帮助信息网络犯罪活动罪犯罪人数分别为 236 人、3001 人、5474 人，2022 年较 2021 年同比上升 82.41% 。互联网“即时性”“开放性”“匿名化”的特点为未成年人实施网络犯罪、达成犯罪合意等提供了便利。2020 年至 2022 年，C 市共有 29 名涉罪未成年人，因受“抖音”“快手”等短视频软件、“微信”“QQ”等即时通讯软件、“陌陌”等陌生人交友软件上自动弹出或他人发送的包含血腥、暴力、教唆犯罪或淫秽色情内容的视频、图片、广告等有害信息的影响，实施了强奸、猥亵、诈骗等犯罪。例如，栗某某、田某某诈骗案，田某某在“快手”App 上的一条冒充班主任在家长群里骗取教材费的视频影响下，伙同栗某某用“QQ”搜索“高一”“高二”等关键字加入学生群，然后让群里的学生将其微信号拉入微信家长群，冒充班主任向家长收取教材费等，共计诈骗 5850 元。

一些犯罪分子也专门利用网络针对未成年人实施拐卖、强奸、伤害、猥亵、强迫卖淫等违法犯罪。2020 年至 2022 年，检察机关共起诉涉嫌利用电信网络侵害未成年人犯罪 7761 人，起诉的“隔空猥亵”“线上联系、线下性侵”等犯罪占性侵未成年人犯罪近六分之一。① 相关统计数据显示，针对未成年人的性侵类犯罪案件数量始终维持在高位。以 C 市为例，在过去的三年里，这类单一犯罪在涉及未成年人的犯罪总数中所占的比例分别为 27%、25.2% 和 28%，显示出一种持续且不容忽视的趋势。2020 年以来，C 市利用网络服务对未成年人实施犯罪案件始终保持高位运行状态。案件类型主要为网友约见未成年人后线下实施性侵，占比为 84.5%。例如，犯罪嫌疑人文某某自 2021 年开始通过 QQ 和微信以支付红包的方式让未满 14 周岁的男童唐某某、彭某、樊某某、杨某某等人发送生殖器、手淫照片及视频，后为满足其性欲又在线下多次实施猥亵行为。某 10 岁少女通过名为“NICO”的 App 结识一成年性虐待爱好者朱某，被其洗脑后三年期间多次与朱某发生性关系，并在 SM（性虐待）中扮演 M（被虐者）的角色。案发后，该少女经鉴定为中度精神障碍，矫正难度较大。同时，网友线上结识未成年人后线下组织、强迫其卖淫或让他人实施性侵等案件占比为 6.2%。此外，非接触类性侵未成年人案件占比为 9.3%，“裸聊”、组织“线上卖淫”、发送淫秽色情信息等线上性侵未成年人情形屡有发生，尽管案件总量不大，但此类新型犯罪行为往往涉及被害人人数较多、范围较广，不容忽视。由此可见，对于利用网络服务对未成年人实施犯罪行为，网络服务提供者普遍未尽到审查义务。

（四）未成年人沉迷网络影响现实生活的风险

随着时代的发展，触网低龄化趋势日益明显，越来越多的教师将网络沉迷列为最受关注的学生用网问题。青少年时期是大脑神经发育和认知发展的重要阶段，如果过度沉迷于网络虚拟空间，可能会导致未成年人对现实世界

---

① 参见《最高检：强化未成年人网络保护　近三年共起诉网络侵害犯罪 7761 人》，载央广网，http://news.cnr.cn/native/gd/20230531/t20230531_526271118.shtml。

的认知产生偏差，不利于他们的健康成长。调查结果显示，大多数未成年人越发沉浸在智能化移动设备使用中，超三成未成年人表示自己“更爱玩手机、玩游戏了，难以自己控制”（占比 32.3%），每天用网时长超过 3 小时的小学生、初中生和高中生比例较往年显著增长，而且有 10.6% 的孩子察觉到自己“更孤独了，与人面对面接触减少了”。青少年时期也是人的身体发育的“黄金期”，然而，超五成未成年人清楚地认识到是上网让自己“比以前更爱待在家里了，运动减少了”（占比 52.2%），近四成未成年人认识到“用电脑和手机太多导致视力下降很快”（占比 36.7%）。网络沉迷已成为未成年人网络使用中的一大普遍问题，长期困扰着未成年人的互联网使用体验。沉迷于网络游戏、网络聊天以及观看短视频等网络活动，都可能对未成年人的心理健康造成严重影响，甚至引发焦虑、抑郁等情绪问题。虽然近年来各大互联网企业都针对网络防沉迷开展了一些工作，但是仍然存在以下问题：一是青少年身份识别不准确。某些网络游戏需要用户提供身份证号码或其他身份信息才能进行游戏，但这些信息可能被盗用或冒用，导致青少年无法正确识别自己的身份。二是技术手段破解。有些未成年人可能会利用漏洞、技术手段等方式绕过防沉迷系统的限制，从而继续玩游戏。同时由于监管力度不足，有些游戏开发商和运营商仍然会违规操作，导致防沉迷系统失效。三是上网监管不足。由于父母在日常生活中的监管不足，对未成年人的心理健康、社交关系和网络行为等问题缺乏足够的关注，导致未成年人在上网时缺乏必要的监管和引导。同时，未成年人由于年龄尚小，自我控制能力相对较弱，很难独自解决留守儿童沉迷网络的问题。此外，随着网络空间的不断发展，未成年人网络沉迷现象在新领域中不断加剧。由于网络空间的匿名性，未成年人能够通过冒用他人身份、手机号等方式规避现有的网络产品防控措施。特别是随着短视频平台的迅速崛起，未成年人已成为其中的重要用户群体，过度依赖影音产品导致网络沉迷问题日益突出。这种沉迷不仅影响了未成年人的学习和生活，还可能对他们的思想观念产生不良影响。

（五）未成年人网络使用政策仍存在问题

在极速更迭的网络环境生态下，相关政策的制定与推行往往滞后于未成年人互联网运用的现实情况。为应对未成年人网络沉迷问题，筑牢未成年人健康用网防线，国家互联网信息办公室等相关部门已牵头推出一系列规制举措。针对未成年人用网的“青少年模式”自上线以来，在引导未成年人信息获取和降低未成年人网络依赖程度上发挥了一定的效用，但也存在一些亟待解决的突出问题。例如，未成年人使用其家庭成员的身份信息可以轻易绕过“青少年模式”的限制。调查结果显示，经常或总是使用“儿童模式”“青少年模式”的未成年人只占20.1%，约八成的青少年并没有在“青少年模式”的保护下上网，“青少年模式”的社会认可度较低。另外，现有“青少年模式”的使用体验感欠佳，大大影响了平台的服务功能和应用体验，这也会使未成年人将青少年模式拒之门外，导致规制手段在实际应用中效果不理想。

三、未成年人网络保护公益诉讼困境研究

（一）立法相对薄弱

通过审视《未成年人保护法》的“网络保护”一章我们可以发现，该章明确规定了社会主体、网信部门、网络从业者以及网络服务提供者等各方在未成年人网络保护中的义务。然而，在“法律责任”部分，仅第一百二十七条涉及网络保护内容，且该条款中的主体责任并未与前面的义务条款形成一一对应的关系。这种法律责任的缺失意味着义务主体是否履行其义务并不受法律的强制约束，而是依赖于其自身的自觉性，从而使《未成年人保护法》“网络保护”一章的部分义务性条款更多地呈现出倡导性而非强制性的特点。此外，“网络保护”一章的义务性条款多以“应当”和“不得”的表述来界定各方主体的义务，但在针对同一问题时，往往涉及多个主体，从而导致法条内容相对笼统，缺乏具体的执行细节，因此这些义务性条款在实际操作中更多地起到指导性作用。

（二）公益诉讼线索难寻

未成年人网络安全保护领域中案件线索的发现主体是检察机关。根据《行政诉讼法》及相关司法解释，公益诉讼中案件线索的来源受到限制，仅限

于检察机关在“履行职责”的过程中，即检察机关在审查起诉、诉讼监督、公益监督等过程中。然而，在网络安全领域，因其本身就是虚拟场所，主动发现涉未成年人保护的信息较难，相关线索的隐蔽性也增大了线索获取的难度，在一定程度上会造成线索枯竭。

一是线索发现过程中缺少社会公众的支持。当前，发现线索的主要方式为在办理涉未成年人刑事案件中发现。社会公众对主动提供未成年人网络安全保护领域的线索较为消极，借助检举、控告的方式来进行线索提供的情形比较匮乏。未成年人以及监护人遇到此类问题时往往向网络平台以及行政监管机关反馈，检察机关缺乏主动发现线索的能力和条件，导致对未成年人网络安全方面保护得不及时，无法及时保护公共利益。

二是主动发现线索存在客观阻力。案件线索的发现路径，除检察机关内部的调查核实外，也包括向其他被监督对象了解情况。行政机关与检察机关没有直接的业务往来，也不存在隶属关系，且现有的政府信息公开方式无法满足案件线索发现的需要，需被调查机关配合才能获取有益信息。但是，作为被监督主体，被调查机关配合检察机关的主动性不强，检察监督难以有效展开，主动发现线索的阻力大。同时，网络企业由于其自身利益，往往也不会主动接受监督，线索发现难度较大。

三是线索来源渠道单一。根据《检察机关行政公益诉讼案件办案指南(试行)》的规定，通过行政执法与刑事司法衔接平台、行政执法与行政检察衔接平台等发现案件线索的，视为“在履行职责中发现”。不过，有学者通过访谈和问卷调查的方式发现，除了部分案件线索来源网络平台，大部分线索来源集中在检察机关内部，单一性、内部性的格局比较明显，虽然未成年人检察集中统一办理工作已经推行近五年，但部分刑事案件在不属于未成年人检察管辖范围的情况下，部门之间的联动也存在偏差，其他部门的检察官往往不具有未成年人保护与综合履职的理念，对未成年人涉及网络线索未能实现同步移送，也更加凸显了案件线索来源范围的局限性。

（三）调查核实权受限

近年来，为改变检察机关以往倾向于刑事检察业务的状况，检察机关提出均衡推进“四大检察”的理念，即民事检察、刑事检察、行政检察和公益诉讼检察协同发展。但从对应的法律体系来看，民事、刑事和行政三大检察都有与之对应的法律体系调整，公益诉讼检察因起步较晚没有独立的法规范调整，而是被纳入民事诉讼法和行政诉讼法的调整范围内，这种派生性的特征也导致了公益诉讼检察的体系完备性存在天然不足。调查核实的机制、刚性保障措施的不足导致在司法实践中，检察机关开展公益诉讼，尤其是针对网络开展公益诉讼调查权缺乏法律层面的保障性措施。

一是调查核实制度有待完善。从调查核实的具体规则来看，最高人民检察院于2021年发布的《人民检察院公益诉讼办案规则》对调查核实的措施进行了说明，但在具体程序上，如调查核实的内部启动机制、针对调查对象违法行为的惩戒措施、调查对象的异议救济渠道、非法证据排除方面等存在真空地带。

二是调查保障措施缺乏足够的刚性。目前，检察机关在行使调查核实权时，主要依据的是《民事诉讼法》第二百二十一条以及2018年新修订的《人民检察院组织法》。这些法律条文确实赋予了检察机关在提出检察建议或抗诉过程中，对当事人或案外人进行情况调查核实的权力。同时，新修订的《人民检察院组织法》也明确了相关主体在调查过程中的配合义务。然而，对于调查对象若拒绝配合或故意妨碍调查时应承担的法律责任，现有法律并未作出明确的规定。这在一定程度上削弱了检察机关调查核实工作的强制性和有效性，使部分调查工作难以顺利进行。在实践中，由于缺乏刚性手段的约束，调查核实权的行使可能会受到一定的影响和制约。特别是在一些紧急情况下，可能需要迅速采取调查措施，如果调查对象拒绝配合或妨碍调查，可能会对案件的进展和结果产生不利影响。例如，涉及未成年人案件中网络企业是否尽到内容审查及安全保护义务，在涉案企业不愿配合的情况下，由于检察机关不具备强制性救济权力，加之技术鉴定成本高昂、调查取证程序不清等客观因素，调查取证的实际效果也大打折扣。①

三是调查核实存在专业性。公益诉讼除了需要专业的法律知识外，还需要其他领域的专业知识，单纯地依赖检察机关以及检察官的判断无法做出专业的判断。例如，在网络儿童敏感个人信息处理上，一般未成年人网络安全保护公益诉讼案件因果关系的判定，需要建立在对儿童个人信息敏感度、儿童敏感个人信息源、敏感个人信息处置程度等进行科学分析和判断的基础上，通过专业的个人信息分析技术、信息传播覆盖面等进行全方位分析后才能综合判定。很明显，这已经超出法律的范畴，具有较强的科学判断色彩。这种极具专业性的科学判断，往往对案件的走向发挥着至关重要的作用。

（四）行政主管单位难确定

办理涉及未成年人网络权益保护的行政公益诉讼案件所面临的主要挑战是，如何在错综复杂的网络监管模式下，在法律法规和政策性文件相互交织的情境中，精准界定监管部门的职责。这一难点具体表现为两个方面：首先，行政机关在未成年人网络保护方面的职责和义务往往缺乏明确、具体的规定，这导致在实际操作中难以准确判断其是否履行了应尽的职责和义务；其次，涉及未成年人网络保护的相关规定往往效力层级较低，缺乏足够的法律强制力，这在一定程度上影响了监管部门有效保护未成年人网络权益的力度。

以北京铁路运输检察院处理的一起涉及未成年人在线教育的行政公益诉讼案件为例，尽管有国务院办公厅发布的《关于规范校外培训机构发展的意见》以及教育部等六部门联合下发的《关于规范校外线上培训的实施意见》等文件作为法律依据，但这些文件在行政机关行政处罚权方面的规定仍显得较为笼统。这些规定缺乏具体的执行细节和明确的操作标准，使行政机关在行使处罚权时面临一定的困难。在法律规定概括性的情况下，具体由哪个行政主管部门作出何种具体的行政处罚措施并不明确。网络售酒、售烟等情形

---

① 参见李亚菲：《检察机关提起环境行政公益诉讼的制度困境及其因应》，载《社会科学家》2020 年第 2 期。

也存在类似情况，行政主管部门涉及网信、商务、市场监管等多部门，监管时即存在行政职能交叉问题。

（五）未成年人公共利益是否受损及平台责任难界定

在未成年人网络权益保护公益诉讼案件中，一个核心议题是判断受到侵害的社会公共利益是否确实关联到未成年人的利益。当侵害行为直接作用于未成年人群体时，判断其是否造成未成年人群体利益的损害相对直接明了。然而，当侵害表现为间接性时，情况就变得复杂起来。以未成年人网络打赏为例，由于未成年人本身并不拥有财产，受损的往往是其监护人的财产权。在这种情况下，如何界定损害结果的属性成了一个具有争议的问题。有观点认为，监护人的权益与未成年人的权益应当被明确区分开来。他们认为，如果直接受到侵害的并非未成年人的自身权益，那么这类案件就不应被纳入未成年人网络权益保护公益诉讼的范畴。

在涉网未成年人民事公益诉讼案件中，如何界定“平台责任”一直是一个棘手的问题。尽管《未成年人保护法》第一百二十七条对“信息处理者”和“网络产品和服务提供者”的违法行为制定了明确的罚则，但这些规定主要侧重于行政监管的角度。对于网络平台在民事层面应负的责任，现有法律的规定仍显得不够充分。例如，在未成年人直播打赏、网游充值、通过父母账户观看不良信息等侵害未成年人网络权益的案件中，除直接侵权人外，网络平台即网络服务提供者是否应承担责任以及承担何种民事责任，仍是一个颇具争议的话题。虽然《民法典》中的相关条款对“平台责任”进行了规定，特别是第一千一百九十七条明确规定网络服务提供者在知道或者应当知道的情况下才需承担连带责任，然而，如何具体认定网络服务提供者的主观过错，在实践中仍是一个难题。尽管《最高人民法院关于审理利用信息网络侵害人身权益民事纠纷案件适用法律若干问题的规定》第九条提供了一些参考标准，但这些标准更多的是针对利用信息网络侵害人身权益的民事纠纷，而未成年人网络权益保护公益诉讼中涉及“平台责任”的案件多集中在财产权益领域，这导致了在司法实践中难以直接套用这些标准来追究网络服务提供平台的法律责任。

四、未成年人网络公益诉讼制度之完善

网络问题涉及复杂的行政监管和拥有绝对优势地位的互联网行业。未成年人在使用网络过程中，由于上文所述诸多因素没有力量也缺乏条件与网络经营主体进行对抗。同时，涉网络犯罪往往呈现出涉案人数多、地域跨度大、社会影响面广的特点，会对未成年人的身心造成较大影响；其不仅会侵害涉案未成年人的利益，还会侵害广大不特定多数未成年人的合法权益。因此，通过公益诉讼对未成年人网络权益的保护势在必行。

（一）以行政公益诉讼加强涉未成年人网络监管

加强行政部门的监管对于防范未成年人网络风险具有举足轻重的作用。在办理涉及未成年人的刑事和民事案件时，检察机关应敏锐捕捉可能威胁未成年人权益的网络公益诉讼案件线索。通过向行政机关提出诉前检察建议，检察机关可以有效推动行政机关积极履行其行政监管职责。这一做法不仅充分发挥了检察机关行政公益诉讼诉前程序的优势，还能及时制止网络侵害行为，从而最大限度地保护未成年人免受网络违法犯罪的侵害。依据《未成年人网络保护条例》第五十一条的规定，对于学校、社区、图书馆、文化馆、青少年宫等违反该条例规定，不履行未成年人网络保护职责的，教育、文化和旅游等部门应根据各自的职责范围，责令其进行改正。这意味着教育、文化和旅游等部门肩负着对学校、社区、图书馆、文化馆、青少年宫等机构的监管责任，确保它们切实履行未成年人网络保护的职责。通过加大这些部门的监管力度，我们可以为未成年人营造一个更加安全、健康的网络环境。《未成年人网络保护条例》第五十三条至第五十七条分别规定了网络产品和服务提供者以及社会大众的监管部门，即网信、新闻出版、电影、电信、公安、文化和旅游、市场监督管理、广播电视等部门分别依职权行使其监督职责。同时，《未成年人保护法》《网络安全法》《反电信网络诈骗法》等法律法规和部门规章也规定了涉未成年人网络保护的相关内容，都可以作为检察机关

提起行政公益诉讼的依据。检察机关还应积极与互联网信息管理部门、教育部门、民政部门等职能机构以及妇联、未成年人法律援助中心等人民团体和社会组织展开紧密合作，针对当前存在的涉及未成年人的网络问题，共同开展综合治理工作。通过跨部门、跨领域的协作，形成合力，更有效地解决未成年人面临的网络风险和挑战，确保他们的合法权益得到有力保障。例如，建立健全社交媒体平台的“青少年模式”审查机制，对于平台是否开发“青少年模式”、功能是否完善以及是否将“青少年模式”落于实处加强监管，定期追踪各平台“青少年模式”开发、推行情况，并采取适当惩罚措施鞭策未按规定执行的平台推行“青少年模式”，对积极推行、完善、落实“青少年模式”的平台予以一定鼓励，以促进政府与平台之间的良性循环。因此，我们既要推动行业内部切实关注未成年人的互联网运用状况，坚决避免“青少年模式”空有其表的形式主义，也要坚决防止“青少年模式”对未成年群体不完全覆盖的情形，为未成年人提供绿色、健康的网络社交环境。

（二）以民事公益诉讼督促网络服务经营者履行主体责任

首先，我们应引入专业的社会团体组织作为民事公益诉讼的主体，对互联网企业提起相关诉讼。鉴于网络技术的迅猛进步，政府的监管手段虽具有强制性，但往往难以跟上行业发展的步伐。因此，利用行业组织对其内部成员的影响力和自我约束能力显得尤为重要。尽管《未成年人保护法》目前仅明确了检察机关作为涉及未成年人公益诉讼的起诉主体，但基于最有利于未成年人的原则，我们有必要探讨并赋予与互联网行业紧密相关的社会团体及组织提起涉网未成年人民事公益诉讼的资格。例如，《网络安全法》第十一条明确规定，网络相关行业组织按照章程，加强行业自律，制定网络安全行为规范，指导会员加强网络安全保护，提高网络安全保护水平，促进行业健康发展。因此，网络相关行业组织完全具备作为民事公益诉讼起诉主体的条件和资格。2018 年 5 月 9 日，中国网络社会组织联合会正式成立，2019 年至 2023 年，该联合会陆续成立网络传播、在线教育、未成年人网络保护、直播短视频等专业委员会。该联合会现有会员单位 500 多家，涉及网络安全、网络传播、电子商务等 14 个行业领域，覆盖全国 31 个省（区、市）。2022 年 11 月，该联合会获评民政部“AAAAA 级全国性社会组织”。其专业范围包括参与网络综合治理，推动治理模式创新，建立健全网络社会组织和相关机构线上线下推行网络社会工作的机制和平台。这样的专业社会团体组织不仅具备成为民事公益诉讼起诉主体的条件，而且还可以由检察机关支持起诉。赋予这些团体组织起诉资格，实际上能够有效弥补检察机关在处理涉网未成年人案件时可能存在的网络技术专业知识不足的问题。此外，鉴于这些互联网行业相关的社会团体和组织往往汇聚了行业内知名度较高的人员，他们的参与不仅能够推动互联网平台和企业的自我反思与纠正，通过企业的自主整改来修补网络技术漏洞，还能够加强整个互联网行业的自律机制。这样一来，未成年人网络权益的保护将得以最大化，为未成年人的健康成长营造更加安全、健康的网络环境。以中国网络社会组织联合会为例，其成员单位既包括中国互联网发展基金会、中国网络空间安全协会、中国互联网协会、中国青少年新媒体协会等全国性网络协会以及各省市网络协会，也包括阿里巴巴集团、腾讯公司、百度公司、京东集团、北京抖音信息服务有限公司、北京快手科技有限公司等网络头部企业，由其提起民事公益诉讼的示范效应不言而喻。

其次，以民事公益诉讼推进技术整改。一是提升个人信息安全保护力度。以《网络安全法》《个人信息保护法》为依据，督促网络运营者履行网络安全义务，积极承担社会责任，并通过采取技术改进等必要措施来保障网络安全运行。以最高人民检察院指导案例“检例第 141 号”为例：2020 年，该涉案公司 App 平台 14 岁以下实名注册用户数量约为 7.8 万，14 岁至 18 岁实名注册用户数量约为 62 万，18 岁以下未实名注册未成年人用户数量以头像、简介、背景等基础维度模型测算约为 1000 余万。该 App 的行为致使众多儿童个人信息权益被侵犯，相关信息面临被泄露、违法使用的风险，给儿童人身、财产安全造成威胁，严重损害了社会公共利益。浙江省杭州市余杭区人民检察院依据相关法律法规，对该公司完善管理提出了具体要求。该公司表示将结合整改，完善管理制度，自愿接受网信等部门审查，并愿意公开赔礼道歉、赔偿损失，最终该案调解结案。尽管本案最终是以调解的方式结案，但被告方通过实施技术改进措施，有效地解决了未成年人个人信息泄露的突出问题，切实保护了平台上其他未成年用户的信息安全。在网络平台上，由于平台管理的疏忽，不法分子常常利用这些平台作为媒介实施侵害行为。当平台未能积极履行其管理职责，导致未成年人受害时，除了对直接侵害者主张民事权利外，公益诉讼起诉人还应积极通过提起民事公益诉讼维护未成年人的合法权益。基于网络平台的法律义务和《民法典》第一百七十九条的规定，可责令网络平台通过技术改进等手段承担运营管理空缺的民事责任。

二是禁止网络经营服务者针对未成年人进行算法推送。由于未成年人自身特点的特殊性，禁止向未成年人销售烟、酒、彩票等产品。同时，未成年人识别能力与自我控制能力较弱，容易产生冲动性消费，根据《未成年人网络保护条例》第二十四条第三款的规定，网络产品和服务提供者不得通过自动化决策方式向未成年人进行商业营销。《互联网信息服务算法推荐管理规定》第十八条规定，算法推荐服务提供者向未成年人提供服务的，应当依法履行未成年人网络保护义务，并通过开发适合未成年人使用的模式、提供适合未成年人特点的服务等方式，便利未成年人获取有益身心健康的信息。算法推荐服务提供者不得向未成年人推送可能引发未成年人模仿不安全行为和违反社会公德行为、诱导未成年人不良嗜好等可能影响未成年人身心健康的信息，不得利用算法推荐服务诱导未成年人沉迷网络。因此，当网络服务经营者发现用户是或可能是未成年人时，不能通过算法向未成年人推送商品或者服务，更不能推送禁止未成年人购买或对未成年人有着不利影响的内容。互联网平台应当采取技术措施对当前可能对未成年人基本权利造成损害或者已经造成损害的算法机制及其自动化决策加以调整、改进。

三是督促建立符合实际的未成年人网络防沉迷机制。2022 年 10 月，浙江省消费者权益保护委员会发布的《浙江省未成年人消费观现状调查报告》显示，有 61.04% 的未成年人用零花钱在电子商务平台上购物，有 37.59% 的未成年人会使用零花钱为网络游戏充值，而 26.91% 的未成年人为虚拟货币充值。尽管国家新闻出版署 2019 年发布的《关于防止未成年人沉迷网络游戏的通知》以及 2021 年发布的《关于进一步严格管理切实防止未成年人沉迷网络游戏的通知》为防止未成年人沉迷网络游戏已经采取了一系列积极措施，但游戏行业的持续蓬勃发展仍然给网络防沉迷工作带来了前所未有的挑战。因此，我们可以借助提起民事公益诉讼这一契机，推动网络服务企业积极探索并建立健全网络沉迷分级处理机制，同时构建完善的游戏类型分级制度。对于暴力类、PVP 类容易使未成年人沉迷的游戏范围进行规范，严格限制游戏时间、禁止消费，同时落实用户实名制，并且定期开启人脸验证模式，避免未成年人使用监护人账号上网并消费。

四是建立网络服务提供者强制报告制度。《未成年人保护法》第八十条第三款规定，"网络服务提供者发现用户利用其网络服务对未成年人实施违法犯罪行为的，应当立即停止向该用户提供网络服务，保存有关记录，并向公安机关报告"。《未成年人网络保护条例》第二十九条明确了网络强制报告义务。当网络服务提供者发现未成年人实际遭受网络侵害行为时，应当向公安机关及时报告并提供涉嫌犯罪者个人信息、传播或接收犯罪材料的历史记录和地理位置、实施网络侵害未成年人图片和完整的交流记录等，若违反该报告义务需承担相应的法律责任。

（三）完善网络检察公益诉讼办案规则

检察机关开展涉网络公益诉讼，必然要针对网络涉及范围广、管辖权易产生争议、取证难度大、被取证主体往往系被告、证据形式新、需要专业技术能力等特点建立符合自身规律的办案规则。

一是深入探索并建立一套符合网络案件特性的集中管辖规则体系。参考最高人民检察院指导案例"检例第 141 号"的精髓，对于涉及多个行政区划的未成年人网络保护公益诉讼案件，我们需要全面考虑案件的性质、所属领域、诉讼的便利性以及整改的有效性等因素，从而精准确定管辖机关。这类涉网络案件往往呈现出企业注册地、主要营业地、服务覆盖地、侵权行为地以及侵害结果地相互分离的特点。因此，检察机关在处理未成年人网络保护公益诉讼案件时，若案件涉及多个行政区划且多个检察院均具有管辖权，应当逐级上报至共同的上级检察院进行指定管辖。通常情况下，侵害结果发生地的检察机关应负责管辖。对于行政公益诉讼案件，则一般应由企业注册地的检察机关进行管辖，以便于行政监管的有效实施。

二是建立有区别的举证责任分配规则。检察机关应该对网络用户实施的一般侵害公益行为提起诉讼并承担充分的举证责任。这是因为，检察机关作为提起诉讼的一方，有责任提供足够的证据来证明被告实施了侵害公益的行为。然而，对于平台等网络服务提供者侵害公民个人信息的案件，因其行为具有隐蔽性、技术性特点以及网络企业的垄断地位，应当仿照劳动争议等模式采用举证责任倒置，即由被告举证证明自己没有实施网络侵害行为以及行为与结果之间没有因果关系。这是因为，平台等网络服务提供者通常具有更强的技术能力和专业背景，其能够更好地提供证据来证明自己的行为是否合法合规，采用举证责任倒置模式能平衡原、被告双方的权利和责任，确保案件的公正和公平。同时，这也提醒平台等网络服务提供者要严格遵守相关法律法规，加强自身的管理和监督，避免出现侵害公民个人信息的行为。

三是构筑多元化调查核实方式，提升调查核实的技术性。从整个未成年人网络安全保护领域公益诉讼来看，检察机关也应当在整个调查核实中处于主导地位，从司法成本和工作效率的角度出发，仅仅依靠一方进行调查研究会延缓诉讼效率，因此需要导入多元化调查核实方式。主要的调查核实方式有以下三种：其一，检察机关自行调查核实。这是最常规的调查核实方式，基本要求是检察机关工作人员全程参与、全面参与调查核实各方面工作。在这种方式下，第三方参与者较少，优势在于调查核实主体参与度高、亲历性强，有助于检察人员全面掌握案情，为后续审查起诉奠定基础。其二，委托第三方调查核实。如前文所述，在未成年人网络安全保护领域中，网络的强技术性、代码的专业性使检察机关无法独立完成相关事实的调查核实工作，需要委托专业鉴定机构介入。专业机构根据专业知识、设备等进行分析后出具相应的专业意见。现在鉴定机构对于电子数据的分析已经逐步开展针对购物、交友、视频网站大数据分析的商务应用，该应用也可适用于检察机关的公益诉讼调查取证以及数据分析，为其提供参考。其三，申请法院调查核实。

这主要体现在申请法院财产保全、证据保全等收集固定方面，通过与法院协力合作，形成案件协作链条，提升整体调查核实的工作合力。

（四）探索大数据未成年人网络公益保护治理模型

公益诉讼工作的制度建设需要顶层设计，如实体规则、程序规则、证据规则、监督规则的补充和完善。检察机关作为公益诉讼工作的主体，应当充分运用智能化、信息化、科技化的大数据手段，强化与行政机关、社会组织、其他司法机关的联动，不断拓宽案件线索来源和证据准确性，在具体应用中要紧紧围绕线索发现、证据收集以及长效长治等重要节点精心设计运用场景。

一是归集关键词检索应用场景，构建公益保护线索库。充分整合检察机关“12309”举报平台与公安机关、网信、电信、新闻出版、广播电视等部门平台资源，利用网络监管机关的执法数据以及新闻传播部门的网络舆情信息统一搜集传导到各自平台的便利，突出“未成年人”“网络保护”等关键词的检索应用场景开发，搭建数字检察监督融通协作系统，即检察机关可以通过该系统实现信息共享、个案分析、发案规律梳理、数据比对、线索研判等设置和运用，促进案件线索的及时发现和统一搜集。办案人员可以通过数字监督系统关键词提取和预警机制发现案件线索进行人工核实，找出确实存在的案件线索开展工作。一线办案人员对系统的使用反馈和不断丰富的实践需求可以帮助不断改进完善平台功能、优化更新系统，从而更好地推动办案。

二是注重数据互联互通，分析研判助力精准监督。实践中，社会管理存在的问题往往不是个案问题，也不只是某一区域的特殊问题，而是具有普遍性的问题。因此，可探索建立涉未成年人公益诉讼监督数据分析系统，推动公益诉讼与刑事诉讼、民事诉讼、行政诉讼的融合联动和数据共享。针对个案反映出的问题进行发案区域、发案期间、处置情况、执行结果等数据关联分析、综合研判，对未成年人网络侵害频发现象自动预警并进行检索分析，实现网络保护公益诉讼成案的智能识别辅助。比如，在办理未成年人参与的电信网络诈骗案中，如果发现存在个人信息泄露、银行转账漏洞、高校就业漏洞等问题，应启动公益诉讼程序，分别向电信、网监、高校、就业等部门发出检察建议，督促堵塞漏洞、完善管理机制。

三是智能化支撑，强化个案监督向专项治理延伸。在案件办理过程中，需要了解网络空间未成年人的合法权益损害情况、社会监管漏洞和薄弱环节，而网络平台和网络监管部门掌握的信息更为全面和具体，因此要运用大数据加强与网络企业、网络监管部门的联动协作，同时运用高拍仪、实时反馈、GPS 定位系统等科技设备，充分发挥技术证据的独特作用。此外，可以完善专家智库网络，吸收互联网管理、未成年人保护等领域专家，通过公开听证、综合评估等方式，进行损害论证、原因分析、整改可行性探讨等，帮助司法机关更加精准识别问题。对案件中反映出的突出、系统、普遍性问题，检察机关除了通过检察建议督促整改外，还可以通过上报党委、人大、政协等部门争取支持，促进相应行业、领域形成长效长治机制。

论降低刑事责任年龄的逻辑假定与司法困境*

李学良**

内容提要 是否降低刑事责任年龄的争论中预设了存在最低刑事责任年龄这个前提。支持降低刑事责任年龄的观点在实体和程序上都面临无法回避的问题，混淆了行为是否不法与行为人是否承担责任之间的逻辑关系，这种误解很大程度上源自四要件思维的判定惯性，需要落实犯罪认定中的阶层逻辑。未成年人犯罪案件前置性的司法机关如检察院、公安机关等在程序上将法院的审判职能消解，大部分未成年人案件未能进入法院便得到解决，这在一定程度上固化了未成年人犯罪不会触犯刑法的观念。《刑法修正案（十一）》采纳降低刑事责任年龄的立场，迎合了民众惩治严重未成年人犯罪的立法诉求，但通过事实性提级抗诉的程序要件和限定不法行为为严重故意杀人或伤害行为的实体要件，使该条适用的范围极其有限，很可能造成与立法初衷相悖的结果。

关键词 刑事责任年龄　受刑年龄　《刑法修正案（十一）》　程序限制　实体限制

---

* 本文系中国青少年研究会科研基金资助项目“直播节目中未成年人打赏行为的法律效果研究”（项目批准号：2023B11）阶段性成果。

** 李学良，南京信息工程大学法政学院助理研究员。研究方向：刑法。

一、问题的提出

近年来，媒体聚焦报道未满14周岁未成年人实施严重侵害他人人身安全的事件，尤其是当被害人亦为未满14周岁未成年人时，极大激起了民众希望用刑法惩治此类不法行为人的诉求。这种惩治的需求很大程度上是因为未满14周岁的未成年人所实施的行为，在一般人看来实属犯罪的行为，司法机关却对之“放任不管”，尽管他们实施了有害于他人的行为，却并未面临法律的制裁，这违背了民众的朴素正义感。从道德评价上他们的所作所为是错的，但却没有相应的制度或措施对其施以制裁，这种现实的无奈使降低最低刑事责任年龄的呼声得到了立法者的支持。《刑法修正案（十一）》修改了2017年《刑法》第十七条，增加“已满十二周岁不满十四周岁的人，犯故意杀人、故意伤害罪，致人死亡或者以特别残忍手段致人重伤造成严重残疾，情节恶劣，经最高人民检察院核准追诉的，应当负刑事责任”，将刑事责任年龄下调2岁却仍然无法规制未满12周岁未成年人实施的严重侵害他人人身权益的行为，也无法对该年龄段行为人实施的抢劫、强奸等严重暴力行为给予制裁，[①] 而程序上需要报请最高人民检察院核准的要求也极大限制了该条款的适用。这些来自程序和实体上的限制反映了在是否降低刑事责任年龄这件事上不同观点之间的剧烈交锋，刑法修正案中的具体规定显然是两方观点相互妥协之后的结果。

将刑事责任年龄下调得到立法肯定看似是降低刑事责任年龄的支持者取得了胜利，但程序上与实体上的限制使该胜利很可能有名无实。其实，在是否降低刑事责任年龄的讨论之中，降低刑事责任年龄的支持者和反对者均在未审视现行《刑法》是否规定了最低刑事责任年龄这一事实的情况下便展开了相关讨论。前提要件的错误尽管未必使相关的讨论失去意义，但却使后续讨论失真。基于对该前提的反思，立足于《刑法修正案（十一）》的具体规

---

① 参见《2名未成年男生殴打侵犯11岁女孩　其中一人因未满14周岁被释放》，载闽南网2023年3月20日，http://www.mnw.cn/edu/news/2758925.html。

定，认为降低刑事责任年龄的讨论可能是一个伪命题，真正需要的是建构符合预防和应对未成年人触法行为的有效机制。

二、降低刑事责任年龄的假定前提

不论是肯定还是否定降低刑事责任年龄都潜在地认同这样一种观点：2017 年《刑法》关于刑事责任年龄的规定存在最低刑事责任年龄且该年龄为 14 周岁。[①] 但 2017 年《刑法》条文中并未设置“最低刑事责任为……”或“未满 × 周岁，不负刑事责任”的具体表述，《刑法》第十七条中规定的有关 16 周岁/14 周岁/12 周岁承担刑事责任的表述只是正面肯定此年龄段的未成年人应当负刑事责任，且承担刑事责任的方式为刑罚，对未满 14 周岁的未成年人而言，他们可能负法律责任却不需要承担以刑罚为后果的刑事责任，但这并不意味着他们不承担刑事责任，更不表明 12 周岁为最低刑事责任年龄。

与德日刑法典中直接规定最低刑事责任年龄的方式不同，我国刑法条文中并未直接规定最低刑事责任年龄。《德国刑法典》第十九条关于孩童及其罪责能力条款规定为，“行为时未满 14 岁者，无罪责能力”[②]。此处的罪责能力指的是刑事责任承担能力即受刑能力，并非否定未满 14 周岁者所实施的符合刑法构成要件的行为不具有违法性。因为孩子们的这些行为，并不会动摇成年人的基本法律意识，并且因为对孩子们判处刑事惩罚在特别预防的意义上是犯忌讳的，因此立法者正确地排除这种责任。[③] 与《德国刑法典》规定略有不同，《日本刑法典》在第四十一条责任年龄条款中规定，“不满十四岁的人的行为，不处罚”[④]。此处“不处罚”应理解为不施加任何处罚，但考虑到日本同样存在少年司法体系，“不处罚”在效果上被限定为不被施加刑事处罚。《日本刑法典》第四十一条否定了未满 14 岁的年少者的责任能力，是基

---

① 2020 年 12 月 26 日《刑法修正案（十一）》通过前，相关论者认为最低刑事责任年龄为 14 周岁。

② 《德国刑法典》，李圣杰、潘怡宏编译，台北，元照出版有限公司 2019 年版，第 28 页。

③ 参见［德］克劳斯·罗克辛：《德国刑法学总论》（第 1 卷），王世洲译，法律出版社 2005 年版，第 598 页。

④ 《日本刑法典》（第 2 版），张明楷译，法律出版社 2006 年版，第 21 页。

于刑事政策的理由，即对于这些年少者来说，即便是从预防犯罪这一刑法目的的见地出发，抑制处罚也是妥当的。[①] 考虑到行为人因为年少缺乏足够的是非辨别能力，但主要还是基于一种政策性判断，即对富于可塑性的少年不适于科以刑罚。[②] 德日刑法典尽管在具体表述上存在差异，但其条文实质旨趣却是一致的，即未满 14 周岁者不具有罪责能力，不对其施加刑罚制裁。

我国刑法并未作出与德日刑法典相似的规定，但在此前的立法草案中曾有相似的规定。1957 年 6 月，我国刑法草案第 22 稿曾采用了“不满 13 周岁的人，不论实施任何危害社会的行为，都不负刑事责任。已满 13 岁不满 15 岁的人，犯杀人、重伤、放火、严重偷窃罪或者严重破坏交通罪，应当负刑事责任；犯其他罪，不负刑事责任。已满 15 岁的人犯罪的，应当负刑事责任。已满 13 岁不满 18 岁的人犯罪，从轻或者减轻处罚；因不满 15 岁不处罚的，责令他的家属或者监护人加以管教”[③] 的规定。该规定中“不负刑事责任”的表述与“无罪责能力”实质内涵是一致的；“因不满 15 岁不处罚的……”在效果上与日本刑法典规定的“不处罚”也并无实质性差异。而且由于刑法草案同时规定“不负刑事责任”与“因不满 15 岁不处罚的……”呈现前后呼应，使刑法文义被严格限定，表明未满 15 周岁的主体既不需要承担刑事责任，也不会遭受法律尤其是刑罚的制裁。1963 年 10 月 9 日的刑法草案第 33 稿尽管对具体年龄作出修改，如将 13 周岁改为 14 周岁，将 15 周岁提高至 16 周岁，具体表述方式上增加了“在必要的时候，也可以由政府收容教养”的规定，但这种制裁并不是刑罚而是具有保安处分性质的收容教养。该修改使家长管教不严或引起公愤的实施犯罪的未成年人需要承担一定程度的法律制裁。与此同时，这一修订也在一定程度上限缩了“不处罚的”内涵，其应当被理解为“不给予刑事处罚的”。如此一来，我国此前刑法草案与德日

---

① 参见［日］山口厚：《刑法总论》（第 2 版），付立庆译，中国人民大学出版社 2011 年版，第 256 页。

② 参见［日］西田典之：《日本刑法总论》（第 2 版），王昭武、刘明祥译，法律出版社 2013 年版，第 251 页。

③ 高铭暄：《中华人民共和国刑法的孕育诞生和发展完善》，北京大学出版社 2012 年版，第 23 页。

刑法典中的具体规定一致，存在最低刑事责任年龄，该年龄为 13 周岁或 14 周岁。

但 1979 年制定《刑法》时其第十四条将“不负刑事责任”的表述删除，即“不满十四周岁的人，不论实施任何危害社会的行为，都不负刑事责任”和“犯其他罪，不负刑事责任”的表述只留在历史文献中，却未被《刑法》所采纳。该项立法删除在结果上形成两种可能的解释方案：其一，立法者认为即便删除此表述也不会影响刑法规定了最低刑事责任年龄的结果，众多的讨论也是在此面向上展开的；其二，删除该表述意味着立法者认为刑法不应规定最低刑事责任，便于刑法灵活应对低年龄严重犯罪者。后一种解释面向尽管与主流观点大相径庭，但却更符合立法修订的一贯做法。即便在较弱的意义上肯定被删除的表述具有一种表达功能，那么当该表述被删除时，其所要表达的意义也会遭到减损。但这种减损表现在刑法是否存在最低刑事责任年龄这件事上尤为重要。

1979 年《刑法》刑事责任年龄条款中的限制性要素只保留了“因不满十六岁不处罚的……”规定，但仅凭该规定并无法得出该《刑法》规定了最低刑事责任年龄且最低刑事责任年龄为 14 周岁的结论。或许有论者认为此规定与《日本刑法典》的规定具有内在一致性，其实不然。中日刑法条文表述存在细微差异，“因不满十六岁不处罚的……”与“不满十四岁的人的行为，不处罚”，后者是一个肯定的陈述句式，而前者是一个条件句式且存在较大的解释空间：（1）已满 14 周岁未满 16 周岁者实施刑法条文列举的行为，由于存在特殊情况而不给予刑事处罚的；（2）已满 14 周岁不满 16 周岁的人实施刑法条文列举的其他犯罪行为，未给予刑事处罚的；（3）未满 14 周岁的人实施的任何危害社会的行为，未给予刑事处罚的。刑事责任年龄条款中“应当承担刑事责任”这一肯定式的表述，亦可以认为是法律的应然状态，如同所有犯罪的人都应当承担刑事责任一般，仅具有形式意义并无限定表达的功能，只是提醒司法者不要放纵实施严重不法行为的未成年者。不能由此得出，已满 14 周岁未满 16 周岁者实施其他犯罪行为不负刑事责任的结论。

1997 年《刑法》沿袭了 1979 年《刑法》的规定，具体表述上除对具体行为作出修订外，该法在第十七条第四款将 1979 年《刑法》第十四条第四款的表述修订为“因不满十六周岁不予刑事处罚的……”增加“刑事”二字限缩了法律后果的范围，为其他法律法规制裁不满 16 周岁者实施不法行为释放了管制空间。但这并未改变刑法未设置最低刑事责任年龄的事实。“因不满十六周岁不予刑事处罚的，责令……”此处使用的是“不予刑事处罚”，而不是“不构成犯罪”。这意味着，刑法先评价了未成年人的行为，认为未满 14 周岁者杀人是犯罪行为，只是缺乏受刑能力，不予刑事处罚。① 正是在这个意义上，2020 年《刑法修正案（十一）》对刑事责任年龄条款的修订只是增加了一款“已满十二周岁不满十四周岁的人，犯故意杀人、故意伤害罪，致人死亡或者以特别残忍手段致人重伤造成严重残疾，情节恶劣，经最高人民检察院核准追诉的，应当负刑事责任”的规定，意在表明，应当对该年龄段主体实施的严重危及人身生命安全法益或身体健康法益的行为，施加刑事处罚。

现行刑法意图通过以“年龄 + 行为”的方式限制不同年龄段所应承担的刑法后果，但是由于文字的局限以及立法技术上的选择使这种限制方式并未形成一个“漏斗式”的规制框架。质言之，从刑事责任年龄条款的具体规定中我们并不能得出已满 14 周岁未满 16 周岁者以及已满 12 周岁未满 14 周岁者实施《刑法》第十七条列举行为以外的其他不法行为，造成（严重）法益侵害的，不应当承担刑事责任的结论；更无法得出未满 12 周岁为我国刑法规定的最低刑事责任年龄，该年龄段主体实施的任何危害法益的行为均不受刑法评价。我国现行《刑法》第十七条第四款规定对未成年人可以收容教养，这也是一种法律责任，但刑法没有规定最低刑事责任年龄。②

否定刑法存在最低刑事责任年龄的论断很大程度上源于现行刑法的规定未区分受刑能力与行为能力，其概括式的条文模糊了两种能力所具有的不同功能。德日刑法典中肯定未成年人行为能力的同时否定了他们的受刑能力，

---

① 参见高艳东：《未成年人责任年龄降低论：刑事责任能力两分说》，载《西南政法大学学报》2020 年第 4 期。

② 参见高艳东：《未成年人责任年龄降低论：刑事责任能力两分说》，载《西南政法大学学报》2020 年第 4 期。

因而不能对其施加刑罚制裁。我国刑法不区分两种能力的后果容易使人形成一种错误的认知：未达一定年龄者所实施的任何不法行为都不是犯罪行为，不受刑罚制裁。但行为能力是一回事，受刑能力是另一回事，两者不能混同。前者作为一个事实性概念得到现实诸多案件的印证，但并不能由此认为凡是具有行为能力者均需要承担刑事责任；后者是一个规范性评价的问题，基于不同的政策性需要可以认为不同群体所具有的受刑能力是不同，因此对于部分未成年人、精神病患者不施加刑事制裁才是正当的。基于此，我国现行刑法中所规定的刑事责任年龄条款实则是受刑能力条款，已满 16 周岁者具备完整的受刑能力，未满 12 周岁者不具备受刑能力，那么在这个意义上 12 周岁为最低承担刑事责任的年龄。

否定最低刑事责任年龄可能面临的最大质疑来自罪刑法定原则。依据该原则，“法律没有明文规定为犯罪行为的，不得定罪处刑”。换言之，在法律未规定未满 12 周岁者、已满 12 周岁未满 14 周岁者以及已满 14 周岁未满 16 周岁者实施刑法条文列举行为以外的其他不法行为需要承担刑事责任的情况下，便不能对该年龄段主体实施的犯罪行为施加刑事制裁。这应该也是众多论者对刑法存在最低刑事责任年龄这一前提未加质疑的重要理由。但是，罪刑法定原则限制的是不法行为类型上的创造，主要在于防范司法擅断，其并未对行为主体作出限定，只要该行为主体实施的不法行为满足了具体罪名的构成要件符合性，其所施加的行为便是犯罪行为，至于是否需要承担刑事责任则是另一回事。因此，即便认同最低刑事责任年龄存在的论断不是完全错误，但也至少错了一半。在行为能力的意义上，刑法并未规定最低刑事责任年龄，最低刑事责任年龄至多被理解为承担刑事责任的最低年龄。

三、程序上的质疑：法院应是判定罪责有无的直接机关

认为未成年人所实施的侵害法益行为不是犯罪的观念，与在该年龄段群体所实施不法行为未承担法律后果存在直接关系。正是由于在结果层面上未成年人未遭受任何实质性惩治，以至于形成这样一种假象：他们所实施的行为不受法律制裁，10 周岁的儿童即便杀人也不会触发刑法的制裁程序（他们

即使故意杀人也不会受到法律的制裁）。这一误解在一定程度上源于未成年人案件中法官的职能被前置司法机关消解，也在一定程度上受制于要素整合式的犯罪认定思维。

（一）四要件观念的出罪优势结出“恶果”

我国刑法理论即传统刑法理论源自苏联刑法理论，其在犯罪论结构上采用了“客体、客观方面、主体、主观方面”的四要件体系，该体系是“耦合式的逻辑关系”,[①] 它体现了一种“要素集合”[②]，只反映定罪的规格而不反映定罪的过程。[③] 四要件体系的要素整合式犯罪认定思维，在出罪面向上具有优势，当四个要件之一的任一要素缺失时便可以直接得出不构成犯罪的结论。也正是此出罪优势使排除犯罪构成的判定过于简单，混淆了行为不法与责任不法，使是否构成犯罪与是否承担刑事责任在判断上重合。但犯罪的实体是不法与责任，与之相适应，作为犯罪的成立条件就必须有表明不法的要件与表明责任的要素。[④] 四要件体系不区分不法与责任造成这样一种后果：不论行为人是由于责任阻却还是违法阻却，所得到的刑法评价却是一致的。不法与责任显然属于完全不同的构成要件要素，“违法性与责任各自立于不同的政策原理，违法性立足于法益保护主义的原理，责任是基于责任主义的原理”[⑤]。

四要件模式出罪判断上的天然优势，即缺失一个要件便会得出不构成犯罪的结论，忽视了不法与责任的功能性差异，在民众心中形成一种困惑，民众会认为，事实上造成法益损害的行为，却不会被刑法认定为受到禁止的行为。未成年人实施严重侵害他人法益的行为，却不受刑法制裁，并不是由于其责任能力不足，而是未成年人这一特殊主体所实施的行为在刑法评价上是

---

① 参见陈兴良：《刑法哲学》，中国人民大学出版社 2015 年版，第 714 - 716 页。

② 参见车浩：《体系化与功能主义：当代阶层犯罪理论的两个实践优势》，载《清华法学》2017 年第 5 期。

③ 参见付立庆：《刑法总论》，法律出版社 2020 年版，第 109 页。

④ 参见张明楷：《刑法学》（第 5 版），法律出版社 2016 年版，第 104 页。

⑤ ［日］山口厚：《刑法总论》（第 2 版），付立庆译，中国人民大学出版社 2011 年版，第 24 页。

不受禁止的。质言之，在一定意义上未成年人实施严重侵害他人法益的行为，会被误解为不是犯罪行为，10 周岁未成年人杀人也并不会触犯刑法。这种错误的观念不仅主导了普通民众的认知，也被司法者所认可。正是在这种观念的误导下，不断有论者提出降低刑事责任年龄的提议，以便将未满 14 周岁的未成年人纳入刑法的规制范围。

但是否构成犯罪是一回事，是否承担刑事责任是另外一回事。在四要件犯罪构成要件理论中，刑事责任年龄在“犯罪主体”部分论述，在三阶层犯罪构成要件理论中，刑事责任年龄则在“有责性”部分论述。[①] 论述顺序位置的安排所表达的是对不同要件功能的展示，它对于如何判断具体主体所实施的行为是否需要刑法规制极其重要。将刑事责任年龄作为犯罪主体的一部分而进行的讨论，使行为主体被年龄要素划分为成年人与未成年人，而这一划分的结果却体现为责任承担上有无或大小的差异。但成年人未必比未成年人主观上更恶，罪责大小应当由故意、过失、违法性认识等责任因素确定。质言之，刑事责任年龄应当作为责任要素被纳入犯罪构成要件之中被讨论，它是一个相对主观性的要素。未成年人实施的符合刑法构成要件的行为，并不会因为行为主体年龄要素的出现而产生不符合的结果。因为，不法的判断必须是客观的。

在四要件观念下将刑事责任年龄视为一个客观的评价要素，缺少该要素的不法行为无论如何都难以成立刑法条文规定的犯罪。《刑法》分则条款的罪状表述中从未将年龄作为客观的构成要件要素，年龄要素始终在《刑法》总则中出现以彰显它作为一项客观存在的尺度。但刑事责任年龄的这种客观性是相对于行为主体的客观存在而言的，它以不可反驳的姿态表明该类主体在主观认知上的欠缺。换言之，刑事责任年龄对于具体行为人是客观存在的，但在具体案件中需要作为判断行为主体罪责能力的要素存在，此时其已经成为一个主观的评价要素。

综上所述，在未成年人犯罪案件中，以行为主体未达法定年龄为由拒绝

---

① 参见王恩海：《应毫不犹豫降低刑事责任年龄》，载《青少年犯罪问题》2020 年第 2 期。

立案、起诉而得出无罪的结论，是以客观要素判断替代主观要素的判断。其结果看似符合法律规定，实则颠倒了客观评价与主观评价，混淆了行为不法与责任不法。在四要件观念下刑事责任年龄作为一项出罪要素将大量未成年人实施的符合构成要件的行为排除刑法的规制圈，得到意料之外的结果：未成年人实施的符合构成要件的行为不受刑法制裁，他们所实施的行为被认定是不违法的。显然，这样的判断逻辑是错误的，这种错误并不是支持三阶层理论所得出的，而是四要件观念本身的逻辑“恶果”，只不过在三阶层理论的判断中可以纠正这一逻辑上的错误。以三阶层理论为视角则会将未成年人（行为主体）与不法行为作出区分，在评价结果上未成年人尽管无罪，但其所实施的行为却是符合构成要件的不法行为，应当予以禁止。

（二）未成年人案件中法院审判职能被消解

将刑事责任年龄视为犯罪主体要件优先考量的决定中，作为前置于法院的公安机关和检察院消解了法院作为审判机关的职能。这种现象的出现主要是由于以下两方面的原因造成的。一方面，源自四要件观念在出罪功能的优势上：既然犯罪主体是未成年人，该群体不会受到刑法的制裁，后续的司法程序（审判）没有实质意义，可以由前置机关径直予以决断，从而使其为审判程序所排除。但这一排除不仅使其免除了遭受法律制裁的可能，也可能使其失去司法程序的救济。另一方面，法院、检察院和公安机关职能划分上的“流水线模式”，最终使法院成为前置司法机关活动合法性的形式审查机关，降低了法院在司法活动中的地位，背离了以审判为中心的旨趣。前置机关在未成年人犯罪案件中具有很大的决定权，其以不符合法定年龄为由可以作出不立案、不起诉的决定，而法院在未成年人犯罪案件中的形象被忽略。有学者论述道：“真正决定中国犯罪嫌疑人和被告人命运的程序不是审判，而是侦查。”①

定罪量刑或有罪与无罪应当由各级人民法院作出最后的决断，其他机关

---

① 孙长永：《侦查程序与人权——比较法考察》，中国方正出版社2000年版，第5页。

不具有此项权能。依据《宪法》规定，人民法院是“国家的审判机关”，“依照法律规定独立行使审判权，不受行政机关、社会团体和个人的干涉”。法院作为审判机关的宪法定位，表达的是“审判的性质是对侦控机关活动进行司法审查，为被追诉人提供司法保障；与其说审判是一种权力，不如说是被追诉人要求公正审判的权利”[①]。在未成年人犯罪案件中，前置机关将未成年人排除刑事审判程序便阻断了法院对侦控机关的司法审查，也无法在程序上保障涉事未成年人的合法权利。以未成年人不满足犯罪主体要件而将其排除刑事审判程序，看似对其是有利的，也正是基于这样的考量他们进入刑事审判程序的权利被剥夺了，与此同时，刑事审判程序为其所提供的司法救济也被消解。此外，作为受害人一方的正当权利被司法机关忽视，正义的天平倒向了作恶者。

问题的真正关键是法院职能地位的降低，违背了“以审判为中心”的基本法理。“以审判为中心”实质上是“以审判活动为中心”。[②] 审判活动是包括侦查活动、起诉活动、辩护活动、裁判执行活动在内的诸项诉讼活动，以未成年人不满足犯罪主体要件为由不立案的决定使其完全在刑事审判活动之外，放任对涉事未成年人的管制，造成了此类主体所实施的行为不受法律制裁的事实。法律的权威性受到质疑，不利于法规范意识的树立。正如反对论者所言，公安机关处理儿童的危害行为，也是刑法评价。[③] 但不立案甚至不记录案件的处理结果都很难被评价为“处理”，更不用说是刑法评价。更何况公安机关、检察院、法院各自职权有着明确的宪法定位，侦查机关、起诉机关、审判机关在各自职能上应当依照法律规定行使权力，不宜也不能超越本机关职能范围行使职权。将严重侵害他人法益的未成年犯罪人以不满足犯罪主体要件为由排除刑事审判程序，从程序上剥夺了法院作为审判机关判定该未成

① 闵春雷：《以审判为中心：内涵解读及实现路径》，载《法律科学（西北政法大学学报）》2015 年第 3 期。

② 参见顾永忠：《一场未完成的讨论：关于“以审判为中心”的几个问题》，载《法治研究》2020 年第 1 期。

③ 参见高艳东：《未成年人责任年龄降低论：刑事责任能力两分说》，载《西南政法大学学报》2020 年第 4 期。

年人是否有罪以及是否需要承担责任的职能。

（三）修正案中程序性限制存在弊端

《刑法修正案（十一）》第一条修正刑事责任年龄条款，增加“已满十二周岁不满十四周岁的人，犯故意杀人、故意伤害罪，致人死亡或者以特别残忍手段致人重伤造成严重残疾，情节恶劣，经最高人民检察院核准追诉的，应当负刑事责任”的规定。该项修正使追溯已满 12 周岁未满 14 周岁的未成年人时需要最高人民检察院核准，此项设计的初衷在于以一项程序性限制最大限度地减少对未成年人实施刑事制裁。这意味着该项程序性限制的逻辑，内含了立法机关从本意上并不想降低刑事责任年龄的意图。由最高人民检察院而不是省级人民检察院或上级人民检察院作出核准，也表明立法机关对此年龄段主体进入刑事审判程序的审慎态度。此外，最高人民检察院核准尽管是书面审查，但却并非形式审查，需要对案件是否需要追诉作实质性审查，这也意味着具体案件在审判之前已经上达最高级别的起诉机关，事实上可能减损具体案件中被告人的上诉权。而且，经过最高人民检察院核准的起诉文书对于并非处于同一级别的审判机关而言，可能迫于上级机关的压力而更倾向于作出有罪判决和刑罚较重的判决，事实上这也降低了法院在庭审活动中的具体职能，违反了“以审判为中心”的基本旨趣。

降低刑事责任年龄的同时附加程序性限制，意图从实体与程序两个方面最大限度地降低追诉不满 14 周岁未成年犯罪人的可能。但由于最高人民检察院并非具体办理案件的机关，其只能以书面审查的形式作出是否核准的决定，而书面审查难免出现疏漏，或许会造成部分应当起诉的案件不被起诉。而且，最高人民检察院核准的程序性设置也会使下级检察机关滋生应付案件的心理，将是否起诉的责任抛给最高人民检察院，自己则放弃对具体案件的审慎查证。此外，一旦出现冤假错案时，由于是经过最高人民检察院核准的起诉案件，被告人再次翻案的可能性几乎为零。因此，程序性限制要素尽管是出于认真对待涉事未成年人权利的初衷而设定，但由最高人民检察院核准却可能存在诸多的弊端，或许由受理案件检察机关的上级检察院作为核准单位，在程序上更为适宜。

四、实体上的困惑：限定规制范围难以实现立法目的

《刑法修正案（十一）》尽管采纳了降低刑事责任年龄的做法，但对于未满 14 周岁未成年人的刑事审判程序却设置了程序与实体两个方面的限制，该做法反映了立法者在是否降低刑事责任年龄上的审慎态度。然而，程序上由最高人民检察院核准可能存在诸多的不利后果，实体上限定犯罪行为类型和有限降低年龄也无法达到立法预期的效果，很可能使被修正的条文本身成为具文。

《刑法修正案（十一）》增加的刑事责任年龄条款中明确已满 12 周岁未满 14 周岁的未成年人实施情节恶劣且后果严重的故意杀人或故意伤害行为满足犯罪主体要件。该项修正从年龄要素来看，最低刑事责任年龄变更为 12 周岁，即便将该年龄理解为承担刑事责任的最低年龄，其所达成的效果也着实有限。从已有案件看，12 周岁并非实施犯罪的行为能力年龄界限，例如，2015 年，湖南省邵阳市一名女教师被人杀死并藏尸于床底，而杀死她的 3 名少年中年龄最小的只有 11 岁；① 2016 年，杭州市一名 11 岁男孩，因被指偷钱，残忍杀死指认者并藏尸于阳台。② 基于对降低刑事责任年龄审慎的态度而有限下调刑事责任年龄的做法本身是值得肯定的，但有限下调难以实现所欲达成的规制效果，而且还会传递出不好的信号——未在规制年龄之内的未成年人实施严重侵害他人权益的行为将不会受到刑法的制裁。

立法通过拟制的方式将承担刑事责任的年龄界定于某一年龄或某一年龄段，需要综合考虑多种因素，“刑事责任年龄的规定不仅仅是年龄的问题，也是社会对仍在成长的监护阶段的未成年人一种宽容和仁慈的反映”③。随着社

---

① 参见《邵阳 3 未成年学生劫杀女教师》，载新京报客户端 2015 年 10 月 21 日，https：//www. bjnews. com. cn/detail/155149743114852. html。

② 参见《11 岁少年残忍杀害 7 岁男孩，只因男孩说这句话》，载搜狐网 2016 年 11 月 28 日，https：//www. sohu. com/a/120104926_ 355940。

③ 李玫瑾：《从刑事责任年龄之争反思刑事责任能力判断根据——由大连少年恶性案件引发的思考》，载《中国青年社会科学》2020 年第 1 期。

会文明的不断演进，对未成年人应当更加宽容与仁慈，而在这个意义上应当提高刑事责任年龄而不是降低刑事责任年龄。但宽中应当有严，该严则严，处罚轻重适宜，应符合罪责刑相适应的原则。[①] 这也意味着，刑事责任年龄并非一成不变，应当根据社会状况和未成年人的能力水平始终处于调整变化之中。[②] 原本《刑法》选择 14 周岁作为临界点，绝非基于科学上的检测，甚至并非经验上的结果，而是立法的一种强制性规定。[③] 这决定了作为法律拟制的刑事责任年龄并不意味着在事实层面上否定未满一定年龄的未成年人会实施严重侵害他人法益的行为。但我国《刑法》中的刑事责任年龄是一种不可反驳的法律推定，法律不允许控辩双方提出相反证据质疑推定的结论，这也使刑事责任年龄制度成为绝对的刚性规范，司法机关无法通过寻求例外的方式来适应个案的具体情况。[④] 作为一项不可反驳的刑事责任年龄界限，难免与社会现实情况出现分离。这种立法的刚性设定与司法的现实需求之间出现的难以弥补的矛盾，使修改立法降低刑事责任年龄以应对未满 14 周岁未成年人实施的严重侵害他人权益的行为成为可能。从刑事立法上来讲，针对未成年人的个别特殊情况制定标准，在立法技术上是困难的也是必要的。[⑤] 这也决定了以一个刚性的平均年龄为尺度去评价不同状况下不同年龄段实施严重犯罪的具体未成年人未必是正确的。

立法降低最低刑事责任年龄的动因很大程度上源于社会中发生了个别低年龄未成年人实施严重犯罪却并未遭受制裁的现实，而民众却表现出降低刑事责任年龄的积极立法需求以有效规制低年龄犯罪者。但是，宏观上的“犯

---

① 参见马克昌：《“宽严相济”刑事政策与刑罚立法的完善》，载《法商研究》2007 年第 1 期。

② 参见高雅楠：《未成年人能力发展理论中的最低刑事责任年龄》，载《中国青年研究》2020 年第 9 期。

③ 参见崔志伟：《保护与惩治之间：未成年人犯罪刑事政策的争议焦点与类型区分》，载《青少年犯罪问题》2018 年第 1 期。

④ 参见韩康、蔡栩：《刑事责任年龄制度弹性立法模式之提倡——以法律推定准确性为标准展开的论证》，载《犯罪研究》2020 年第 5 期。

⑤ 参见曾粤兴、高正旭：《“恶意补足年龄”规则引入论之反思》，载《河北工业大学学报（社会科学版）》2020 年第 2 期。

罪低龄化”问题实际上是一个假命题。[①] 权威统计数据并不支持未成年人触法案件数量增加以及态势呈现恶化倾向的观点。最高人民法院发布的统计数据显示，“2009 年至 2017 年，全国未成年人犯罪数量呈持续下降趋势。其中，近五年犯罪人数下降幅度较大，平均降幅超过 12%，2016 年降幅更是达到 18.5%。我国已成为世界上未成年人犯罪率最低的国家之一”[②]。在绝对数量方面，不满 18 岁的刑事罪犯总数也由 2008 年的 88891 人下降为 2017 年的 32778 人。[③] 以“犯罪低龄化”这一描述性的语词来为降低刑事责任年龄提供论证支撑，需要有充实的调研实证数据作为基础。已有报告表明，犯罪低龄化可能只是被极端个案以及网络媒体所渲染的虚假事实。正如论者所言，国民的不安全感也存在被媒体放大的原因，该原因导致了民众对目前社会治安形势的误读。[④] 这使立足于此类非真实民意而修订的立法并不能体现民主立法，也偏离了科学立法。

以设定刚性的刑事责任年龄作为保护一定年龄段未成年人免遭刑事制裁的制度设置本身存在技术上的难题。自然人的个体差异、社会的发展、民众的真实诉求等诸多因素决定了最低刑事责任年龄不能成为不法者逃避惩罚的漏洞。通过区分行为能力与责任能力的方式认可未成年人的行为能力，否定其刑事责任承担能力才是正确的思考方向。犯罪心理学对犯罪行为的研究说明，人的精神能力、年龄能力也可以根据行为来判断。[⑤] 在事实层面，既然未成年人确实实施了严重侵犯他人权益的行为，不论其实际年龄为何，都应当认为他们所实施的是符合犯罪构成要件的不法行为，应当予以禁止。禁止表明了法律对此类行为的一种反对态度，它不因主体年龄差异而有所不同，但这并不意味着要对不同年龄主体施加同样的制裁方法。基于此，将《刑法》

---

① 参见徐久生、徐隽颖：《降低刑事责任年龄否定论》，载《当代青年研究》2020 年第 2 期。

② 最高人民法院：《数据告诉你：我国未成年人权益司法保护和未成年人犯罪特点及其预防》，载搜狐网 2018 年 6 月 1 日，https：//www. sohu. com/a/233707283_ 170817。

③ 参见邓君韬：《年龄与认知：“降低刑事责任年龄”引发的思考》，载《中国政法大学学报》2020 年第 4 期。

④ 参见刘俊杰：《论降低刑事责任年龄起点的不可行性》，载《法学杂志》2020 年第 7 期。

⑤ 参见李玫瑾：《从刑事责任年龄之争反思刑事责任能力判断根据——由大连少年恶性案件引发的思考》，载《中国青年社会科学》2020 年第 1 期。

第十七条刑事责任年龄条款理解为是对不同年龄段主体承担刑事责任能力（受刑能力）的规定，修正案下调新刑事责任年龄的实质是，在非常有限的对象范围内肯定该部分未成年人具备承担刑事责任的能力，应当以刑罚对其施加制裁。对于其他不具备承担刑事责任能力的未成年人应当通过其他制裁制度，如通过专门矫治教育予以规制，而不是放任其实施不法行为却免于承担任何法律后果。

基于将刑事责任年龄理解为行为年龄与责任年龄两个面向的考虑，《刑法修正案（十一）》下调刑事责任年龄的同时限定了不法行为类型，这意味着已满 12 周岁不满 14 周岁的未成年人具备在实施故意杀人、故意伤害行为时，满足行为年龄与责任年龄，具备承担刑事责任的实体要件。但修正条款在行为方式限定的同时增加了双重罪量限定，即“致人死亡或者以特别残忍手段致人重伤造成严重残疾”且“情节恶劣”，只有当行为人实施的行为同时满足这两项罪量要求才会触发最高人民检察院的核准程序。经过实体上行为类型、行为后果以及情节要素的三层限定，最终能够成为追诉对象的未成年犯罪人一定是“罪大恶极的”，但这也极大地限定了该项条款适用的可能性，因为只有在极端案件中，才可能使涉案未成年人受到刑事制裁，如 2019 年辽宁大连 13 岁少年奸杀女童案。

虽然《刑法修正案（十一）》采纳了降低刑事责任年龄的做法，但年龄降低幅度有限、行为类型严格限制、罪量要素严格限定在实体方面层次限制使该条适用范围有限，很可能成为具文。对于未满 12 周岁未成年人实施的严重侵害他人法益行为以及已满 12 周岁未成年人实施的符合条文规定但尚未达到罪量要素的严重侵害他人法益的行为，修正后的刑法仍然无法提供有效的规制措施，难以实现修正立法的目的。

五、结语

刑法将一定年龄范围的未成年人排除出刑法规制范围不仅仅是由于其辨识控制能力不足，更为重要的是基于刑事政策的考量，最大限度地保护涉世未深的未成年人。达到一定的年龄作为具备责任能力的要件本质上是法律基于刑事政策的原因而作出的一种规范上的推定，它与辨认能力并没有当然的逻辑联系。[①] 在这个意义上降低刑事责任年龄的做法与保护未成年人的刑事政策之间存在冲突。或许立法者也感受到了这种冲突，所以在刑法条文中设计了程序限定与实体限定，使修正后的刑事责任年龄条款被触发的可能性较低。但是，社会生活中既然有为数不少的未成年人犯罪极端案件发生，便应当予以重视，修正的法律也应对这种现实作出有效的回应。通过区分行为年龄与责任年龄的做法可以纠正未成年人实施符合构成要件的行为不是不法行为的观念，也可以为其他法律手段规制触法未成年人提供依据。

保护未成年人并不意味着放任，“教育、感化、挽救”的方针已经有了充分的甚至过度的体现。[②]《刑法修正案（十一）》《预防未成年人犯罪法》《未成年人保护法》等法律应当协同并进，构建起以专门矫治教育为中心的少年司法体系。即便不对触法少年施加刑事制裁，也应当让其对自己所实施的不法行为和违法行为承担法律后果。

---

① 参见刘艺灵：《刑事责任年龄下限之争的僵局与破解》，载《预防青少年犯罪研究》2020 年第 4 期。

② 参见王登辉：《降低未成年人刑事责任年龄的基本问题研究》，载《西南政法大学学报》2020 年第 4 期。

青少年网络犯罪研究的演进、热点与发展

——基于2000—2023年CNKI文献的CiteSpace可视化分析

王　昕*

内容提要　2000—2023年，我国关于青少年网络犯罪研究的成果丰硕，围绕青少年网络犯罪的相关概念、犯罪特征、犯罪原因以及预防措施也开展了卓有成效的探讨。利用CiteSpace软件独到的视觉思维方式对已有文献进行可视化统计分析，从科学量化指标的角度揭示青少年网络犯罪研究发展情况可以发现，我国青少年网络犯罪研究的发文趋势波折，研究热点不断变化，研究力量相对分散，犯罪本土研究不足，研究体系不完善，研究内容有待深入，研究方法有待创新，还存在诸多亟须深入探讨的空间。未来要推动犯罪研究的本土化，整合研究的学科体系和资源，深化研究的领域和内容，转换研究的视角和理念，从整体上提升研究的质量和数量。

关键词　青少年犯罪　网络犯罪　CiteSpace　知识图谱

---

* 王昕，华东政法大学刑事法学院刑事司法学2022级硕士研究生。研究方向：刑事司法学。

在触网低龄化以及网络犯罪率不断提升的当下，青少年网络犯罪以其严重的社会危害性受到社会的广泛关注。学者们对于青少年网络犯罪的研究不断深入，研究成果日益丰富。但是，既有研究对前沿与热点的探寻大多依赖传统的文献分析方法，分析数量较少，且没有系统地梳理发展趋势，研究成果较为分散，甚至会受到研究者个人的价值干预，研究结果存在明显局限性。本文采用 CiteSpace 软件对中国知网收录的有关青少年网络犯罪的期刊论文进行可视化分析，在把握发文趋势、梳理高产作者、归纳发文机构、分析热点词汇的基础上掌握研究动态，预测研究方向，对后续研究的纵深推进提供有力的知识支撑。

一、研究方法

（一）数据来源

本文以中国知网（CNKI）期刊论文为数据来源，考虑到“青少年”和“未成年人”犯罪研究的相关性以及犯罪学中概念和学术表达的习惯，首先以“青少年 or 未成年人 and 网络犯罪 or 网络越轨”为主题词进行搜索，将时间跨度设置为 2000—2023 年，勾选中英文扩展，得到相关文献 693 篇，其中涉及社会学、心理学、统计学、教育学、互联网技术发展等众多学科。其次，将学科限定为“公安学”，经过人工筛除无效文献，使挑选后的文献具有关联性和研究价值，最终得到 357 篇有效文献。[①] 最后，保存信息后以 Refworks 格式导出，作为本文的数据来源。

（二）研究方法

综合运用 CiteSpace 软件、Excel 软件以及中国知网（CNKI）的数据统计功能，从年度发文趋势、高产作者、发文机构、关键词共现、关键词聚类等方面针对青少年网络犯罪期刊论文展开分析，将青少年网络犯罪研究领域浩如烟海的文献数据以一种多元、分时、动态的可视化语言展现在知识图谱上。

---

① 中国知网网址：https：//www. cnki. net，检索时间截至 2023 年 9 月 8 日。

此外，笔者还在统计数据的基础上利用文献分析法寻找被引文献频次最多及代表学者的观点，将定量分析和定性分析相结合，从而更准确地把握青少年网络犯罪领域的研究现状，梳理总结发展历程和研究趋势，提出未来研究展望。

二、青少年网络犯罪文献统计分析

（一）发文趋势

文献数量的年度变化可以直观地反映出青少年网络犯罪领域的研究发展状况。将筛选结果进行总结，可以得到青少年网络犯罪文献年度分析图谱（见图1）。从发文数量来看，我国青少年网络犯罪研究可分为三个阶段。第

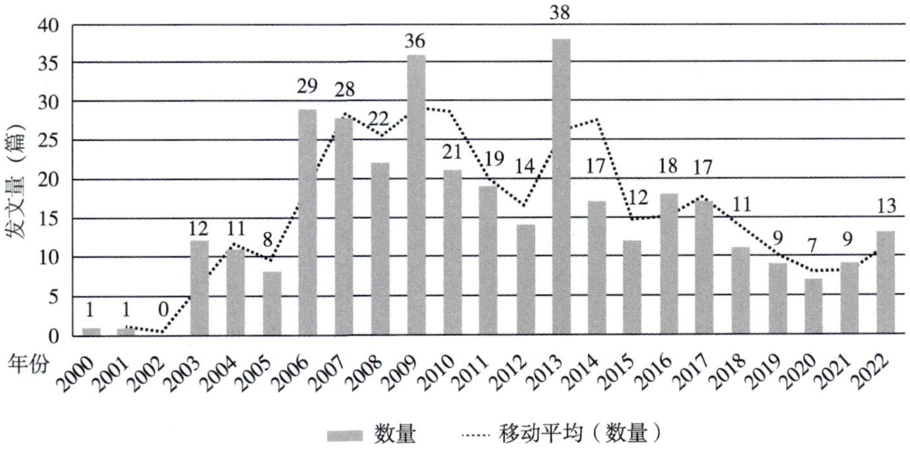

图1 我国青少年网络犯罪文献年度分析

一个阶段：2000—2006年的探索上升期。通过图1可知，最早研究青少年网络犯罪的文献出现在2000年，此后研究数量逐年缓慢上升。第二个阶段：2007—2013年的蓬勃发展期。2009年、2013年发文量分别达到36篇和38篇，在此期间学界对网络游戏推广导致的青少年网络成瘾现象给予高度关注，青少年网络犯罪研究的相关发文量剧增，达到研究的高潮。第三个阶段：2014—2019年的徘徊停滞期。从2016年开始，青少年网络犯罪研究领域年发文量呈陡坡式下降，研究热度逐步下降，此后每年的发文数量均在10篇左

右，且在后续几年无显著增长。[①] 这从侧面说明了我国青少年网络犯罪在社会共同努力下得到了初步遏制，也表明青少年网络犯罪的研究逐渐趋于饱和状态。因此，后续的研究难度会更大，其面临着创新和发展的困境。[②]

研究数据的波段式呈现与我国的国情、互联网发展状况以及社会对青少年群体的关注程度密切相关。首先，21 世纪以来中国社会进入转型时期，人口流动速度、城乡人口结构、民众生活方式急剧变化，新旧文化相互冲击导致社会矛盾凸显，社会问题突出。青少年正处于人生发展的特殊时期，对于社会变迁、社会变革、文化碰撞、家庭结构等问题十分敏感，更容易被不良信息侵蚀。其次，社会对于青少年群体的关注度也不断提升，涉及体育、教育、心理、媒体、医疗等众多学科领域，青少年成为犯罪学领域研究重点。青少年网络犯罪在网络不断普及的社会背景下产生，并随着时间的发展呈现出动态变化趋势。最后，我国的互联网发展分为初始阶段、搜索引擎时代和网络社交时代。[③] 在互联网发展初始阶段，由于信息和数据库不相连，网民之间无法实现互动，网络仍然属于少数人的游戏，此时的网络犯罪仍属于单纯的以计算机为攻击对象的犯罪，犯罪多表现为个体与计算机系统之间的"冲突"。从 2001 年起，我国进入了互联网搜索引擎时代，互联网使用人数逐年增加，这一阶段的犯罪表现为网络作为犯罪媒介和犯罪手段进入传统犯罪领域，犯罪手段持续翻新。自 2013 年起，我国进入了网络社交时代，网络的社会用途扩大，网络犯罪形态不断更新，网络犯罪手段体现出鲜明的技术化特征。由此可见，互联网的普及程度与网络犯罪率呈现正相关趋势，这个趋势也同样适用于逐渐壮大的青少年网民群体。

---

① 考虑到后续几年学界对青少年网络犯罪的研究热度下降，且并无突出学术贡献，没有再分一段论述的必要性，故对 2019—2022 年的相关数据未展开论述。此外，在上述论述中，图 1 仅为参考，笔者的论述是对图 1 的总结，所以图 1 中的数据保留至 2022 年。

② 参见常进锋、吴爱思：《我国青少年犯罪研究热点与研究进展（1992—2021）——基于 CiteSpace 的知识图谱分析》，载《预防青少年犯罪研究》2022 年第 3 期。

③ 参见应培礼主编：《犯罪学通论》，法律出版社 2022 年版，第 606 页。

（二）高产作者

运用 CiteSpace 软件将节点类型设为作者，时间阈值设为 2000—2023 年，以 1 年的时间为切割，选取标准 N = 50，生成作者合作网络共现图谱（见图 2）。通常来说，节点半径越大，作者发文数量越高，节点之间连线越多，作者合作关系就越密切。在图中共有 387 个节点、115 条连线，网络密度为 0. 0015。通过解读图谱可知，徐伟、尚红利、靳高风、童春荣、刘丰杰、孙小龙、刘亚娜等学者发文量较多，以靳高风为中心，形成小规模的合作集群。合作网络共现图谱呈现出少量集中、整体分散的状况，作者之间合作连线较少且多集中于两两连线，多数作者尚未与其他作者建立过合作关系，现阶段的合作多呈现为校内合作、同门合作、城市内合作关系，而学者个人社交圈、学科壁垒及地域隔阂等因素都会影响学术合作的概率。

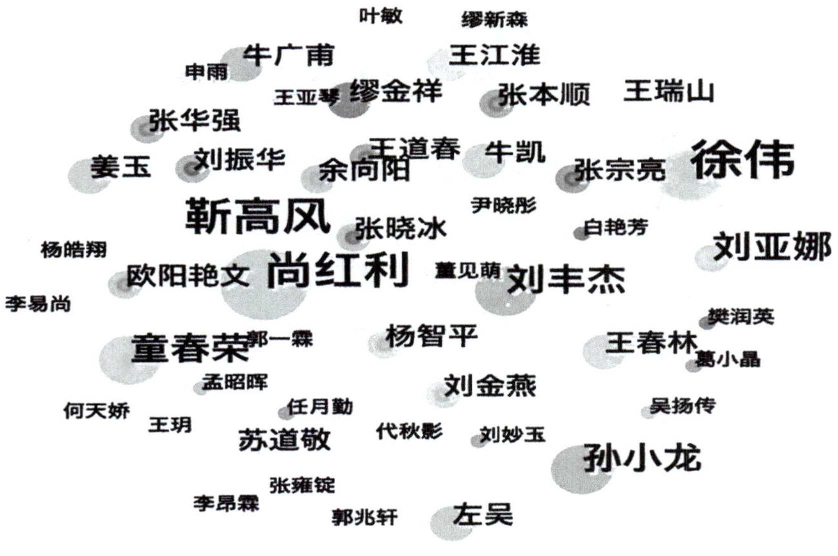

图 2　作者合作网络共现图谱

（三）发文机构

对青少年网络犯罪发文机构进行研究有利于学术资源交流、开展合作以及学术成果评估。通过对文献发文机构的统计，可以得出高影响力发文机构知识网络图谱（见图 3）。由图 3 可知，2000—2023 年青少年网络犯罪研究主

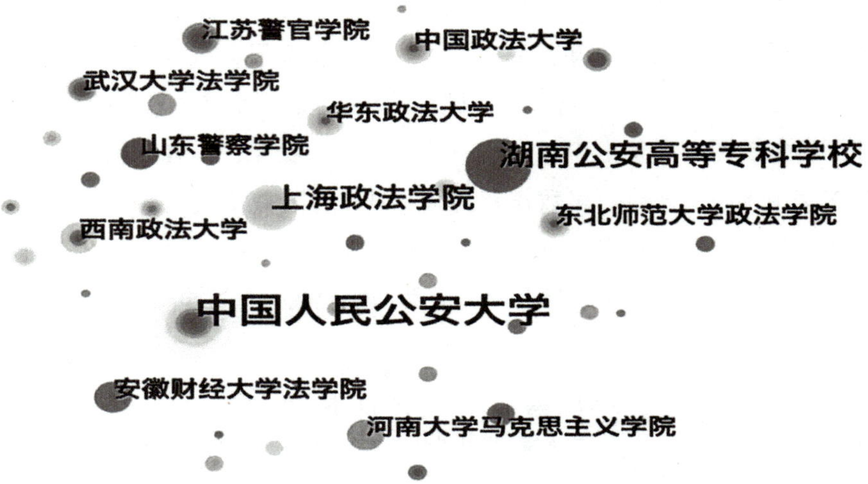

图 3　高影响力发文机构知识网络图谱

要是以国内高校为阵地。部分高校还与各地公安检察机关开展了密切合作，迎合了现阶段犯罪研究和治理立足实务的整体态势。在与公安机关、检察机关密切合作的高校中，中国人民公安大学是研究主力，其发文量达 12 篇，《中国人民公安大学学报》是作为一级学科的公安学领域的 CSSCI 扩展期刊，该期刊设置“网络犯罪”“犯罪研究”等专题，为青少年网络犯罪问题研究做出了卓越贡献。然后是湖南公安高等专科学校、上海政法学院、东北师范大学政法学院、西南政法大学、华东政法大学、山东警察学院等高校。其中，华东政法大学设立了《青少年犯罪问题》，该期刊是中国内地唯一一本以研究和报道青少年犯罪、少年司法和青少年保护问题为核心内容的公开发行刊物，体现出强劲的研究实力。由图 3 可知，各研究机构之间网络化连线极少，并没有形成网络化图谱，说明我国青少年网络犯罪研究机构之间互动合作较少，

各研究单位倾向于独立研究。因此，后续如果要提高学术观点的交流、创新和传播，就要鼓励各研究单位积极开展学术交流。

（四）关键词共现

关键词共现分析就是对数据集中作者提供的关键词的分析，可以言简意赅地表达出文献核心和主要内容，这有利于探索其研究热点与演变趋势。将上述所收集的文献资料导入 CiteSpace 软件中，并将时间跨度设置为 2000—2023 年，节点类型为“关键词”，网络裁剪功能区参数选择最小生成树与合并后的网络裁剪相结合，其余参数条件设为默认。经过以上步骤生成青少年网络犯罪关键词网络共现图谱（见图 4）。

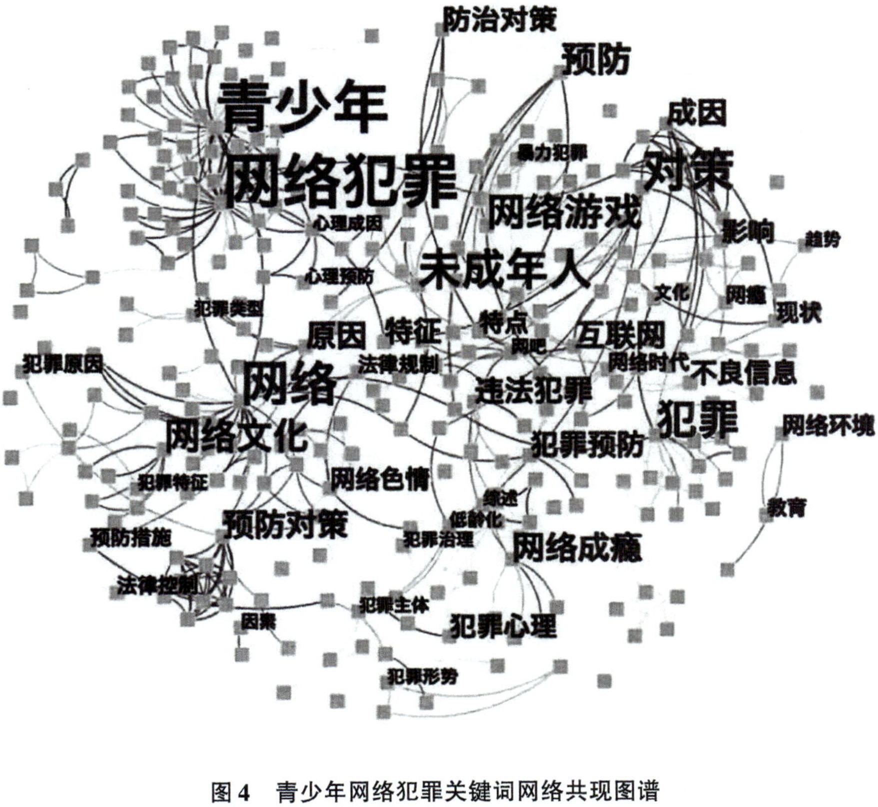

图 4　青少年网络犯罪关键词网络共现图谱

通常情况下，节点与关键词凸显频率成正比，且连线越多，关键词联络水平越贴近。① 通过软件运行可知，青少年网络犯罪文献共有 332 个关键词，关键词之间有 472 条共现关系，网络密度为 0.0086，联系十分紧密。关键词出现频率越高，说明这一关键词是该研究领域的热点问题。由图 4 可以看出，“网络犯罪”“青少年”“网络”在图谱中出现的频次最高，节点最大，可见学者们普遍关注到网络文化、网络游戏、网络环境给青少年群体带来的冲击。

通过总结 2000—2023 年青少年网络犯罪研究中出现频次不少于 10 的高频关键词得到相关图表（见表 1），结合关键词初次出现的时间，梳理我国青少年网络犯罪研究变迁过程中的历史背景与影响因素，可将其大致分为三个阶段。

表 1　关键词频次、中心性以及首次出现年份统计表

序号	频次	中心性	首次出现年份	关键词
1	128	0.5	2001	网络犯罪
2	124	0.3	2001	青少年
3	50	0.52	2003	网络
4	40	0.13	2003	对策
5	31	0.32	2004	未成年人
6	26	0.22	2003	犯罪
7	21	0.19	2004	网络游戏
8	16	0.05	2004	网络文化
9	15	0.08	2003	预防
10	12	0.04	2007	网络成瘾

① 参见陈悦、陈超美、刘则渊、胡志刚、王贤文：《CiteSpace 知识图谱的方法论功能》，载《科学学研究》2015 年第 2 期。

在第一个阶段，青少年网络犯罪研究粗具模型，但是相关的理论研究还未深入，研究仅是对“青少年”“网络犯罪”“计算机犯罪”等基本概念进行辨析，并在一定范围内达成共识，这为后续深入研究奠定了理论基础。进入第二个阶段，随着我国互联网使用普及化以及国家对于新文化产业的大力支持，新兴网络游戏出现，青少年群体的网络成瘾现象突出，网络游戏的负面作用被广泛关注。同时，网络空间扭曲的亚文化对青少年群体产生价值冲击，网络亚文化的边缘性、颠覆性、批判性与青少年热爱模仿、渴望认同的特殊心理特征不谋而合，青少年网络犯罪及失范行为频发。这一时期青少年网络犯罪研究达到高峰。进入第三个阶段，伴随着互联网发展的日新月异，青少年网络犯罪出现新特征和新形势，相关研究也在不断变化，学者们开始从不同角度并利用各类研究方法分析犯罪现象。

（五）关键词聚类

关键词聚类可以通过算法进行词语的聚合与分类，更加直观地反映出近20年来青少年网络犯罪的研究热点。通过文献样本绘制关键词聚类图谱（见图5），运用对数似然法（LLR）提取出15个关键词聚类标签，聚类标签编号为0—15以#0、#1、#2等代表关键词的排序。[①] 可以将学者们的研究大致分为以下几个方面：以“青少年”“未成年人”“网络犯罪”“网络”为代表进行概念性的辨析；以“网络游戏”“网络文化”“网络成瘾”“网吧”为代表对犯罪成因的探究；以“对策”“预防对策”“治理困境”“刑事侦查工作”为代表，从犯罪治理和预防层面进行探讨。

---

① 参见徐玲玲、杜利民、陶立方、邬雨晴：《中国编辑出版学的研究热点与可视化分析》，载《科技与出版》2021年第2期。

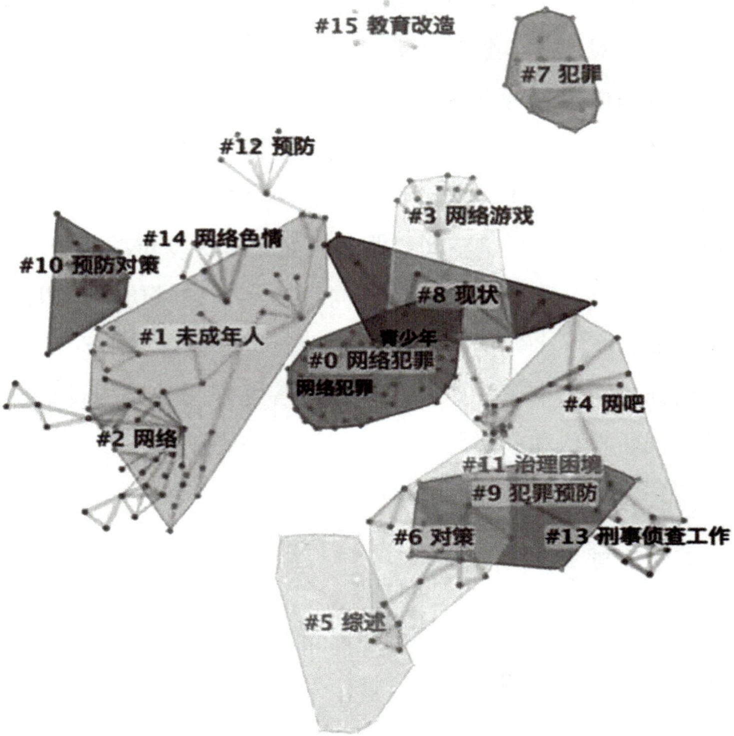

图 5　关键词聚类图谱

三、青少年网络犯罪研究成果总结

通过以上统计数据和图表，可以从宏观层面把握青少年网络犯罪的研究趋势，参考其中的核心期刊论文以及较高被引用文献，结合上述关键词聚类分析图谱，从概念、理论、犯罪成因、防治对策等方面总结出该领域的研究成果。

（一）青少年网络犯罪概念界定

困难始于界说。在理论研究中，最困难的是对某一类事物进行定义。界定意味着要对被界定的事物本质或共同特征予以抽象概括，并且明确这一概念的内涵和外延。研究青少年网络犯罪离不开对“青少年”“未成年人”“网络犯罪”“计算机犯罪”等概念的辨析。学者们在青少年网络犯罪研究初期对于其基本概念进行深刻探讨，并在一定程度上达成共识。

青少年在教育学、心理学、社会学和法学领域都有着不同的概念。在我国刑法中并没有明确规定青少年的相关概念，《刑法》仅就不予刑事处罚的未成年人的年龄作出规定，即不满 14 周岁的人犯罪的，一律不负刑事责任。“青少年”这个概念多出现于宪法和犯罪学中，考虑到我国独特的司法统计方法，如公安机关在案件统计中往往将 14—25 周岁的群体定义为青少年；考虑到知识经济时代对青少年个体发展的冲击，青少年在校学习时间延长，真正步入社会的时间延迟，其心理和生理的成熟期并不适配，因此对青少年群体的犯罪研究应当扩大其年龄范围。康树华认为，犯罪学意义上的青少年指的是已满 14 岁不满 26 岁的青少年实施了刑法和有关刑事法律所规定的犯罪行为。① 这种观点得到学界普遍认可。

“网络犯罪”这一概念是伴随着互联网的发展而提出的，其经历了从“计算机犯罪”到“网络犯罪”的过程。我国学者对计算机犯罪的界定始于 20 世纪 90 年代，且有广义说和狭义说两种，犯罪学专家和学者们普遍从广义的角度探讨，提出了“网络犯罪”的概念，犯罪类型从传统的攻击计算机系统扩展到以互联网为犯罪平台或者犯罪工具，研究范围扩大，涉及罪名增多。在此基础上，考虑到刑法学和犯罪学之间的互动关系，姚建龙提出应当将研究范围扩大，除刑事犯罪外，违法行为、虞犯行为（危险行为）等越轨行为也应包含其中。② 由此，将青少年网络犯罪的研究对象扩展到以违反传统道德规范为代表的网络失范行为，从而防患于未然，力争将犯罪遏制于形成之前。

（二）青少年网络犯罪成因探析

从现有文献来看，不同视角下研究青少年网络犯罪成因的侧重点不同，

---

① 参见康树华：《青少年犯罪、未成年人犯罪概念的界定与涵义》，载《公安学刊（浙江公安高等专科学校学报）》2000 年第 3 期。

② 参见姚建龙：《青少年犯罪概念研究 30 年：一个根基性的分歧》，载《甘肃政法学院学报》2009 年第 2 期。

生物学和心理学强调那些能促使人们以越轨的方式行动的个人特性，而社会学视角则集中于对环境的分析。[①] 学者们普遍认为，青少年网络犯罪是由多种原因综合促成的，它们彼此间存在逻辑上的共通性及发展上的因果性。

人类行为与其生理因素密切相关，青少年特殊的生理特征作用于自我心理，成为其犯罪的催化剂。进入青春期的青少年发育加快，生理上的急剧变化作用于心理层面，使青少年进入心理断乳期，急于寻求精神上的独立和摆脱对父母依赖，希望得到外界认可。但王襲、贾林祥指出，青少年精力充沛、情感丰富、好奇心重、情绪不稳定，易出现极端情绪，且青少年年龄小、阅历浅，其价值观和人生观还未形成，不具备辨别是非曲直的能力，认知容易出现偏差。[②] 谢华、罗嗣明认为，绝大部分青少年存在好奇、追求刺激或者自我展示的心理，甚至绝大部分是三种心态兼而有之，属于多种心理交织重叠。[③] 彭科莲关注到，青少年具有强烈的自我实现的需要，由于其年龄、生活阅历、知识水平及其他条件的限制，在现实生活中不能得到满足，于是转而寻求网络，意图麻痹自我。[④] 其中，青少年的猎奇心理、权力博弈心理、逞强心理、逆反心理、孤僻心理和寻求刺激心理与网络虚拟世界具有高度的相互耦合以及相互吸引性。[⑤] 在这个过程中，互联网所具有的交互性、开放性、匿名性、多元性、广泛性等特性与个体的生理、心理在走向成熟的过程中相互作用，给青少年犯罪埋下了隐患。[⑥]

社会化理论强调生活环境对犯罪的催化作用，其中社会文化、社会环境、社会互动过程中的社会变量都会对青少年个体产生影响。青少年群体社会化

① 参见白淑英、邵力：《社会存在还是意义建构？——为青少年网络越轨行为辩护》，载《青少年犯罪问题》2010 年第 3 期。

② 参见王襲、贾林祥：《青少年犯罪成因探析》，载《江苏师范大学学报（教育科学版）》2014 年第 S2 期。

③ 参见谢华、罗嗣明：《青少年网络犯罪的心理因素及其预防》，载《中国临床康复》2005 年第 8 期。

④ 参见彭科莲：《论青少年网络犯罪的心理成因及对策》，载《公安教育》2003 年第 6 期。

⑤ 参见刘斌志、文鸿敏：《新世纪我国青少年网络犯罪研究的回顾与前瞻》，载《黄河科技学院学报》2019 年第 1 期。

⑥ 参见魏宏歆：《计算机网络与未成年人犯罪》，载《中国人民公安大学学报（社会科学版）》2005 年第 5 期。

转型的主要场所是家庭、学校和社会，所以学者们大多从以上角度开展追因分析。赵国玲、常磊将家庭网络教育缺陷分为两种类型，即固有性缺陷和后生性缺陷。固有性缺陷是指以单亲家庭、隔代家庭等为代表的家庭结构问题，后生性缺陷是指不当的家庭教育方式等。① 张元秋关注到，许多家庭的教育模式明显不当，部分家长或者是缺少对青少年的关注与引导，或者是谈"上网"色变，简单粗暴地把互联网拒之门外。② 此外，学校作为青少年群体重要的时间分布场所，理应提供更科学合理的教育安排，但实际情况并非如此。安洋指出，长期推行的应试教育模式使学生学习压力变大，他们只能依靠虚拟网络释放压力。同时，学校没有专门的网络教育课程，学生缺乏对网络不良环境的免疫力和适应性。③ 网络教育缺位导致青少年网络素养的缺失，学校和家长都具有不可推卸的责任。部分学者还从个体发展生态系统理论角度出发，分析同伴以及社区生活等微系统对个体选择产生的影响。钱志刚提出社区存在诸多问题，如正确价值观迷失、居民道德素质参差不齐以及网吧遍布等，这些都为青少年网络沉迷网络提供了环境支持。④ 石发勇、杨玲丽认为，青少年深受同辈群体影响。⑤ 许多青少年实施网络越轨、犯罪行为是为了彰显自己的计算机技术，或者是以不当言论和与主流文化相悖的观点吸引朋辈的关注和崇拜，从而在同龄人之间寻求价值认同。以上学者从社会学不同角度出发，考虑到个体与环境之间的互动对犯罪产生的影响，这为后续犯罪预防提供了重要参考。

从社会控制理论出发探讨虚拟网络环境这一犯罪诱因对青少年网络犯罪研究具有重要意义。根据社会控制理论，当个体与社会联系密切时，个体在行为时会不自觉地考量社会对他的评价，在一定程度上减少社会失范行为。

---

① 参见赵国玲、常磊：《青少年网络被害的家庭教育原因实证分析》，载《中国青年研究》2008年第8期。

② 参见张元秋：《论青少年网络犯罪及其治理对策》，吉林大学2010年硕士学位论文。

③ 参见安洋：《论青少年网络犯罪及其防范措施》，吉林大学2007年硕士学位论文。

④ 参见钱志刚：《论未成年人道德成长与社会支持网络——基于社区的维度》，载《继续教育研究》2012年第11期。

⑤ 参见石发勇、杨玲丽：《大学生网络越轨的影响因素》，载《当代青年研究》2017年第2期。

互联网社会本质上是形成了一个针对青少年，甚至所有人的新的社会化场域。[①] 虚拟网络中人的行为更容易出现道德约束的真空，发生道德观念的异化和失衡。青少年可以肆意在网络虚拟世界中宣泄欲望、侵害他人权利、发表不当言论、背离传统主流价值，并且不产生任何负罪感。许博洋、周由等人以日常生活理论作为研究支点，认为青少年在社交媒体、短视频平台等网络空间暴露时间延长，其结交不良同伴这种高风险行为的可能性也会有所提升。[②] 网络环境存在威胁、网络道德教育滞后、暴力色情信息充斥、网络价值评价错位、追踪侦查技术缺失等种种网络环境问题都属于犯罪诱因。首先，张宗亮认为，网络的开放性、虚拟性、隐蔽性、无约束性会导致网络道德存在不同程度的失范现象。[③] 宋佳玲也赞同以上观点，认为网络中青少年匿名和隐蔽地实施网络行为，这会在很大程度上使青少年网民处于典型的去个性化状态，在虚拟的网络世界中难以进行有效的监控和查处，社会控制力明显削弱。[④] 其次，根据犯罪学领域的亚文化理论，青年亚文化一如既往地保持了与主流文化的距离，青少年群体作为以网络游戏、社交软件、网络文学为代表的网络文化参与者，容易在潜移默化下形成错误的网络价值观。[⑤] 例如，不良网络游戏诱发反规则意识、暗示错误金钱观、传递暴力负面情绪、拓展犯罪交友途径，导致青少年网络违法现象严重；[⑥] 网络瘾癖会严重影响青少年对长辈代表的楷模文化的认同，减弱长辈权威在其社会角色模仿中的主导作用；[⑦] 网络色情具有很强的刺激性、挑逗性，青少年长时间沉溺其中，会腐蚀青少

---

① 参见田丰、郭冉、黄永亮、朱迪：《青少年网络风险影响因素调查分析》，载《中国人民公安大学学报（社会科学版）》2018 年第 5 期。

② 参见许博洋、周由、Lennon Chang：《青少年网络越轨行为的发生过程及原理——基于自我控制理论和差别交往理论的视角》，载《中国青年社会科学》2021 年第 3 期。

③ 参见张宗亮：《网络文化与青少年犯罪》，载《山东社会科学》2004 年第 9 期。

④ 参见宋佳玲：《青少年网络越轨行为的分析与控制》，载《上海公安高等专科学校学报》2016 年第 6 期。

⑤ 参见杨聪：《浅析网络时代的青年亚文化》，载《中国青年政治学院学报》2008 年第 5 期。

⑥ 参见刘亚娜、胡悦、郭虹：《论网络游戏对青少年犯罪的影响》，载《东北师大学报（哲学社会科学版）》2014 年第 1 期。

⑦ 参见吕娜：《网络与青少年犯罪心理研究》，载《河北法学》2008 年第 4 期。

年的道德意识，诱发青少年人格的扭曲。[①] 最后，部分学者认为现实的上网环境也会对青少年群体产生影响。廖柏明认为，我国的网吧管理存在“多头管理、难司其职”的现象。[②] 其管理体制和管理方式不能适应形势发展的需要，上网人员鱼龙混杂，这为青少年接触不良信息并实施犯罪埋下隐患。

（三）青少年网络犯罪防治措施

犯罪预防是犯罪学研究中一个带有根本性和战略性的重要课题，是犯罪学研究的目的和归宿。研究青少年网络犯罪的根本目的是提出相应的预防措施。研究发现，学者的对策研究往往伴随着追因分析而展开。从个体层面遏制犯罪动机、从社会层面减少犯罪环境是犯罪学中常用的预防手段，但是基于青少年网络犯罪对互联网的高强度依赖，我国网络环境治理、网络技术预防也该提上日程。

首先，完善青少年个体的网络素质教育。学者们提出从学校、家庭、政府和社会方面完善教育机制，开展网络道德教育、法治宣传教育以及风险防范教育。从责任主体考虑，郭良婧认为，各学校在开设电脑课时应将网络素养教育纳入授课内容之中，有意识地引导青少年浏览“绿色”健康网页。[③] 陈伟仙认为，学校应成立“校园绿色网吧”，合理利用学校网络资源，激发学生学习的欲望。[④] 刘士国认为，政府和社会应大力构建网络主流文化，纯净社会环境，加强青少年法律教育，塑造网上精神家园。[⑤] 叶慧娟、刘守芬认为，社会群体可以以各种形式宣传网络知识和相关的法律法规，为青少年网络学

---

① 参见杨智平：《青少年网络色情犯罪意识生成分析》，载《青年探索》2014 年第 4 期。

② 参见廖柏明：《青少年网络犯罪原因分析及其防治对策》，载《社会科学家》2005 年第 S2 期。

③ 参见郭良婧：《网络文化对青少年成长的影响及其优化措施》，载《教育理论与实践》2009 年第 26 期。

④ 参见陈伟仙：《论青少年网络犯罪的成因及预防对策》，载《中山大学学报论丛》2007 年第 11 期。

⑤ 参见刘士国：《当前我国青少年网络犯罪对策研究》，载《中国青年政治学院学报》2005 年第 6 期。

习和交流提供咨询和建议。[①] 周朝英等人认为，对于部分生活在社会“边缘地带”的群体，在缺少组织渠道的情况下，也可以充分使用电视媒体等易接触媒介进行宣传教育。[②] 此外，作为青少年模仿对象的父母要以身作则，言传身教，不能一味排斥网络，要教育孩子从辩证的角度看待网络，正确应对网上不良信息，提升自身素质。从教育内容分析，探究如何引导青少年正确对待网络，就不可避免地要讨论怎样对待网络游戏、网络文化以及如何培养网络道德。王晓英等人指出，网络游戏是一把“双刃剑”，青少年应该在享受网络游戏的快乐的同时构建正确的思想道德观念。[③] 倪晓峰和贾献红强调，要培养青少年有关网络的法治意识，使他们自觉遵守有关法律法规，并引导他们认识网络犯罪的社会危害性，从而形成预防和抵制违法犯罪的能力。[④] 此外，新闻媒体作为重要的信息渠道，对于青少年心理健康成长发挥着不可替代的作用，社会应当建立健全网络新闻媒体行业自律机制，官方新闻平台应当发挥其指导性地位，发布事实真相，避免“吃瓜群众”随意“带节奏”博取流量，扭曲公众价值观。一些明星媒体人也应该严于律己、以身作则，其在发表言论时要注意考虑个人观点的正当性，不能无中生有、添油加醋，也不能为了蹭流量而忽视事实基础。研究普遍认为，防治青少年网络犯罪是一个复杂的、系统的、长期的大工程，需要来自社会各方面的共同努力。

其次，提高互联网的安全防范技术。“技术进步所带来的挑战最终必须由技术本身来解决”，技术预防是利用高科技预防犯罪的一种手段，其本质就是以技术来对抗技术。根据环境犯罪学的理性选择理论，犯罪人在犯罪之前进行的风险—努力—奖赏计算，是个人与情境互动的一种结果。[⑤] 从潜在的犯罪

---

① 参见叶慧娟、刘守芬：《青少年网络被害问题研究》，载《山东警察学院学报》2005 年第 4 期。

② 参见周朝英、曾剑明、陆泓澄、陈凯悦、汤千琳：《违法犯罪未成年人与一般未成年人心理状况比较研究》，载《中国人民公安大学学报（社会科学版）》2012 年第 6 期。

③ 参见王晓英：《网络游戏与大学生思想道德观念的构建》，载《江汉论坛》2006 年第 5 期。

④ 参见倪晓峰、贾献红：《网络时代青少年违法犯罪现象的分析与思考》，载《青少年犯罪问题》2003 年第 4 期。

⑤ 参见［美］亚历克斯·皮盖惹主编：《犯罪学理论手册》，吴宗宪主译，法律出版社 2019 年版，第 217 页。

人的主观视角判断犯罪环境，计算预期收益和预期损失之间的差距，通过提高犯罪难度和被抓捕风险而达到预防犯罪的目的。不少学者都提出了互联网技术防范措施，例如，落实网络的实名认证、提高网警追踪技术、评选推广健康网站、鼓励对网络信息安全的举报，提高犯罪难度。公安机关应逐步配置具有监控、定位、跟踪、侦控、分析、鉴定等功能的现代化网络侦控装备，[①] 可以通过完善"身份验证功能"或者"身份识别手段"强化个体追踪，将用户的网络虚拟行为与社会身份相挂钩。同时，应加强执法队伍和执法机构的建设，迅速培养熟悉电脑、训练有素的"网络警察"。[②] 执法人员也应该提高对案件的敏感性、判断力和侦查力，从而达到有效预防和打击青少年网络犯罪的效果。[③] 杨攀认为，保护未成年人健康成长需要净化互联网内容，发展、推广、应用网络过滤技术，建立互联网内容分级法律制度。[④] 除了提高网络防范技术之外，还要建立专门性的网站，我们可以通过学习、就业、交友、心理咨询、法律援助等青少年感兴趣的、能切实为青少年服务的形式，吸引青少年、凝聚青少年。[⑤] 此外，由于互联网的使用主体多元化，仅仅依靠现有的法律工作人员，无法全面排查大规模、复杂化的网络犯罪案件，因此要与众多网络平台协同合作，建立信息预警体制，排查不良网络信息，拓宽网络监督主体。例如，许博洋等人提出，可以与政府网信部门、互联网企业、青少年教育机构等多方主体联动，形成共管共治的局面，完善青少年网络账户的使用权限与隐私保护机制，健全网络实名制度，为广大青少年及学生群体营造健康的网络生态环境与价值观念导向。[⑥]

---

① 参见曹华：《青少年学生网络犯罪的现状及预防研究》，湖南大学2010年硕士学位论文。

② 参见刘士国：《当前我国青少年网络犯罪对策研究》，载《中国青年政治学院学报》2005年第6期。

③ 参见赵运锋、周静：《未成年人网络犯罪原因探析与治理对策》，载《青少年犯罪问题》2014年第4期。

④ 参见杨攀：《我国互联网内容分级制度研究》，载《法律科学（西北政法大学学报）》2014年第2期。

⑤ 参见谢忠保：《网络时代青少年工作面临的六大课题》，载《青年探索》2000年第5期。

⑥ 参见许博洋、周由、夏一巍：《社会控制对青少年网络被害的影响——有调节的链式中介模型》，载《中国人民公安大学学报（社会科学版）》2021年第5期。

最后，坚持宽严相济的刑事政策。遵循“整体刑法学”和“刑事科学”的发展方向，立足于“刑事一体化”的研究思路，考虑到犯罪学领域的“青少年”与刑法学上“未成年人”研究主体的联结性，学者们利用刑事政策引导刑事立法、指导刑事司法的功能对青少年网络犯罪提出防治建议。王勇提出，应当以保障青少年在线权利为核心，构建包括刑法、刑事诉讼法、国际公约和其他法规规章在内的互联网络监管制度。① 对于未成年犯罪人，牛凯等学者提出，应当将未成年人网络保护纳入国家网络安全和信息化发展战略，尽快出台一部专门保护未成年人网络健康的法律法规。② 陈国猛提出，要在宏观层面坚持对未成年人的教育和预防、坚持刑事责任年龄不变化、坚持未成年人网络犯罪的从宽处罚、坚持教唆未成年人网络犯罪从严处罚四项传统的刑事政策不动摇。③ 于阳、周丽宁坚持兼顾教育与惩罚的混合干预模式，他们认为应构建层级式未成年人违法犯罪行为干预体系，对一般不良行为进行社会干预、对轻微违法进行行政干预以及对犯罪行为进行司法干预。④ 陈兴良根据宽严相济的刑事政策精神，认为对于失足的少年，要继续坚持教育、感化、挽救方针。⑤ 罗海敏提出，应通过社区矫正等方式，推动未成年人罪犯的再社会化，恢复未成年人罪犯的正常社会化进程，使他们真正回归社会。⑥ 因此，针对学者们提出的防治建议，并结合我国立法与司法实践的基础，从整体上建立一套层次分明、架构完整、适用灵活的少年违法犯罪行为治理体系，是预防青少年犯罪的当务之急。

---

① 参见王勇：《与网络有关的青少年犯罪问题的法律控制研究》，载《中国青年研究》2013 年第 6 期。

② 参见牛凯、张洁、韩鹏：《论我国未成年人网络保护的加强与改进》，载《青少年犯罪问题》2016 年第 2 期。

③ 参见陈国猛：《未成年人网络犯罪的结构分析与预防策略》，载《中国刑事法杂志》2017 年第 2 期。

④ 参见于阳、周丽宁：《未成年人违法犯罪行为干预体系的制度构建》，载《中国人民公安大学学报（社会科学版）》2021 年第 6 期。

⑤ 参见陈兴良：《宽严相济刑事政策研究》，载《法学杂志》2006 年第 1 期。

⑥ 参见罗海敏：《论网络影响未成年人犯罪的新形势与对策》，载《河南社会科学》2012 年第 8 期。

四、青少年网络犯罪研究成果评述

综合回顾，2000—2023 年我国关于青少年网络犯罪的研究成果数量可观，截至样本选取日期，文献数量达到 357 篇。研究内容包括概念界定、现状总结、追因分析、防治对策等众多方面，其中对于青少年网络犯罪的成因分析突破了犯罪学学科局限，扩展到心理学、社会学、计算机学科的理论与操作、信息学、管理学等众多学科，从而拓展了研究视角。总体上，我国青少年网络犯罪的发文趋势波动较大，研究热点不断变化，研究内容与国家政策、社会变化密切相关，学术研究内容不断深化、精细化、时代化，呈现良好发展态势，但也存在诸多亟待完善之处。

（一）犯罪本土研究不足

犯罪学学者们较多从西方犯罪学理论出发解释青少年网络犯罪现象，包括但不限于上述提到的社会控制理论、理性选择理论、亚文化理论、个体发展生态系统理论等。犯罪学理论大多来源于西方，由于中西方存在社会文化及意识形态差异，在社会发展状况和网络技术水平上存在区别，部分犯罪理论不能完全应用于中国犯罪研究，且容易造成过度追求西方犯罪理论的普适性而忽略中国社会的实际情况。此外，部分学者从西方犯罪学理论出发解释犯罪成因，但是在提出防治对策时忽视相应的理论基础，其文章结构出现严重割裂，无法对现实犯罪预防提出科学指导意见。

（二）犯罪研究体系不够完善

伴随着犯罪研究出现学科融合趋势，学者们开始从不同学科视角对于青少年网络犯罪成因进行探索，这一趋势值得被肯定，但在研究成果的呈现中存在以下突出问题：一是部分学者的研究成果主要是其想象力和生活阅历的呈现，缺乏一些能够牢固地支撑其观点的理论体系，似乎只要对某些现状有所感悟就可以作为青少年网络犯罪的研究结论，从而降低了犯罪学研究的门槛。二是部分学者研究成果大多是常识层次的评价，缺乏深入的理论思考与实证证成，其流于肤浅的现象描述，属于低水平的重复，由此产生的成果容易出现人云亦云的情况。

（三）犯罪研究内容不够深入

首先，学者们多依据青少年网络犯罪的现状总结犯罪特征，对犯罪原因的探究总体上仍是因循个体、家庭、学校和社会的四因素分析模式。① 在学界形成定式思维，似乎只要研究青少年犯罪，就存在家庭和学校的失职问题，学者们习惯性地依附传统学术观点，而忽视不同案件的具体情况。其次，学者们较少关注网络作为犯罪平台或工具在犯罪过程中所起到的作用，研究存在明显局限。尤其是在互联网不断发展、网络普及化的当下，对网络犯罪技术预防的讨论也应该提上日程。最后，伴随着网络技术改革和创新速度的加快，青少年网络社交、网络游戏以及网络消费更加便利，犯罪的形式也随之变化，犯罪花样也不断翻新，以至于相关理论研究与实务存在脱节，青少年网络犯罪研究呈现出明显的滞后性。

（四）犯罪研究方法有待更新

作为事实科学的犯罪学离不开实证研究路径。青少年网络犯罪研究未突破犯罪学研究困境，其研究方法依旧有待更新，主要体现在以下几个方面：其一，研究方法以思辨和描述居多，实证偏少。部分学者对青少年网络犯罪现象以及防治措施仅进行简单描述，缺乏对相关主题的细致深入探讨，相应数据分析和积累不够，偏重质性研讨而量化研究不足。其二，部分量化实证研究存在数据老旧、来源存疑等问题，难以反映真实的社会犯罪状况。由于缺乏科学的实证研究，许多观点还停留在概念层次，无法提供科学的研究结论和预防措施。其三，在统计标准未清晰的环境下，学者们在收集案例以及研究样本数据时，会不可避免地掺入自我预设的价值目标，很难保证研究结论的科学性。

---

① 参见刘昊：《2014 年青少年犯罪研究综述》，载《青年学报》2015 年第 1 期。

五、青少年网络犯罪研究展望

（一）推动犯罪研究本土化

犯罪作为一种社会现象，必然同一国的社会变革、政治导向、经济发展、思想文化、法律道德存在关联。犯罪研究首先应该从宏观的社会变迁、社会结构、意识价值、社会分层、制度规范角度关注特殊社会转型期对犯罪的催化作用。尤其是中国，在进入21世纪后，社会变化明显，犯罪研究要求必须立足中国具体现实。举例来说，区别于西方犯罪学理论的“个体主义”，中国社会是以“集体主义”文化为主，青少年网络犯罪研究应当关注青少年自我成长的社会化过程中面临的来自家庭、社区、学校、朋辈等非正式的社会力量。除此之外，还要考虑到社会转型状况、新旧文化冲突、应试教育环境等具有中国特色的社会因素，以推动青少年网络犯罪研究本土化，构建新时代符合中国特色的犯罪治理体系。

（二）整合研究的学科和体系

犯罪学体现出学科的综合性、交叉性特征，决定了其研究视角是跨学科、多样化的。首先，在注重多学科联合的基础上发挥学科优势，建立跨区域、跨专业智库，综合应用多学科知识和方法协同攻关，构建青少年网络犯罪研究的学科体系。其次，提高犯罪学研究门槛，完善组织机构、刊物建设以及队伍建设，形成专业特有的学术论域、学术话语和学术规范。最后，推动犯罪理论与实务相结合，在多方共同努力下搭建一个完整的知识资源共享管理平台，以实现犯罪研究成果的最大化。

（三）深化研究的领域和内容

首先，应该拓展研究深度。现阶段学者们的研究局限于对犯罪人个案的微观社会剖析，忽略了社会宏观因素对犯罪的影响，也应该从社会宏观角度解读青少年网络犯罪现象，重视社会现实矛盾对犯罪的催化。其次，研究角度也应该不断拓展，不仅要关注使犯罪人产生犯罪动机的宏观因素，而且要从环境犯罪学的视角出发，关注影响犯罪发生的情境因素。① 具体来说，就是在青少年网络犯罪的预防中，以尽可能系统而持久的方式对网络环境进行管理、设计和操纵，通过提升犯罪困难度、降低犯罪回报率、增大犯罪惩罚性而减少犯罪。最后，从犯罪类型结构来看，传统犯罪逐步减少，“互联网 + 传统犯罪”愈演愈烈，新兴行业领域犯罪凸显。② 青少年网络犯罪类型日趋多元化，其朝着团伙化、网上邀约化、智能化和向农村扩展的趋势发展；③ 整体呈现出从沿海地区向内陆地区、从经济发达地区向落后地区递减的趋势。④ 针对以上新特征和新形势，应当及时对犯罪实际状况进行归纳总结，洞悉犯罪情势和规律，并从学理层面做出主动回应。

（四）转化犯罪研究方法和模式

研究方法是判断研究内容是否科学的基础，传统批判性的思维方法虽然符合知识发展的反思需求，但是考虑到犯罪学预防、打击、治理犯罪的深层目标，其更依赖科学的实证研究来挖掘犯罪背后的影响因素。为了更有效地进行青少年网络犯罪研究，就应该转化犯罪研究方法和模式。首先，今后青少年网络犯罪研究应该注重定性与定量、理论与实证相结合，建立科学、准确、客观的样本数据，强化犯罪学领域的实证研究，在科学客观的数据基础上总结犯罪模式，论证学术观点，使青少年网络犯罪研究向专业化方向发展。其次，综合运用多种研究方法，包括通过结合具体案例的回应性研究以及跨境域外的横向比较研究，分析归纳国内外对青少年网络犯罪的防治对策，从而拓宽研究思路，为我国犯罪学研究注入新的活力。

---

① 参见王瑞山：《犯罪科学的界定及其与犯罪学的关系——以伦敦学院大学的犯罪科学学科建设为例》，载《中国人民公安大学学报（社会科学版）》2019 年第 2 期。

② 参见靳高风、守佳丽、林晞楠：《中国犯罪形势分析与预测（2018—2019）》，载《中国人民公安大学学报（社会科学版）》2019 年第 3 期。

③ 参见于冲：《三网融合背景下青少年网络犯罪的现状和发展趋势探究》，载《青少年犯罪问题》2014 年第 1 期。

④ 参见于阳、周丽宁：《中美城市青少年网络犯罪的时空分布与防范对策研究》，载《北京联合大学学报（人文社会科学版）》2023 年第 2 期。

青少年司法

家事审判改革背景下未成年人权益保护研究

陈嘉淇*

内容提要 家事审判改革长期以来备受关注，但在司法实践中，家事诉讼“父母本位”的理念导致未成年人权益极易受到损害，家事审判改革维护婚姻家庭和谐稳定的目标难以实现。基于未成年人利益最大化原则、国家亲权理论和儿童权利本位理念的要求，家事审判应给予涉诉未成年人以特别的权益保障。近年来，我国家事审判呈现数量大、案情复杂的特征，并存在缺乏未成年人权益保护的指导原则、缺乏专业且统一的审判机构、缺乏未成年人意见表达途径以及未成年人心理问题难以疏解等问题，这些问题对实现家事审判改革目标造成了阻碍。解决上述问题的关键是确立未成年人利益最大化原则、设立专门的家事审判机构、构建未成年人参与家事审判的表达机制和诉讼外完善未成年人心理保护机制，以便更好地应对家事审判改革的多元化需求，不断探索革新家事审判中未成年人权益保护之路径。

关键词 未成年人利益最大化原则　家事审判改革　家事法庭　未成年人保护

---

* 陈嘉淇，四川师范大学少年司法研究与服务中心助理研究员，研究生在读。研究方向：少年司法与青少年法治教育。

引 言

自 2016 年我国法院开展家事审判改革试点工作以来，对于家事审判改革的研究一直是理论界和实务界的热门话题。最高人民法院 2022 年发布《党的十八大以来全国法院家事审判工作情况报告》[①]，总结了近年来深入推进家事审判工作方式和工作机制改革的概况，并进一步指明了家事审判改革的下一步工作计划。此外，报告还着重强调了“对妇女、儿童、老年人、残疾人等特殊群体的保护”。少年是社会的未来，“少年”这一群体的价值，是任何社会群体都无法比拟的。[②] 一方面，“祖国的未来”“民族的希望”是整个社会对未成年人的期许，其独特的社会价值造就了对其特殊保护的法律传统。另一方面，我国家事审判理念依然为“父母本位”，未成年人依法不具有独立的诉讼地位，只能依靠其法定代理人行使权利，而在家事审判中，其法定代理人极有可能怠于行使代理权，导致未成年人在家事审判中天然地处于弱势地位。家事审判的裁判结果往往涉及对未成年人人身权利的处分，并且这一裁判结果是影响未成年人今后生活的关键因素。因此，有必要在家事审判改革的大背景下，就家事审判中未成年人权益保护所面临的严峻挑战进行考察与分析，并在此基础上提出相应的完善建议，以期我国家事审判改革能够朝着维护婚姻家庭和谐、社会安宁稳定的方向更好地发展。

一、溯源及探讨：家事审判改革背景下未成年人权益保护理论基础

（一）未成年人利益最大化原则

未成年人利益最大化原则是指在对待未成年人的所有行为上，都将未成年人的最大利益放在第一位，其体现了对未成年人优先保护、特殊保护的要求，是保护未成年人工作的一个重要指导思想。追根溯源，“未成年人利益最

① 参见最高人民法院：《党的十八大以来全国法院家事审判工作情况报告》，载中华人民共和国最高人民法院网 2022 年 10 月 19 日，https：//www. court. gov. cn/zixun/xiangqing/376111. html。

② 参见高维俭：《少年法学》，商务印书馆 2021 年版，第 178 页。

大化”起源于1959年的《儿童权利宣言》，其“序言”部分指出了儿童身心尚未成熟，“人类有责任给儿童以必须给予的最好待遇”。随后，联合国《儿童权利公约》吸纳了这一思想，并作为各缔约国关于未成年人事务的指导性原则。《儿童权利公约》虽未对未成年人利益最大化原则作出准确界定，但正因如此，对于该原则的内涵、标准、外延才有了更多的讨论和拓展。在国内，学者们从不同的历史背景和视角出发，对未成年人利益最大化原则的内涵进行了论述，虽然在出发点上有分歧，但都对“未成年人利益最大化”原则的纲领性地位给予了肯定，并以该理念为建立未成年人权益保护制度提供理论指导。在家事审判中，未成年人利益最大化原则可以从未成年人生存发展、身心健康、抚养监护等权利方面对其进行保护，当该原则与其他价值理念有冲突时，应当优先考虑该原则以此摆脱其他理念的束缚，为保护未成年人提供理论方面的支持，这对于防止未成年人在家事案件中受到伤害或者二次伤害不无裨益。

（二）国家亲权理论

所谓“国家亲权”，是指家长及家庭享有首位的亲权，对未成年人负有首要的监护义务，当家长及家庭无法履行监护义务或监护失利时，由国家来承担第二位的监护义务，即国家享有第二位的亲权。① 在近代工业化、都市化之前的人类社会，未成年人的监护职能基本上由父母及家庭来承担，换言之，父母及家庭尊长对未成年人享有强大甚至绝对的父母亲权或家庭亲权。② 例如，在我国的传统文化中，“忠君忠父”的观念盛行，父子关系类似于现代社会的上下级工作关系，可见“父母亲权”或“父母本位”在很长一段时间都占据着主流地位。随着工业革命的到来，社会的结构与冲突也在不断地发生变化，父母及家庭承受的监护义务难免出现缺失，未成年人的日常监护、学习教育和刑事越轨等方面成为新的社会问题。这一系列社会问题只能依靠国

---

① 参见高维俭：《少年法学》，商务印书馆2021年版，第175页。

② 参见高维俭：《少年法学》，商务印书馆2021年版，第175页。

家或者政府来解决，而“国家亲权理论”为这一做法提供了理论支撑。

国家亲权理论是未成年人利益最大化原则产生的理论基础之一。具言之，未成年人利益最大化理论是从一件司法判例中推导出的结论，法官以国家亲权理论对抗当时监护失利的“家长制”，打破了父母对未成年子女监护问题的绝对权利，由此建立了未成年人利益最大化原则的雏形。区别于中世纪衡平法将未成年人视为国家的财产进行保护，近代国家亲权理论在人权思想的融合下更加具有普适性。国家行使亲权的目标和标准也发生了变化，一方面，国家介入干预是为了让未成年人有一个良好的生活环境，从而保障其身心健康发展；另一方面，国家介入监护应当以能够积极负责履行监护职责的父母为标准，充分考虑影响未成年子女成长的各种因素，结合具体情况因“案”制宜。由此可见，国家亲权理论和未成年人利益最大化原则之间存在密切的联系。国家亲权理论强调国家保护和照顾未成年人的义务，而未成年人利益最大化原则以这一理念为依据，强调在与未成年人有关的问题上，优先考虑他们的利益和需要。归结起来就是，未成年人利益最大化是国家亲权的逻辑基础和目标，国家亲权是未成年人利益最大化的保障和手段。

（三）儿童本位理论

儿童本位理论是相对成人本位来说的，其含义是从儿童权利保护的层面，以儿童的视角作为出发点，围绕儿童利益而制定的与儿童有关的法律、法规和政策。法国思想家卢梭将儿童观与人权思想融合提出了“儿童本位论”①，要求尊重儿童的人格、意愿和兴趣，保护儿童免受任何形式的虐待、歧视和剥削。未成年人利益最大化原则要求司法者在办理未成年人案件时，要克服成人司法的惯性思维，警惕父母本位的消极影响，从未成年人的角度出发，综合考虑相关因素，作出符合未成年人最大利益的决定。由此可见，未成年人利益最大化原则的内核是以儿童权利为本位，成年人对未成年人最大利益

① 参见姜书良：《儿童本位：卢梭的教育思想及其影响》，载《社会观察》2015 年第 2 期。

的判断不能凌驾于保障儿童任一权利的义务之上。[①] 该原则的司法适用需要不断完善立法，调整和规范司法自由裁量权，从法律上严肃对待并分析未成年人利益的决定要素，形成规则化、开放性的司法适用体系。

二、考察与分析：家事审判改革背景下未成年人权益保护实践现状

（一）家事审判改革背景下的案件办理情况

最高人民法院发布的全国法院司法统计公报显示，2022 年全国审理完毕的婚姻家庭和继承纠纷案件总数为 181.6 万件，占全年一审民事案件总数的 11.27%。[②] 同时，在各类社交媒体上，关于婚生子女和非婚生子女受法律同等保护、离婚案件中子女抚养和探视权等讨论呼声一直较高。由此可见，家事审判案件不仅数量庞大，而且因与日常生活联系紧密，极易引起人民群众的普遍关注。经过对最高人民法院发布的全国法院司法统计公报进行梳理，发现家事审判改革背景下有关未成年人的案件情况呈现以下特征。

1. 案件数量：家事案件占比与一审民事案件的上升趋势相反（见表 1）

随着中国式法治现代化的稳步推进，民众运用法治思维和法治方式维护自身权益的意识大幅提升，民事一审数量呈现激增的普遍态势。据统计，2018 年至 2023 年，全国法院审理家事案件数除在 2020 年有下跌现象外，其余年份均稳定在 180 万件以上。值得注意的是，2021 年的结案量相较前一年增长了 10.99%，但在 2022 年全国法院的结案量又有些许回落。与案件数量相比，六年间家庭纠纷在一审民事诉讼中所占比重呈现出更为显著的下降态势，从 2018 年的 14.59% 降到了 2023 年的 12.42%。

① 参见苑宁宁：《最有利于未成年人原则内涵的规范性阐释》，载《环球法律评论》2023 年第 1 期。

② 参见《2022 年全国法院司法统计公报》，载《最高人民法院公报》2023 年第 4 期。

表 1　2018—2023 年全国法院家事案件占民事一审案件比例统计

年份	民事一审案件数/件	家事案件数/件	所占比例/%
2018	12434826	1814441	14. 59
2019	13929634	1850377	13. 28
2020	13305873	1649393	12. 40
2021	15745884	1830655	11. 63
2022	16113798	1816025	11. 27
2023	17477181	2170042	12. 42

2. 案由分布：超过七成案件为离婚纠纷，其他家庭纠纷所占比例较小（见图 1）

案由是一种辅助法院迅速确定案件种类和对相关法律关系性质进行归类的工具，通过对家事审判案件案由分布的研究，可以更好地了解家事案件的种类。统计数据显示，2018 年到 2023 年，全国法院审理的离婚案件数量分别为 1384426 件、1389595 件、1241694 件、1394548 件、1431282 件、1713663 件，占家事案件整体数量的比例分别为 76. 30%、75. 10%、75. 28%、76. 18%、78. 81%、78. 97%。除离婚纠纷外，抚养纠纷和继承纠纷案件也较多，但这些案件的平均占比还不足 25%。

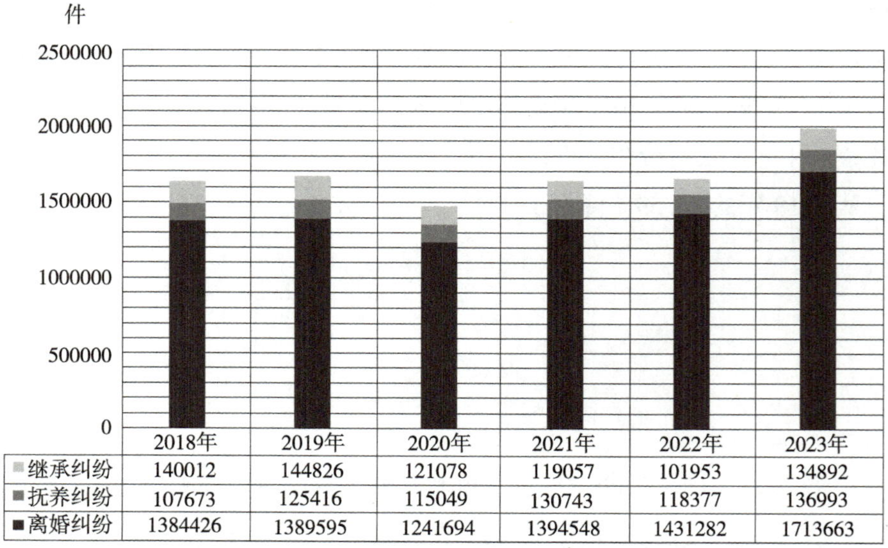

图 1　2018—2023 年全国法院家事审判案件前三项案由数量情况

3. 结案方式：调、撤案件总量平稳（见图 2、图 3）

调解、撤诉的结案方式反映了一段时间内法院审理的成效，一般而言，调解、撤诉的案件数多，调、撤率高，服判息诉率高，案件审理的质量也更好。统计数据显示，2018 年到 2023 年，全国法院受理的家庭纠纷案件中，调解和撤诉的数量基本保持稳定，从数量上看，除 2020 年外，其余年份均保持在 110 万件以上；总体调、撤率仍在 60% 左右。

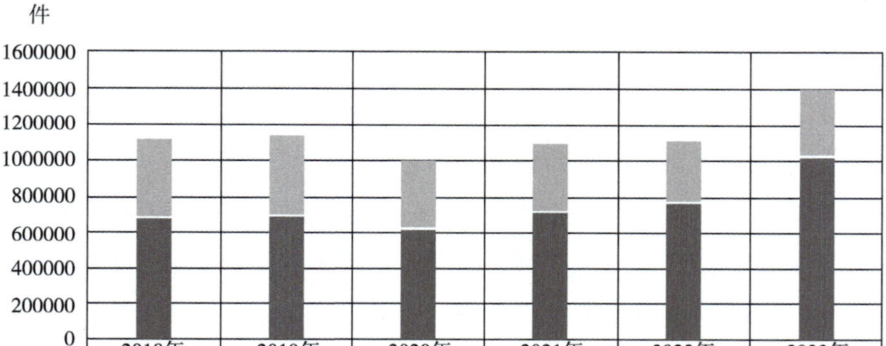

	2018年	2019年	2020年	2021年	2022年	2023年
撤诉	432280	438754	377466	384211	335466	376995
调解	692657	701338	624863	718798	776502	1033392

图 2　2018—2023 年全国法院家事案件调解、撤诉案件总量

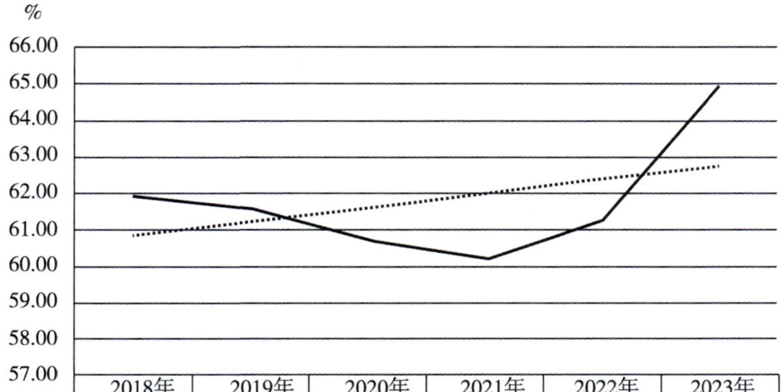

	2018年	2019年	2020年	2021年	2022年	2023年
调、撤率	62.00%	61.61%	60.77%	60.25%	61.23%	64.99%

图 3　2018—2023 年全国法院家事案件调、撤率

（二）家事审判改革背景下的机制革新

首先，在工作机制上，陕西省在家事审判领域的主要举措是推动“四令一书”工作，其内容具体包括人格权侵害禁令、人身安全保护令、家庭教育指导令、夫妻共同财产申报令和离婚证明书。[①] 陕西省各级法院按照新的要求，通过“四令一书”制度的实施，进一步推进家事审判工作，提高家事审判质量，促进社会主义家庭文明建设。其次，在机构设置和人员配置上，江西省玉山县法院在这一领域作出了许多积极探索。玉山县法院为家事审判配备了专门的家事法官和法官助理，聘请了家事调解员、调查员和心理疏导员，并打造了“玉和万家”家事纠纷调处中心，建立了少年法庭、“青平之光”未成年人权益保护工作室、家事法庭、家事调解室、心理疏导室及爱心妈咪小屋等，打造客厅式的家事法庭、圆桌式调解室，创新使用六角形审判台，突出“家”的温馨和感化作用。[②] 此外，江西省在全省先后建立了 117 个家事审判庭或合议庭。[③] 再次，在法律适用方面，针对一些社会关注的“被负债”现象，最高人民法院公布了《关于审理涉及夫妻债务纠纷案件适用法律有关问题的解释》（已废止），明确了“共债共签”的原则，增加了债权人的举证责任，更好地保护了女性在婚姻家庭中的财产权利。[④] 最后，在家风文化建设上，福建省泉州市鲤城区法院在家事审判中引入了“亲和睦诚”这一传统文化理念，于 2019 年建成全国法院首家以家事文化为主题的独立展馆——鲤城区人民法院家事文化馆[⑤]，该展馆从家庭家事、家风家教和家事法律三个方面

① 参见陕西省高级人民法院：《陕西高院举行推进全省法院家事审判“四令一书”工作新闻发布会》，载陕西法院网，http：//sxgy. sxfywcourt. gov. cn/article/detail/2023/08/id/7503671. shtml。

② 参见玉山县法院：《守“小家”和谐、护“大家”安定 推动家事审判高质量发展》，载江西法院网，http：//jxgy. jxfy. gov. cn/article/detail/2023/07/id/7473447. shtml。

③ 参见最高人民法院：《江西多措并举推进家事审判工作》，载中国法院网，https：//www. chinacourt. org/article/detail/2023/04/id/7238491. shtml。

④ 参见最高人民法院：《党的十八大以来全国法院家事审判工作情况报告》2022 年 10 月 19 日，载中华人民共和国最高人民法院网，https：//www. court. gov. cn/zixun/xiangqing/376111. html。

⑤ 参见泉州市鲤城区人民法院：《鲤城法院举办新任家事调解员、调查员聘任仪式》，载泉州市鲤城区人民法院网，https：//fy. qzlcfy. gov. cn/article/detail/2024/05/id/7942341. shtml。

进行场馆布置。

总体来说，家事审判自2016年开始在全国范围内试点以来，其在审判方式和工作机制上实现了创新发展，在审理各类家事案件时逐渐统一法律适用标准，在家事文化建设上不断弘扬优良家风和社会主义核心价值观。家事审判改革正在朝着不断深化、不断完善的方向前进。

三、探索和厘清：家事审判改革背景下未成年人权益保护现实困境

（一）家事审判缺乏未成年人权益保护的指导原则

1. 家事立法在保护未成年人权益方面语焉不详

“未成年人利益最大化原则”在我国家事立法领域主要体现在《民法典》有关婚姻家庭的规定中，并且被内化为“最有利于未成年人”的原则。尽管《民法典》中包含了部分有利于未成年人的规定，但落实到具体细则上，仅在指定监护人、监护人履行监护职责、收养与确定抚养关系四个方面对“最有利于未成年人”有所体现，其适用范围比较狭窄。由此可见，即便是内化后的最有利于未成年人原则在婚姻家庭领域也并不具有统领地位。此外，2020年修订的《未成年人保护法》第四条确立了“最有利于未成年人原则”，并对其基本条件进行了列举，这一原则在一定程度上丰富了“最有利于未成年人原则”的内涵，是一种概括性的、基础性的原则。但《未成年人保护法》的基本规定和规制范围仍被限制在“保护未成年人”范围之内，这一点在我国的家庭立法中仍未得到明确的反映，而且通常家事法官也不会越过民法的规定，直接将《未成年人保护法》中的一些重要原则运用到具体案件中。

从家事诉讼制度来看，目前所适用的《民事诉讼法》及其司法解释对于未成年人利益的程序保护同样未作出特殊规定。在《民事诉讼法》“成人本位”的制度体系下，未成年人的诉讼利益是很难得到保障的，其原因主要在于：一方面，未成年人不满足《民法典》对完全民事行为能力人的年龄要求；另一方面，未成年人的法定代理人往往为家事审判的对弈方，很大程度上无暇顾及子女的诉讼利益。因此，在程序法层面对未成年人权益保护的指导原则亟待确立。

综上所述，目前家事立法无论是在实体法层面还是在程序法层面，对于未成年人权益保护的规定均语焉不详，缺乏指导性原则，长此以往将会弱化对未成年人的特殊保护，对于实现未成年人利益最大化的目标是一大阻碍。

2. 家事司法上对未成年人利益最大化原则的适用并不理想

对于未成年人利益最大化原则在司法中的适用情况，曾有研究对中国裁判文书网上的案件进行过检索，以离婚纠纷为例，其判决理由或判决结果中涉及“未成年人利益最大化”等类似词组的文书占所有离婚裁判文书的比重不足0.1%。① 由此可见，法官对这一用语的使用仍不够熟悉，家事审判司法实务中“未成年人利益最大化”这一话语体系仍未完全建立。此外，通过前文对目前家事领域相关立法现状的梳理，我们可以发现，法官在审理家事案件时难以适用能够体现未成年人利益最大化原则的法律，这就导致了家事案件的裁判结果可能是完全符合法律规定，但裁判结果对于未成年人权益保护或者其社会效果来说不甚理想。

究其原因，除了未成年人利益最大化原则的含义和标准不够明确以外，可能还包括以下几个层面的原因：首先，该原则的适用与其他个体利益或社会利益发生冲突，如父母权利、社会秩序等，这就需要法官在家事司法的不同利益主体之间进行平衡和协调。但实践中法官需要面对数量庞大而复杂的家事案件，很难做到每起案件的裁判结果都能体现出未成年人利益最大化原则。其次，对于如何实现未成年人的最大利益，我国目前还没有一个统一的标准，而各个案例的情况也是千差万别，难以得出统一的判决。通过查询中国裁判文书网发现，有的文书甚至出现法官直接将《儿童权利公约》作为裁判的法律依据，② 这是否属于偏激适用未成年人利益最大化原则呢？再次，该原则适用需要尊重未成年人的权利主体地位，保障未成年人的参与权和表达

① 参见文章华：《离婚诉讼中的未成年人利益最大化原则实证研究》，甘肃政法大学2022年硕士学位论文。

② 中国裁判文书网案号为（2016）粤13民终1958号案例的裁判依据为：联合国《儿童权利公约》第三条、第二十七条和我国《未成年人保护法》第三条、第六条、第五十一条，司法机关应以儿童的最大利益为首要考虑。作为儿童的答辩人也应该按城镇标准获得赔偿，以最大限度地保护未成年人的合法权益。

权，但目前我国的司法制度和文化还没有充分体现这一要求，未成年人的意见和意愿往往被忽视或替代。最后，未成年人利益最大化原则的适用需要专业的人员和机构来提供支持和协助，如法律援助、社会调查、心理干预、专家辅助等，但目前我国在这方面的资源和能力尚存不足，难以满足家事司法上对未成年人权益保护的需要。

（二）家事审判缺乏专业且统一的审判机构

家事案件的审理一般由民事法庭按照普通民事诉讼程序进行，在以财产契约关系为纠纷对象、讲究双方当事人平等并对自己负责为基础的模式下展开，但这样的庭审结构未必适合审理家事纠纷。家事纠纷涉及复杂的家庭关系，法官在审理时除了依法作出裁判外，还需要引导化解矛盾、修复情感维系。普通民事诉讼程序虽然对作出合法裁判并无阻碍，却很难顾及并化解纠纷背后的亲情危机。基于此，我国法院在处理家事案件方面也进行了一些有益的探索，主要包括：在诉讼程序方面，对家事案件进行了分类，探索了符合离婚案件特点的证据规则，确立了离婚案件的要素式庭审模式；在制度建设方面，探索了家庭调查员制度、社会监护制度、心理评估与疏导制度、离婚财产申报制度等。然而，由于缺少法律法规的支持与授权，这些探索很难形成具有普适性的体系。

在一些冲突激烈的婚姻关系解除诉讼中，未成年子女有可能成为夫妻双方报复或要挟对方的筹码。① 究其原因，除缺少原则上的引导、保障未成年人权益的保障机制外，更重要的是涉及家庭纠纷案件的专业化程度较低，缺乏对未成年人案件的专门处理部门。与一般家庭纠纷只局限于夫妻之间的权利和义务不同，涉及未成年人家事案件中常常隐含着无法用单纯的权利义务关系来度量的情感纠葛。另外，在这种情况下，有很大的可能是未成年人自己的利益会受到来自父母的损害。要想解决家庭矛盾，修复家庭关系，维护未成年人权益，需要对未成年人的身份、财产、人格、安全、情感等各个方面

---

① 参见陈爱武：《家事诉讼与儿童利益保护》，载《北方法学》2016 年第 6 期。

给予足够的重视，并采取更加灵活的解决办法，强化公共权力对涉及未成年人相关事宜的监督。但是，我国现行的民事诉讼制度主要是以成年人的财产权益为主[①]，这与维持家庭关系稳定、保护未成年人权益的司法观念相矛盾。与此相对应的是，在司法实践中，也存在注重诉讼效率而忽视子女权益保护等问题。

（三）家事审判中未成年人缺乏意见表达途径

基于我国当前立法，家事审判对诉讼行为能力的规定遵从《民事诉讼法》，未成年人只有通过其法定代理人才能参加或提起民事诉讼。将监护人作为未成年人的法定诉讼代理人，暗含着一个前提，即父母与未成年子女的利益总是一致的。[②] 虽然父母通常是子女利益的维护者，但在家事诉讼中，由于涉及身份关系和未成年人利益，父母与子女的利益并不总是完全一致，有时甚至会发生冲突。在家事案件中，未成年人有时会成为原告或被告，有时则是与案件有利害关系的第三方。在此情形下，家长中的一方或两方都有可能因自身利益、感情冲动而忽略乃至伤害未成年人的利益。比如，任何一方都拒绝抚养自己的孩子，或者是为了争夺监护权，当着孩子的面贬低对方并向对方施压。此时，如果父母替代未成年人参与诉讼，那么“未成年人利益最大化”的规定就形同虚设。

因此，对于涉及未成年人的家事诉讼案件，应当采取一系列措施来保护未成年子女的利益，包括利用专门的机构和人员来处理案件、规定一些程序性的措施来避免利益冲突，以及依法追究那些严重损害未成年子女利益的行为的责任等。尽管家事案件中未成年人涉讼频繁，其并没有在诉讼法层面上获得主体地位的对待以及其他专门的特殊保障。现有法律只在关于未成年人抚养权方面有所规定，而且这些规定并未对如何听取意见和如何考虑子女的

---

① 参见张友连、岑董董：《论家事案件的类型及程序原则》，载《浙江工业大学学报（社会科学版）》2019 年第 2 期。

② 参见任凡：《论家事诉讼中未成年人的程序保障》，载《法律科学（西北政法大学学报）》2019 年第 2 期。

意见进行详细规定。最高人民法院下发的《关于进一步深化家事审判方式和工作机制改革的意见（试行）》（以下简称《深化家事审判方式和工作机制改革意见》）虽然对听取意见的年龄和方式方法作了规定，但仅限于抚养权方面，且未明确如何处理未成年人自身意见与其法定代理人意见不一致的情况。由此可见，目前家事诉讼对于未成年人意见表达机制并未建立。

（四）家事审判中未成年人心理问题难以疏解

家事诉讼案件通常涉及婚姻、抚养权、财产分配等家庭问题，这些问题往往会对未成年子女产生深远影响。未成年子女在家事诉讼案件中往往处于弱势地位，需要特殊保护。然而，当前家事诉讼案件的处理过程中往往忽视了未成年子女的心理需求。

首先，对于未成年子女来说，家事审判往往涉及紧张的法庭程序、陌生的法律术语和复杂的法律关系，这些因素都可能让未成年子女感到焦虑和恐惧。特别是当他们被卷入父母的离婚纠纷或抚养纠纷时，他们会担心自己的未来和生活，从而产生强烈的恐惧感。其次，未成年子女可能因父母的指责而感到自己的价值被贬低，这会对他们的自尊心造成伤害。例如，如果父母在法庭上互相指责，未成年子女可能觉得自己是问题的根源，从而产生自我怀疑和否定。再次，家事诉讼案件可能导致未成年子女在一段时间内无法与父母或其他亲人相处，从而使其产生孤独感和社交障碍。特别是当案件涉及搬家、转学等重大变化时，未成年子女可能感到无助和孤独。最后，家事诉讼案件可能导致未成年子女变得敏感、易怒。他们可能感到不安和沮丧，对周围的事物和人物产生过度的警觉和反应。这种情绪的波动可能影响他们的日常生活和学习。因此，家事审判改革有必要将视野从聚焦于审判扩大到诉讼外的未成年子女心理问题上。

四、应对与完善：家事审判改革背景下未成年人权益保护路径探析

（一）家事审判确立未成年人利益最大化原则

立法是一个漫长的过程，笔者认为，制定“家事诉讼法”已有必要，但

结合目前国家经济发展和社会转型的情况来看，以立法方式作为解决问题的手段未免过于“一刀切”了。设立一部法律需要经过漫长的试点和调适，家事审判试点虽然取得了一定的成效，却未建立起普适模式，因此对于家事诉讼领域立法还需审慎。但是，随着家事审判改革的深入和推进，相信在不远的将来，家事诉讼立法将会被列入国家的立法计划，家事诉讼法的春天终会到来。[①]

有学者对制定“家事诉讼法”曾提出过将“未成年人利益最大化原则”作为该法的基本原则之一[②]，这是因为：一方面家事审判的全过程应当体现未成年人利益最大化原则，另一方面家事审判的裁判结果或调解书的内容应当体现未成年人利益最大化原则。换言之，法院在对涉及未成年人利益的家事案件进行裁判或调解时，除了考虑法律规定范围内利益的处分及平衡，还应将未成年人利益最大化作为裁判或调解的首要考虑。虽然《民法典》和《未成年人保护法》都有关于未成年人权利保护的内容，但是这些内容过于原则和零散，并没有在未成年人利益最大化原则的指引下形成一套完整的、具有可操作性的裁判规则。未成年人利益最大化在实体法层面包含人身权利和财产权利两个方面，因此，如何建立未成年人利益最大化的裁判规则可从以下两个方面展开。

1. 建立未成年人人身权利最大化的裁判规则

首先，在处理离婚案件时，应当以保护未成年子女的权益为考量因素。在这类案件中，“未成年人利益最大化”要求以“未成年子女受到最小伤害”作为离婚裁判的考量因素。因此，法院在作出裁判时，必须综合考虑子女今后的抚养和身心健康问题，将对子女生活的合理安排作为离婚的必要条件之一。此外，还需进一步完善起诉离婚的限制，现有关于起诉离婚的限制仅局限于男方提出离婚的情形，没有考虑到未成年子女。笔者认为，可以考虑如

---

① 参见陈爱武：《家事案件审判程序改革的观察与思考——兼议民法典时代我国家事诉讼立法的必要性》，载《法治现代化研究》2020 年第 4 期。

② 参见刘敏、陈爱武：《〈中华人民共和国家事诉讼法〉建议稿及立法理由书》，法律出版社 2018 年版，第 63－65 页。

果未成年人患有严重疾病，则此期间禁止家长离婚，只有在非常特殊的情形下，才能决定是否准予离婚。

其次，在抚养权纠纷中应将未成年人利益保护作为首要考量。现行《民法典》第一千零八十四条已经明确规定，法院有权对已满 2 周岁的子女抚养问题有争议的案件依照最有利于未成年人子女的原则作出判决，对已满 8 周岁的子女应当尊重其真实意愿。《民法典》将本身位于考虑次位的子女利益进行了着重考量，这是立法上的进步。

最后，在确认或否认亲子关系的纠纷中，应当审慎进行亲子鉴定。一方面，亲子鉴定的结果有可能导致家庭成员之间的信任危机，会对家庭关系破裂产生巨大影响；另一方面，对于被鉴定的未成年子女来说，鉴定结果可能引起其自卑、焦虑甚至抑郁等心理问题。

2. 建立未成年人财产权利最大化的裁判规则

第一，建立财产强制申报制度。在离婚案件中，财产分割是一个核心问题，而未成年子女的抚养权归属与父母的财产情况密切相关。通过建立财产强制申报制度，可以增加离婚案件财产情况的透明度，确保未成年子女的利益得到最大化的保护。如果一方没有申报财产、收入等情况，可能会影响到孩子的抚养问题，法院一般不会作出离婚判决。对有意谎报个人资产、收入等行为，应当依法严惩，并且不允许其离婚或抚养未成年子女。在实施这一制度时，还需要制定具体的操作规程和标准，明确申报的内容、方式和时间等，并加强对申报内容的审查和核实。此外，还需要加强宣传和教育，提高当事人对财产申报和收入情况申报的认识和自觉性。

第二，建立抚养保证金制度。人民法院在判决离婚后，如果发现有可能造成未成年子女抚养问题无法得到妥善处理时，可要求一方给付一定金额的抚养保证金，或者依法对其财产采取保全措施。这一制度的建立具有积极意义，在离婚案件中父母往往因为各种原因无法妥善安排未成年子女的抚养问题，导致子女的权益受到损害。通过建立抚养保证金制度，可以使未成年子女在父母离婚后能获得应有的生活保障。同时，通过规范保证金的管理和使用，可以避免保证金被滥用或挪用的情况发生，确保资金的安全和合理使用。

第三，建立未成年人财产一并处理制度。通过将未成年人的财产问题纳入离婚和抚养纠纷案件的审理范围，可以更好地保护未成年人的财产权益，避免因父母离婚或争夺抚养权而导致财产损失。同时，指定财产保管人也可以确保未成年人的财产得到妥善管理和保护，避免财产被滥用或挪用的情况发生。

另外，需要注意的是，如果裁判规则的设计都围绕“未成年人财产利益最大化”，虽然其体现的制度初衷是保护家事审判中未成年子女的利益，但如果在这一原则的价值导向下滋生出将未成年人作为获取诉讼利益的工具，或者作为争夺抚养权的“棋子”等不良现象，将会对未成年人的身心健康产生极大的负面影响。因此，在设计和实施涉及未成年人利益的裁判规则时，必须同时考虑未成年人的特殊需求和权益保护，以及防止其被利用作为争夺诉讼利益工具的可能性。这需要我们在制度设计时，对未成年人的利益保护进行全面而深入的考虑，确保在保护其人身和财产利益的同时，不损害其身心健康，不违背其意愿。只有这样，我们才能真正实现未成年人利益最大化的目标。

（二）设立专门的审判机构——少年家事法庭

2020 年 3 月 2 日，最高人民法院设立最高人民法院少年法庭工作办公室，并分别在全国 6 个巡回法庭设立了少年法庭巡回审判点。[①] 2021 年 4 月，内蒙古自治区呼和浩特市中级人民法院组织市四区基层人民法院成立了少年法庭，探索创新符合未成年人身心健康发展规律和特点的审判方式。[②]

此前，最高人民法院于 2016 年召开了“少年法庭改革与建设”专题研讨会，明确指出要正确处理好家庭审判与少年审判的关系。同年 11 月，上海市

---

① 参见王俏：《少年审判工作如何应时而变》，载中国法院网，https：//www. chinacourt. org/article/detail/2021/03/id/5909875. shtml。

② 参见《以“法”之名保护“少年的你”！呼和浩特市四区人民法院少年法庭揭牌》，载微信公众号“内蒙古自治区高级人民法院”2021 年 4 月 3 日，https：//mp. weixin. qq. com/s/ApTKCz8S6o5_yPWAPBXpZw。

社会科学界联合会、上海市法学会主办了“少年审判与家事审判的关系”座谈会，深入讨论了少年案件与家事案件之间的关系，并对其的发展方向进行了研究。回顾我国少年审判庭的历史，上海市长宁区人民法院于1984年建立了全国首个少年审判庭，随后，江苏、北京、福建等省市相继开启少年法庭改革。经过几年的发展，少年法庭已经成为我国人民法院的审判机关。在40余年时间里，少年法庭为中国的司法与人权事业作出了重要的贡献。

就家事审判与少年法庭的处理而言，我国家事审判改革的实践中存在“合并”与“维持分离”之说，二者各有所长。一方面，少年审判观念与家庭审判程序运行的需要是一致的，因此两者之间的结合是有可能的，而少年法庭发展了40余年，也积累了许多有益的经验。另一方面，少年审判庭不但要建立一个专门的机构，还要挑选专门的工作人员，这就导致了司法资源的浪费。

建立少年家事审判庭，在解决家庭矛盾、保护青少年权益方面有着得天独厚的优势。首先，少年法庭的合并将有助于解决目前司法制度改革后司法资源特别是人力不足的问题，这不仅可以更好地保护未成年人，还可以实现司法资源的整合。其次，建立少年家庭审判庭，可以减轻其由于缺乏案源而造成的司法资源的浪费。从前文可以看出，家事纠纷数量日益增多，对未成年人的影响力越来越强，对家事案件中的未成年人权益保护案件的专业化处理，势必会使未成年人的权益得到更好的保护，也能使少年法庭的特点得到更好的保留和发挥。此外，更好地解决家庭纠纷，还能从根本上改善青少年的生活环境，防止他们因为成长环境不好而走上歧途。因此，少年家事审判庭的产生，既符合当前司法实践的需要，也符合社会发展的现实需要。当然，合并后的少年法庭并非单纯地改名就可以了，还需要对其进行专业化、科学化和实质性的整合与重组。

（三）构建未成年人参与家事审判的表达机制

1. 完善家事审判未成年子女意见听取机制

虽然许多家庭审判改革的试点法院都以子女利益最大化、子女利益优先或未成年人特殊保护为主要内容，但仍缺乏对儿童利益最大限度保护的制度和程序机制。[①] 任何一项原则的贯彻都需要落实到具体的法律规定之中，目前虽未建立专门的家事诉讼法典，但亦可以以现有规定为基础，从以下几个方面完善家事审判未成年子女意见听取机制。

第一，明确是否听取未成年子女意见的判断标准。在涉及未成年子女利益的家事案件中，夫妻之间的争议焦点、矛盾程度以及未成年子女的个体情况都存在极为显著的个体差异。为了保障未成年子女的权益，我国应从相关立法和司法解释出发，确定法院在何种情况下需要听取子女意见。判断标准应包括必须听取的情形，如子女年龄和智力水平以及法官可自由裁量的情形，当事人主张可能损害子女利益的情形。对于 8 周岁以上的未成年子女，其意见应被听取；不满 8 周岁的未成年子女，如果当事人主张可能损害其利益，应通过适当方式听取其意见。当案件存在当事人对抗激烈、不同意调解等情况，或者父母一方存在不良嗜好、家庭暴力、出轨等行为时，应听取涉案未成年子女的意见。但法官在考虑听取未成年子女意见时，还需考虑未成年子女的年龄、性格、心理状况、成长经历、家庭环境等因素，以及其是否存在精神或心理压力等。对于争议不大、同意调解的案件，法官可依据具体情况决定是否听取未成年子女的意见。如调解结果存在不利于未成年子女利益保护的可能性，也应听取涉案未成年子女的意见。[②] 总之，在离婚纠纷案件中，法院应全面考量各种因素来决定是否听取未成年子女的意见，以保障其合法权益。

第二，全面听取各年龄层未成年人子女的意见。在处理关系到未成年人权益的家庭事务中，应当尊重和倾听未成年人的观点和想法，以减少对他们生活和身心造成的伤害，使他们获得更多的心理舒适感和安全感。父母和法官需要全面认识并理性对待这个问题，父母应摒弃家长制思想，以未成年子

---

① 参见陈爱武：《家事案件审判程序改革的观察与思考——兼议民法典时代我国家事诉讼立法的必要性》，载《法治现代化研究》2020 年第 4 期。

② 参见任容庆：《法院解决家事纠纷的机制分层与功能定位》，载《人民司法（应用）》2018 年第 13 期。

女的利益为首要考虑因素。未成年子女如果有表达意愿和能力，父母和法官就应听取他们的意见，充分尊重未成年子女的自我表达权。同时，《民法典》第一千零八十四条和《深化家事审判方式和工作机制改革意见》将听取未成年子女意见的年龄标准下调至8周岁以上，这与《民法典》总则中关于民事行为能力的划分标准保持一致。法官在作出未成年子女抚养人的判决前，会考虑诸多因素，包括父母的抚养意愿、抚养能力、健康状况、经济条件等，而很少将子女意愿、子女利益作为首要考虑。总之，在处理涉及未成年子女利益的家事案件时，法官不应仅考虑未成年子女的年龄因素，而是应全面考虑各种因素，包括听取和了解不满8周岁的未成年子女的意见和想法，以实现最大化的未成年人利益保护。

第三，完善听取未成年子女意见的方式。在家事审判中，为了保障未成年子女的权益，应当尊重并听取他们的意见和想法。对不同年龄的未成年子女需要采取不同的听取方式，以此确保其表达真实意愿并形成有效沟通。完善听取未成年子女意见的方式可以从以下几个方面入手：首先，推行法官会见制度。对于符合听取未成年子女意见标准的案件，由女性法官在庭外与未成年子女单独谈话并制作笔录，谈话内容可视为当事人陈述。同时，可以借鉴我国台湾地区的社工陪同制度，邀请其他人员在场，给予未成年子女心理安慰和保护。其次，考虑未成年子女的特殊需求。在时间和地点的选择上，应充分考虑未成年子女的特殊需求，选择不影响其生活学习的周末或节假日，场所应当是儿童活动区、心理疏导室等轻松且有利于缓解紧张情绪的环境。在听取意见前，可以邀请心理学相关工作人员到场，帮助未成年子女缓解紧张情绪。再次，推广圆桌调解形式。在家事案件中适用圆桌调解形式，调解员和当事人围桌而坐，取消“原告人”“被告人”的称呼，以“父亲”“母亲”“孩子”等亲切的方式取代。这种形式有助于缓解未成年子女的紧张情绪和心理压力，更容易表达其内心真实的想法和意愿，提高案件调解成功率。最后，采取其他有益做法。对于不满8周岁的未成年子女，可以让他们与父母在儿童活动区进行做游戏、画画等活动，法官、心理学家等人员在单面镜外进行观察，判断子女与父母的关系亲密程度。还可以让未成年子女建构沙盘模拟，分析了解其心理活动和内心想法。对于 8 周岁以上的未成年子女，根据其表达能力和智力水平进行判断，可以出庭发表意见或适用法官会见制度进行庭下询问，也可以邀请家事调解员或心理专家在其父母不在场的情况下与其交流，同时注意沟通技巧，听取其意见。

2. 构建家事审判未成年人程序代理人机制

在涉未成年人案件中，监护人与未成年人发生了利益冲突，导致未成年人权利的丧失。为了弥补法定代理人制度的缺陷，程序代理人制度应运而生。在涉未成年人家事案件中，程序代理人制度是一种为避免家长或其他监护人过分关心自己的利益，忽略和侵害未成年子女的利益而设立的制度。程序代理人独立于未成年人的家长或其他监护人，以保护未成年子女的利益为目的，协助未成年人有效地行使自己的权利。[①] 程序代理人是由法庭挑选出来的，其为了保护未成年人的最大利益而参加诉讼，拥有独立诉讼主体的身份，能够在一个特殊的诉讼过程中独立地了解和确认未成年人的最大的利益，并且向法庭证明，他可以为了未成年人的利益而提出异议，也可以直接提出抗告。应当指出，程序代理人不能代表其本人为未成年子女作出意思表示，也不能接受其意思表示，并且要关注当事人在诉讼过程中对亲子关系的干预程度，尽量减少对亲权的干预。

北京市高级人民法院发布了一份《北京市法院少年法庭抚养探望类家事案件审判工作报告》，其中提出了建立“诉讼监护人”制度的设想，即当未成年人的法定代理人不能出庭或有利害关系不能出庭的情况下，由一名诉讼监护人代为出庭，使其能够向法官表达自己的独立意愿。

未来在《民事诉讼法》修订时，应增加程序代理人制度以弥补未成年人诉讼能力不足的缺陷。在家事案件涉及未成年人重大人身和财产利益的情况下，如果法定监护人没有能力或者有利益上的矛盾，法院可以依据职权从律师、法律援助机构、民政部门和妇联等专业的未成年人保护机构中为未成年

---

① 参见何燕：《家事诉讼中未成年人利益最大化原则研究》，南京师范大学 2016 年博士学位论文。

人选择程序代理人。

（四）诉讼外：完善未成年人心理保护机制

1. 发挥青少年事务社工的支持作用

司法社会工作是化解家事纠纷第一道防线上的中坚力量，是推进家事审判改革不可或缺的元素之一。[①] 青少年社会工作是以青少年相关事务为服务领域，由社工群体根据青少年的心理、生理等特征及需求，为其提供辅导以便促进其身心健康成长、发展进步的社会工作活动。[②] 早在家事审判改革试点之初，2016 年最高人民法院公布的《关于开展家事审判方式和工作机制改革试点工作的意见》提出，要“探索引入家事调查员、社工陪护及儿童心理专家等多种方式，不断提高家事审判的司法服务和保障水平”[③]。探究其背后的法理基础可以发现，青少年事务社会工作理念与家事审判中未成年人权益保护理念是不谋而合的，青少年事务社会工作强调服务确实有需要的困难群体和弱势群体、服务对象利益最大化的理念，与未成年人权益保护所主张的未成年人利益最大化原则是十分契合的。此外，当前家事审判理念正朝着强调家庭纠纷圆满解决的趋势发展，因此特别注重采用非诉讼纠纷解决机制，成熟的社工组织参与到家事审判并与家事法庭合作，协助解决涉及未成年人的家事纠纷，这对于提升诉讼效率和圆满解决纠纷都有着不可或缺的作用。[④] 因此，通过青少年事务社工服务协助支持家事审判是具有合理性的。

目前，实务中采取“法官 + 社工”模式并取得一定成绩的是上海市杨浦区人民法院。2021 年 11 月，上海市杨浦区人民法院与共青团杨浦区委员会、上海市阳光社区青少年事务中心共同签署了《建立青少年事务社会工作者参

① 参见付立华、王文燕：《司法社会工作参与家事审判的路径和角色研究——以社工参与 L 法院家事少年审判服务项目为例》，载《济南大学学报（社会科学版）》2022 年第 3 期。

② 参见王思斌、陆士桢：《社会工作专题讲座第十一讲 青少年社会工作》，载《社会工作（实务）》2009 年第 5 期。

③ 《最高人民法院关于开展家事审判方式和工作机制改革试点工作的意见》，载中华人民共和国最高人民法院网 2016 年 4 月 23 日，https：//www. court. gov. cn/fabu – xiangqing – 37372. html。

④ 参见钱晓峰：《涉未成年人家事审判应建好社会服务支持体系》，载中国法院网，https：//www. chinacourt. org/article/detail/2021/02/id/5799563. shtml。

与涉未成年人家事案件纠纷解决机制的合作协议》①，法院可委托市阳光社区青少年事务中心选派青少年事务社工，开展家事调查、调解、心理疏导、回访观护、探望监督、家庭教育指导等工作，形成“法官 + 社工”的家事审判新模式。上海模式的成功得到了司法机关的高度认可，也为家事审判改革的着眼点提供了新的角度。笔者认为，家事审判有必要借鉴上海模式，通过青少年事务社工的介入，帮助家事审判中的未成年人走出心理阴霾。

第一，青少年事务社工要在诉前发挥引导作用。这就要求担任青少年事务社工的门槛不仅包含了解未成年人身心特点，还需要具备一定的法律素养，能够对参与到家事诉讼中的未成年人进行安慰、引导。首先，青少年事务社工需要关注未成年人在家事审判前的情绪状态。由于未成年人通常面临家庭纠纷和压力，他们可能会感到紧张、恐惧和不安。这时，社工需要提供情绪支持和安慰，帮助他们缓解压力，并鼓励他们积极面对家庭问题。社工可以通过耐心倾听、安慰和鼓励来帮助未成年人建立信心，让他们感受到社工的关心和支持。其次，青少年事务社工需要向未成年人解释家事审判的程序和提供相关法律知识，让他们了解审判的流程和自己的权利。社工可以通过简单易懂的语言解释审判的程序，解答未成年人的疑问，并帮助他们理解自己在审判中的角色和责任。此外，社工还可以提供一些基本的法律咨询，帮助未成年人了解自己的权益，并提供一些解决问题的建议。

第二，青少年事务社工要在诉中发挥调解作用。由于家事审判的理念注重的是婚姻家庭和谐，家庭的完整对未成年人的成长至关重要，因此社工在介入家事纠纷案件时，首要目标就是寻找修复家庭关系、化解矛盾的方法。社工在介入家事纠纷案件时，首先，需要了解案件的基本情况，包括家庭关系、矛盾焦点、纠纷原因等。其次，社工需要与当事人进行沟通，了解他们的想法和需求，并尝试通过调解和协商的方式解决问题。最后，社工需要向当事人提供法律咨询和指导，帮助他们了解自己的权利和义务，并协助他们

① 参见《保护未成年人，“法官 + 社工”联手传递司法暖阳》，载微信公众号“上海杨浦”2021 年 11 月 18 日，https：//mp. weixin. qq. com/s/qVW_ h6Xk6vvEpju5MCmCXA。

制定解决方案。通过调解和协商，社工可以帮助家庭成员达成共识，解决纠纷，并恢复家庭和谐。

第三，青少年事务社工要在诉后发挥关护作用。这需要青少年事务社工负责跟进家事审判后的后续影响，为家庭中的未成年子女提供必要的关注和支持。因为在家事审判的诉讼过程中，家庭破裂对未成年子女的影响是非常显著的，可能会导致他们感到焦虑、恐惧和无助。如果未成年子女的这种情绪没有及时得到关注和引导，他们可能会陷入心理困境甚至走上歧路。因此，青少年事务社工的作用非常重要，他们需要密切关注未成年子女的生活和情感需求以及提供必要的支持和帮助，确保他们在家庭破裂后得到妥善的照顾和关注。同时，青少年事务社工还需要及时评估和反馈家事审判后续的影响，为法官提供重要的参考依据，以确保案件得到妥善处理。

2. 落实家庭成员亲情教育

家庭教育的基础是亲情，任何人都不能代替父母在子女成长过程中所发挥的作用。父母是未成年人权益保护的第一责任人，而在家事诉讼中由于父母对未成年人保护缺乏意识，往往难以达成合理的解决意见。因此，要通过推行家庭成员间的亲情教育制度，引导父母合理思考和对未成年人的心理进行保护。第一，设置对父母的相应教育课程，由国家认可的具有相应心理学资格的人员进行与未成年人相关内容的辅导，强调父母的主体责任。第二，设置强制性的亲情教育，未成年人的父母或监护人必须参与抚养权、探望权、家庭暴力等案件的教育，并由心理辅导人员在进行课程后记录相应的笔录，作为家事案件审理的相关参考。总之，在家事诉讼中落实家庭成员亲情教育需要采取多种措施，只有促进家庭成员之间的交流和理解等方式，增强家庭成员之间的情感交流和理解，才能缓解未成年人因参与家事审判而导致的心理问题。

合适成年人法定顺位的检视与反思

李佳明[*]

内容提要　现有的合适成年人法定顺位采用的是法定代理人优先、合适成年人次之的模式，这一法定顺位的规定受到了内在与外在两方面因素的影响。由于法定代理人到场保障与惩戒机制缺位、第一顺位例外情况缺乏细化以及未成年人本人意愿未受重视等原因，目前司法实践中法定代理人的优先顺位存在被架空的问题。为实现儿童利益最大化原则，切实保障未成年人的合法权益，应当明确规定法定代理人到场保障与惩戒机制，严格限制重罪案件中法定代理人缺席，细化法定代理人优先顺位原则的例外情况，赋予未成年人一定的自主选择权，并打造一支专业化的合适成年人队伍。

关键词　合适成年人　法定代理人　未成年人　儿童利益最大化

一、问题的提出

与成年人相比，未成年人身心发育未臻健全，其属于刑事诉讼中的“弱势群体”。未成年人受认知能力、表达能力及理解能力的限制，在封闭性、专业性强的讯问及询问环境中，其不仅难以还原案件的真实情况，合法权益也容易受到侵犯。正因如此，“合适成年人”制度在英国诞生，随后在诸多国家

---

* 李佳明，福州大学法学院 2022 级硕士研究生。

予以确立。这一制度根植于儿童利益最大化原则与国家亲权理论，通过指定一名合适成年人参与未成年人讯问或询问，从而起到安慰、沟通、教育、监督等作用，进而保障未成年人的合法权益。

早在 1962 年 12 月，公安部发布的《预审工作细则（试行草案）》就规定了审讯未成年人可以邀请父母、监护人以及学校代表到场的制度。[①] 由此可见，我国很早就出现了合适成年人制度的雏形。但直到 2012 年修正《刑事诉讼法》，立法机关才以法律的形式确立了合适成年人到场制度，并进一步明确了到场顺位。这一规定强调了在未成年人刑事诉讼程序中司法机关应当优先通知法定代理人到场，而合适成年人处于次之的地位。目前，我国对于合适成年人制度的研究，主要围绕合适成年人制度的立法规范、实践运行和人员选任三个方面进行。当前已有的研究都提出了创新性、建设性的观点，鲜有从法定顺位的角度讨论合适成年人制度。在司法实践中，这种法定顺位的规定出现了被架空的问题，合适成年人制度趋于“形式化”，甚至逐渐沦为走过场的“工具人”形象。基于此，笔者采用数据收集、访谈等方式进行实证调研，从法定顺位的角度入手，对现有法定顺位存在的问题进行梳理，进而对合适成年人法定顺位选择提出完善意见，以期进一步保障未成年人合法权益。

二、法定代理人优先顺位正当性之考量

随着《刑事诉讼法》的实施和刑事辩护制度的日臻完善，当前司法实践中对于涉及未成年人案件，已基本依照相关规定，保证在讯问未成年犯罪嫌疑人或者询问未成年被害人、证人时有成年人在场。但在到场的各式各样的合适成年人“你方唱罢我登场”中，未成年人的法定代理人却存在被架空的趋势。因此，《刑事诉讼法》之所以将法定代理人规定在第一顺位，是内在与外在双重因素共同作用的结果。

---

① 《预审工作细则（试行草案）》第二十一条规定，对少年犯的审讯，在必要的时候，可以邀请他的父母或监护人以及所在学校的代表参加讯问。

（一）法定代理人优先顺位之内在原因

1. 法定代理人权利视角

依据《刑事诉讼法》第二百八十一条的规定，在讯问和审判未成年人刑事案件需要成年人到场时，法定代理人处于优先顺位。除少数家庭的父母未履行或未充分履行抚养义务对子女关切较少外，绝大多数家庭中父母与子女长期生活在一起，加之天然具有血缘关系，父母与未成年人最常交流也最为了解，自然也就最能起到沟通、安抚的作用，这是其他合适成年人难以望其项背的。并且在讯问和询问中，出于该种感情因素，父母的立场通常在于保护、教育未成年人，绝大多数时候不会偏向司法机关一方，这在陌生而又高压的司法环境中能给予未成年人更充分的安全感。一项针对 109 名未成年犯的调查显示，首次讯问时最希望父母到场的比例最高。① 但在实践中，部分司法工作人员由于种种原因，在办理涉及未成年人案件时越过了法定代理人，直接联系合适成年人到场。② 这一行为实质上是对法定代理人优先顺位的架空，侵害了未成年人的权利。

2. 法定代理人义务视角

法定代理人在未成年人刑事诉讼程序中扮演着重要角色。有研究显示，法定代理人能否很好地履行其监护职责对起诉环节和判决环节的最后结果会产生重要影响。③ 一项针对法官与检察官的调查显示，大多数法官与检察官认为监护条件会对涉罪未成年人的司法处理产生一定影响。④ 例如，在审查逮捕和审查起诉阶段，若未成年犯罪嫌疑人的法定代理人能够很好地履行职责，

---

① 参见姚建龙：《权利的细微关怀："合适成年人"参与未成年人刑事诉讼制度的移植与本土化》，北京大学出版社 2010 年版，第 218 页。

② 笔者在与 P 市 C 区人民检察院的一位检察官访谈中得知，在杨某某等 5 人诈骗案中，其中一名未成年犯罪嫌疑人的姐姐向检察机关表示，公安机关在讯问其弟弟时，其母亲在派出所门外等待长达 1 个多小时，最终也未能与儿子见面。对此，他们已经向公安机关发出检察建议。

③ 参见马晓：《社会力量参与犯罪控制模式之探索——以"流动少年"犯罪为视角》，载《法律适用》2009 年第 8 期。

④ 参见王贞会：《家庭监护功能缺位的实践表征及其治理路径——以 308 名涉罪未成年人为样本的分析》，载《政法论坛》2018 年第 6 期。

检察机关更倾向于对其作取保候审或者附条件不起诉处理。[①] 在之后的帮教阶段，法定代理人也能更大程度地参与未成年人的帮教活动中。《刑事诉讼法》对未成年人实行“教育、感化、挽救”的方针。《未成年人保护法》第十六条也明确规定了未成年人的父母或者其他监护人应当履行的监护职责。在司法机关对于未成年人的讯问过程中，对未成年人内心世界的探究和对未成年人的教育是相当重要的一环，这也是法定代理人的职责所在。因此，在刑事诉讼中，到场是法定代理人无法免除的义务，也是其家庭监护义务的具体落实，这有利于更好地保障未成年人的权益。

如果说法定代理人参与未成年人刑事诉讼仅仅是权利，就意味着可以放弃，但当它同时兼具义务的法律特征时，就意味着不仅不可随意放弃，而且必须认真履行。在现实生活中，有部分法定代理人由于忙于工作等原因，对子女疏于管教，即使是面对未成年子女涉嫌刑事犯罪，已经进入刑事程序时，其仍然是一副“事不关己，高高挂起”的模样。[②] 有学者通过调查发现，在被调查的涉罪未成年人中，三分之一以上的人在犯罪前没有与父母生活在一起，而有一半的父母对未成年子女的管束方式呈现极端化。[③] 这体现出父母对子女的陪伴往往方式简单且忽视教育质量，形式大于实质。诚然，实践中确实存在法定代理人无法联系、交通不便、经济紧张等无法到场的原因，但不管出于何种原因，法定代理人在刑事诉讼过程中的缺位，本质上都是其未尽监护义务的表现。试想，作为天然的血缘关系联系者，世界上最亲近的父母对未成年子女的权益保障都如此漠视，又有谁能比他们付出更多的心血呢？

---

① 据P市C区人民检察院的一位检察官介绍，在李某某盗窃案中，由于李某某户籍所在地为J省N市，他们曾考虑过对其作附条件不起诉后采用异地帮教的方法，并为此与相关部门积极协调。但李某某的父亲多次向检察机关明确表示自己无法监管，因此他们最终只能对李某某作出起诉决定。

② 以下是P市公安局C分局F派出所某次办理一起未成年人犯罪案件的一幕：该案的承办民警试图联系未成年犯罪嫌疑人的法定代理人，其中一名未成年犯罪嫌疑人的法定代理人明确向承办民警表示“我管不了他”，并要求公安机关“随便给我抓进去关起来算了”。如此态度令人扼腕叹息。

③ 参见王贞会：《家庭监护功能缺位的实践表征及其治理路径——以308名涉罪未成年人为样本的分析》，载《政法论坛》2018年第6期。

（二）法定代理人优先顺位之外在原因

1. 合适成年人队伍质量低

当前，“父母缺位”引发的未成年人问题已经引起了全社会的高度关注，亦有人提出“直接寻找符合要求的合适成年人取而代之”的观点，并认为这能更好地保障涉罪未成年人的合法权益。[①] 我们当然谴责法定代理人的责任缺位，也对合适成年人抱有希冀，然而，从当下的实际情况来看，这样的想法还仅仅停留在理想的愿景层面。事实上，在未成年人刑事诉讼程序中优先考虑通知法定代理人到场，除了法定代理人自身存在的权利与义务，更多地受制于外在因素。换言之，这是“不得已而为之”的选择。合适成年人体现的就是“合适”二字，然而，什么样的人才能真正称得上是“合适”之人，当前尚无法找到一个确切的标准。在实践中，合适成年人往往来自多种职业人群。笔者以 2013 年 5 月 30 日至 2021 年 11 月 3 日全国涉未成年人刑事案件中合适成年人的构成情况为研究对象，在中国裁判文书网上设置“合适成年人”“未成年人”为关键词，选取案件类型为“刑事案件”，审结时间为“2013 年 5 月 30 日至 2021 年 11 月 3 日”，共获取裁判文书 246 份，排除 105 篇未标明合适成年人来源的裁判文书，共获取有效样本 141 份。对其中的合适成年人整理其来源（见表 1），符合条件的合适成年人一共有 145 位，其中从事未成年人工作的人员（如关心下一代工作委员会、未成年人保护组织等）占比最大（70 人，占比为 48.3%），近亲属（如兄姊、姑舅、祖父母等）占比次之（37 人，占比为 25.5%），其他公职人员（如村居委会、社区工作人员等）占比再次之（32 人，占比为 22.1%），另外还有教师（4 人，占比为 2.8%）和一些其他人员（如雇主、律师，2 人，占比为 1.4%）。

① 参见王文卿、丁可欣：《合适成年人参与制度的形式化——社会工作者的参与观察和反思》，载《社会工作》2016 年第 1 期。

表1 样本中合适成年人来源

合适成年人来源	人数/人	占比/%
合计	145	100
从事未成年人工作的人员	70	48. 3
近亲属	37	25. 5
其他公职人员	32	22. 1
教师	4	2. 8
其他人员	2	1. 4

在合适成年人中，近亲属与未成年人的关系通常较为密切，教师与街道办事处、村居委会等工作人员通常具有一定的学历水平，但他们是否具备相当程度的法律知识还有待商榷。事实上，倘若缺乏相关法律知识，合适成年人难以真正参与诉讼行为、监督司法程序的合法性。随着人们法治意识的提高，越来越多的人认识到刑讯逼供的不合法之处，也能较为准确地辨认出侦查活动中的打骂、冻饿等刑讯逼供手段。然而，由于缺乏充分的法律专业知识，这类合适成年人可能无法准确辨识出一些诱供、骗供等潜在的“柔性”刑讯逼供行为，以及其他违反《刑事诉讼法》的司法活动，也就无法真正确保未成年人的合法权益。英国学者展开的一项实证研究发现，在所有由社会工作者担任合适成年人的案件中，有62%的案件警察采用了诱供的策略来获得口供，但合适成年人却未作出任何干涉。①

除了应当具备一定程度的法律知识外，合适成年人还应当具备一定的与未成年人沟通交流的能力。在实践中，司法机关留给合适成年人与未成年人沟通的时间本就十分短暂，而如何在这段有限的时间内快速地与未成年人建立起亲密关系一直是一个困扰众多合适成年人的问题。合适成年人来源广泛，但许多合适成年人的相关能力有限，并不足以支撑起其在极其有限的时间内

① 参见何挺：《合适成年人讯问时在场的形式化倾向及其纠正》，载《中国刑事法杂志》2012年第11期。

与未成年人建立相当程度的信任关系，也就难以发挥其在讯问或询问中的真正作用。

2. 合适成年人作用工具化

合适成年人制度在司法实践中的施行目前主要依靠办案机关推动，这就导致办案人员在选择合适成年人时，容易下意识地选择一些与自己关系较好、办案效率较高甚至更愿意“合作”的合适成年人，从客观上造成了合适成年人依附于办案机关的局面。在司法实践中，合适成年人的补贴通常由司法机关发放，这种购买服务的模式使合适成年人与司法机关事实上形成了卖方与买方的关系，而这种不对等的关系和利益链条的存在使合适成年人在司法实践中难以保证其中立性。

鉴于这种特殊关系，为了能够保证合适成年人队伍的建设和制度的运行，合适成年人在具体工作中的主要目的从“沟通、安抚、监督”等面向未成年人的价值转变为满足司法机关的要求，其身份也从讯问过程的监督者和未成年人的帮助者异化为司法机关的协助者。一方面，由于大多数合适成年人并不具备足够的专业知识应对司法机关的司法活动，因此许多合适成年人的主要活动仅局限于在讯问及询问过程中在场，并于程序结束后在笔录上签字捺手印。合适成年人在刑事诉讼中的活动成了其与司法机关之间心照不宣的“默契”。当合适成年人在某种程度上成为办案机关的附属品时，讯问及询问的局面会由“未成年人 VS 办案机关人员，合适成年人中立甚至更偏向未成年人一方”滑向“未成年人 VS 办案机关人员 + 合适成年人”，这无疑加剧了未成年人在司法程序中的紧张性和压迫性，而这种违背制度设立初衷的实践异化可能会引发更为严重的实践问题。另一方面，在“人少案多时间紧”的司法现状下，司法机关为追求办案效率，在讯问或询问程序中往往会严重压缩合适成年人与未成年人沟通、交流的时间，甚至出现根本没有交流机会的情形。在这样的司法场域下，合适成年人即使拥有一定的专业能力也常常“无用武之地”。为研究这一问题，有学者对涉罪未成年人进行了访谈，其中有一名未成年人回忆道：“他没和我说话，但帮检察官发了材料，我以为他是检察院的人。”[①] 在此种情形下，合适成年人完全未发挥其制度预期，仅仅停留在“剧场化”的“观赏”效果，沦为司法活动形式上合法的“工具人”。

三、法定代理人优先顺位架空的原因分析

现有的合适成年人法定顺位制度规定了法定代理人优先于合适成年人，同时也规定了三种例外情形。但在司法实践中，这样的规定显然已经难以满足实际需要，现有的法定顺位选择的规定仍存在诸多问题亟待解决，而这些情况是由多种原因导致的。

（一）法定代理人缺乏到场保障与缺席惩戒机制

“有权利必有救济，无救济则无权利。”从法定代理人优先顺位的权利视角来看，法定代理人到场虽然是其当然拥有的权利，但在具体实践中仍然缺乏必要保障。在现实生活中，许多法定代理人在外地工作，未成年子女成为留守儿童。当未成年子女需要法定代理人到场参与讯问或询问时，法定代理人碍于时间、金钱、精力成本等原因无法亲临。司法机关抑或受制于基层“人少案多时间紧”的现状，抑或偏向直接寻找合适成年人的惰性促使，缺乏保障法定代理人到场的积极性。甚至有的司法机关越过通知法定代理人这一前置程序，直接联系与司法机关“相熟”的合适成年人到场，严重损害了法定代理人的知情权。[②] 在缺乏到场保障机制的情况下，法定代理人的到场变得更加艰难，未成年人的权益也更难得到保障。

从法定代理人优先顺位的义务视角来看，司法实践中亟须法定代理人的缺席惩戒机制。《刑事诉讼法》虽然为未成年人设立了特别程序，也对法定代理人到场作了强制性规定，但是在缺乏惩戒机制的情况下，执行这些规定并非易事。部分不负责任的法定代理人因此认为不到场也不会受到惩罚，到场

① 何挺：《合适成年人讯问时在场的形式化倾向及其纠正》，载《中国刑事法杂志》2012 年第 11 期。

② 参见王文卿、丁可欣：《合适成年人参与制度的形式化——社会工作者的参与观察和反思》，载《社会工作》2016 年第 1 期。

反而需要耗费大量的时间与精力，于是产生侥幸或懈怠心理，有的干脆直接缺席未成年子女的诉讼过程，让未成年子女的合法权益难以得到保障的同时，也让法定代理人到场规定成为尴尬的一纸空文。

（二）法定代理人第一顺位例外情况缺乏细化

通常情况下，法定代理人当然处于第一顺位，但常言道“有原则就有例外”，《刑事诉讼法》中规定了法定代理人第一顺位的例外情况，然而，这一针对例外情况的规定缺乏细化，除了法定代理人是共犯这一情况外，其他规定都过于宽泛，这就为法定代理人的缺席提供了太多借口。因此，现有的法定代理人第一顺位例外情况亟须细化。法定代理人第一顺位的例外情况主要有：

第一，亲子关系恶劣。有些父母在子女幼年时就背井离乡前往外地工作，长时间未和子女共处；有些父母在对子女的管教中采取打骂等过于严格的教育方式，这些因素都在一定程度上造成了父母与子女之间的隔阂。子女对父母的信任、依赖等情感，很大程度上需要建立在双方融洽的关系之上。当子女对父母抱有的是类似于“他们并不爱我”“我不想看到他们”的态度时，双方即处在情感关系上的对立面，法定代理人即使能够到场，也很难起到安抚、教育的作用，反而可能激化双方之间的矛盾，这与法定代理人到场这一制度的设立初衷相违背。例如，在李某某强奸未成年人樊某案中，被告人李某某的辩护律师提出侦查机关在询问中未通知樊某的法定代理人，也未通知其成年亲属或基层组织、保护组织代表，而是让与樊某无任何关系的张某 1 作为监护人签字，严重违反法律程序。S 省 L 市人民检察院认为，张某 1 是樊某父亲的朋友，又与其母亲同村，父亲再婚后，樊某与家人关系很差，有事也不敢跟家里说，而她之前曾多次找张某 1 帮忙，因此在对其的询问中由张某 1 担任合适成年人的角色。①

第二，未成年人是同胞关系。未成年人犯罪多以团伙犯罪为主要表现形

---

① 参见李某某强奸案，山东省聊城市中级人民法院（2020）鲁 15 刑终 80 号刑事裁定书。

式，一起未成年人团伙犯罪有可能出现两名以上的涉案未成年人是同胞兄弟姐妹关系的情况。此时，他们的父母同时成为这些同胞涉案未成年人共同的法定代理人，就存在串供等影响案件事实查明的可能。为保证讯问及询问过程能够顺利进行，查明案件真相，在这种情况下应当通知合适成年人到场参与讯问或询问。①

第三，法定代理人是该案的证人。例如，在张某某、刘某某盗窃案中，辩护律师提出侦查机关在取证过程中安排村干部担任本案证人以及刘某某未成年之子刘某笑的代理人违反法律的规定。法院在判决的说理部分则对此作出了阐明：刘某笑之母张某系本案的证人，故公安机关在对证人刘某笑制作询问笔录时，其法定代理人张某不能在场。侦查机关依法通知刘某笑居住地基层组织代表即P市H区某镇某村村委会干部陈某国作为合适成年人到场，符合法律的规定。② 在性侵未成年人案件中，法定代理人是证人的情况尤为突出。受害人遭受侵害后，若选择第一时间告诉父母，其父母就会成为该案的证人。例如，在邵某强制猥亵未成年人崔某案中，崔某在母亲前往学校探望时就告诉其自己被猥亵的事实，③ 如此一来，其母亲即成为本案的证人之一，考虑到证人身份的优先性，当法定代理人成为证人时，为避免两种身份的混同，司法机关应当优先考虑其作为证人的身份。

第四，部分法定代理人在场可能严重影响讯问。有些未成年犯罪嫌疑人的法定代理人为帮助子女逃避处罚，在讯问过程中出现了妨碍讯问的行为，如教子女应当如何回答办案人员的讯问甚至对办案人员的讯问代为回答。有些法定代理人平时对子女的教育方式较为粗暴，见子女涉嫌犯罪，心情急躁，在讯问时甚至出现辱骂、殴打子女的情况，对讯问产生了严重影响。有些子女存在畏惧、爱面子等心理，法定代理人在场时所产生的身份上的影响力使其反而不敢说实话。比如，在王某强奸案中，犯罪嫌疑人王某（案发时15

---

① 据P市C区人民检察院一位检察官介绍，在办理蔡某某等6人涉嫌寻衅滋事罪时，其中两名未成年犯罪嫌疑人系双胞胎兄弟关系，公安机关因此通知了合适成年人参与讯问。

② 参见张某某、刘某某盗窃案，福建省莆田市涵江区人民法院（2021）闽0303刑初194号刑事判决书。

③ 参见邵某强制猥亵案，北京市昌平区人民法院（2019）京0114刑初704号刑事判决书。

岁）与被害人刘某（案发时 13 岁）系男女朋友关系，被害人刘某在最初向侦查机关所作的陈述中称自己多次与犯罪嫌疑人王某发生性关系都是被迫的。在办案人员进一步核实情况时，被害人刘某提出希望由其成年的姐姐在场作为合适成年人参与询问，并在该次询问中承认自己是自愿与王某发生性关系的，但因为之前的询问是母亲在场，而母亲平时对自己要求很严格，自己不得不作出虚假陈述。① 因此，这种情况也应为法定代理人优先顺位设置例外情形。

（三）未成年人本人意愿未被重视

合适成年人制度的形成和发展源于儿童利益最大化原则。涉及儿童的一切行为，必须首先考虑儿童的最大利益，尊重儿童的基本权利，并最大限度地确保儿童的生存和发展。由此看来，这一制度的运行也应当最大限度地体现这一原则，即在合适成年人的人选、到场的时间、双方的交流方式上也应当尊重未成年人的意愿。然而，在我国的司法实践中，司法便捷常常居于儿童利益最大化原则之上。在讯问或询问过程中，办案机关的主导权贯穿始终，对于合适成年人的选择通常由办案人员自行决定，这除了有可能影响合适成年人的中立性以外，还忽略了未成年人本人的意愿。例如，在实践中有部分未成年人由祖父母、叔伯等亲属抚养长大，当未成年人提出要求联系自己除父母以外的某位近亲属时，办案人员却出于方便、省事等原因自行联系其所在街道或村居委会的工作人员。该工作人员虽然学历水平相对较高，但其与未成年人之间的关系并不密切，甚至可能完全不认识。在陌生人担任合适成年人时，且不论其是否能对未成年人起到安抚与教育作用，在高压的环境下，更容易让未成年人产生恐惧心理。反之，部分未成年人与其法定代理人基于各种原因关系较为紧张时，未成年人可能会希望与其关系更加亲近的其他人如祖父母、姑姑、舅舅等担任合适成年人。然而，部分办案机关忽视未成年人的需求与现实情况，僵化地适用法律规定要求其法定代理人到场，这既是

---

① 参见岳慧青主编：《性侵害未成年人案件证据的运用》，法律出版社 2018 年版，第 124 页。

法律存在漏洞亟待完善之处，也是未成年人主观意愿不受重视的生动体现。此外，绝大部分未成年人并不了解合适成年人制度，亦无法理解其在刑事诉讼程序中所承担的角色及其被期望发挥的作用，他们对于合适成年人的认识主要依赖于办案机关的介绍。然而，这种“一句话带过”式的简单介绍未充分考虑未成年人的理解能力，也无法让参与程序的合适成年人真正了解到制度内核，仅仅是走流程式的讯问或询问程序。[①] 在这样的条件下，未成年人的知情权被暗中侵蚀，至于未成年人是否真正了解合适成年人是被严重忽视的。

对于现有法定顺位选择未充分考虑未成年人意愿这一问题，实际上我们还可以从更深的层面进行考量。随着经济社会的飞速发展，人们的物质条件和精神条件已经获得了极大的改善，当下的未成年人身心发育日臻成熟，早已“今非昔比”。然而，许多成年人仍然以过去的眼光看待当下的未成年人，甚至不论何时都没有以平等的姿态与其对话。事实上，不论是从合适成年人的选任直接由司法机关一手包办来看，还是从家长制传统下笼罩的亲子关系来看，抑或从我国这个人口大国至今没有独立的少年司法体系来看，未成年人通常被视为一只蜷缩在遮天蔽日的羽翼下的雏鸟，或者是一只被禁锢在精致的铁笼子中欢叫的金丝雀。总之，未成年人是一个依赖成年人庇护而难以与世界、与社会对话的群体。这种对待未成年人的方式看似是以“特别程序”保护未成年人，实质上是成年人在“救赎者”姿态下暗藏的“霸权主义”。

四、合适成年人法定顺位选择制度之完善

不可否认，历经数十年的发展，移植落地的合适成年人制度已经从生根发芽走向枝繁叶茂，为这片土地上的未成年人提供了一定程度的有效庇护。但在投下的这片树荫之外，仍存在亟待解决的问题。因此，结合当下的司法实践现状，仍需“多管齐下”对我国合适成年人制度进行进一步建构与细化。

---

① 以下是P市C区公安机关对于未成年人的一份讯问笔录中关于合适成年人部分的摘录：“问：由于你的父母无法到场，我们今天通知F街道N居委会副书记吴某某到场参与讯问，你是否有异议？答：无异议。”

（一）规定法定代理人到场保障与惩戒机制

1. 强化司法机关的通知告知义务

许多涉案未成年人的法定代理人并不了解《刑事诉讼法》的相关规定，他们知悉其子女即将被讯问或询问以及自身具有到场义务主要还是依赖于司法机关的通知。由此可见，司法机关的通知在此起到了相当重要的作用。在实践中，司法机关工作人员通常采用方便、快捷的电话通知，但是限于时间、精力等原因，司法机关在通知法定代理人时难免无法完整地表达其权利与义务，这在一定程度上导致法定代理人不够重视自身的到场，认为这是可有可无的事情，加之部分法定代理人对于子女关心程度不够，索性直接让司法机关联系合适成年人“代劳”。

此外，司法机关工作人员采取电话通知的方式，无法保证通知到每个案件中的法定代理人。同时，如果法定代理人在接受通知时说明自己无法到场，让司法工作人员“另请高明”，事后却声称自己并未接到通知，要求宣告法定代理人不在场情况下的口供等证据无效，司法机关也可能因此陷入被动。因此，在电话通知之外，可以考虑附加通知书、告知书，以书面送达的形式对法定代理人到场的权利义务进行告知。同时，在与法定代理人联系的方式上，也可以结合生活实际情况，考虑采用即时通讯软件进行告知。

2. 规定对法定代理人的失职惩戒

在前文中笔者提到，一些法定代理人缺乏义务意识，未能正确履行其职责，随意缺席未成年子女的刑事讯问程序，而碍于相关惩罚机制的缺位，司法机关对这种不负责任的行为常常束手无策。因此，设立对法定代理人的失职惩戒制度势在必行。例如，对于一些确有能力到场而拒不到场的法定代理人，可以尝试采用发送书面告诫书、训诫等方式进行教育，对于拒不到场情节严重的法定代理人也可采用行政拘留等方式对其施加惩戒。

“一个问题少年的背后一定有着一个问题家庭。”网络上对于“为什么当家长不需要考试”的质疑虽然带有一定的调侃成分，但也从侧面反映了亲职教育这类“家长学校”的重要性。在许多未成年犯罪嫌疑人的家庭中，父母在监护、教育上往往存在各种问题。目前针对未成年人犯罪行为，司法实践通常只考虑对未成年犯罪嫌疑人予以刑事处罚，却未充分考虑未成年人犯罪背后的家庭因素。只有刑事处罚与亲职教育双管齐下，才能收到防治未成年人犯罪理想的效果。所谓强制亲职教育制度，就是通过类似"家长课堂"的方式对涉罪未成年人的监护人进行一定期限的强制教育，对其中严重不履行监护职责的父母和其他监护人通过有关机关对其予以训诫、制止，从而向监护人普及未成年人成长过程中的特征和容易出现的问题，增进家长对于子女的了解，使其摒弃传统以打骂或溺爱为主的教育方式，营造一个健康良好的家庭氛围，最终促使涉罪未成年人改过自新，健康成长。

亲职教育其实在域外早已有相关实践。英国于《1998 年犯罪与扰乱秩序法》中首创亲职令后，在随后的多部法律中不断予以完善。父母在亲职令的要求下将参与各项亲职活动来解决涉及子女成长的问题。① 我国台湾地区在 2003 年 1 月颁布了"家庭教育法"，强制亲职教育可以被写入刑事判决书，"少年法院"可以强制父母接受 8—50 小时不等的亲职教育指导；如果拒不接受亲职教育辅导或时数不足，可以裁定罚款；经再通知仍不接受者，还可以按次连续处罚，至其接受为止；经连续处罚 3 次以上的，还可以裁定公告父母的姓名。② 2022 年 1 月 1 日，我国《家庭教育促进法》正式施行，其中也规定了对父母或其他监护人未履行家庭教育责任的惩戒。检察机关在办理涉未成年人犯罪案件时，发现未成年人的父母或者其他监护人不依法履行监护职责的，将会依法签发督促监护令推动其履行相应职责。③

（二）严格限制重罪案件中法定代理人缺席

未成年人犯罪案件呈现出集中性、轻刑性的特点，涉案罪名主要集中于

---

① 参见梅文娟：《英国亲职令立法考察与借鉴》，载《青少年犯罪问题》2021 年第 6 期。

② 参见刘梦、叶梅：《从统合到分层：罪错未成年人强制亲职教育之分级实施》，载《预防青少年犯罪研究》2021 年第 5 期。

③ 据 P 市 C 区人民检察院的一位检察官介绍，在他们承办的陈某某强奸案中，未成年被害人李某某夜不归宿多次，然而其父母对此不闻不问，对此，他们已向李某某的父母签发了督促监护令。据悉，P 市 L 区人民检察院已联合社工组织集中开展家庭教育指导 4 次，对 23 名失职监护人予以训诫，并制发 12 份督促监护令。

寻衅滋事罪、聚众斗殴罪、盗窃罪等，最终被判处的刑期也通常较短，多数被处以非监禁刑或者作不起诉处理。我国对重罪的界定尚未有统一的标准，常见的观点是将《刑法》第十七条规定的 8 种行为界定为重罪。但在司法实践中，实施这 8 种犯罪行为并不必然导致行为人被判处较重的刑罚。因此，笔者认为，应将此处的重罪界定为“有可能判处十年以上有期徒刑、无期徒刑”的案件。未成年人实施犯罪行为应当追究刑事责任的，依照《刑法》第十七条，本就应当从轻或减轻处罚，在认罪认罚从宽制度全面施行的背景下，未成年人被判处 10 年以上有期徒刑的情况还是较为罕见的。但罕见并不意味着不存在，如神木“9・23”案，未成年主犯杨某即被判处无期徒刑，其余 6 名未成年被告人中有 5 名也被判处了 10 年以上有期徒刑。[①] 当涉案未成年人可能被判处如此长期限的监禁刑时，意味着其合法权益受到侵犯的可能性更大。且不说法定代理人对其子女天然具有的安抚、教育义务，从权利的视角来看，在未成年人身上发生如此重大的案件时，其父母到场是自然拥有的权利。

因此，在未成年人涉及重罪案件时，司法机关必须严格限制法定代理人的缺席。对未成年人判处重刑所涉及的不单单是他本人，更是他身后的家庭。如果出现侵犯未成年人权益甚至冤假错案等情况，对未成年人本人和家庭是极其严重的伤害，也将极大地损害整个司法体系。有学者研究发现，相较于成年人，未成年人更容易感知到审讯压力，并在强制性、操纵性审讯策略的影响下作出虚假供述。[②] 合适成年人制度的诞生源于 1972 年英国的肯费特案，当时警方在没有任何独立成年人在场的情况下对 3 名少年进行了讯问，从而获得了“有罪供述”，使 3 名少年蒙受了重刑冤判。

类似的情况在我国也曾经发生过，曾在全国引起重大反响的安徽巢湖冤案几乎是英国肯费特案的翻版。2005 年 9 月，安徽省巢湖市公安局居巢分局

---

① 参见杨某等六人故意杀人案，陕西省榆林市中级人民法院（2019）陕 08 刑初 27 号刑事附带民事判决书。

② 参见赵雪莲：《脆弱性视角下未成年人虚假供述的生成机制与阻断路径》，载《中国人民公安大学学报（社会科学版）》2021 年第 2 期。

在办理一起伤害致死案时，错误拘捕了4名青少年学生，4人因被刑讯逼供受尽折磨，被关押了3个多月，直到2006年1月真凶落网才重获自由。此类情况并非个例，在全国各地都曾见诸报端。例如，2002年云南省昭通市人民法院认定时年17周岁的钱某某犯投放危险物质罪，判处其无期徒刑，剥夺政治权利终身。直到2015年12月云南省高级人民法院才作出再审无罪判决。[①] 又如，2003年河北省唐山市中级人民法院认定时年17周岁的廖某某犯故意杀人罪，判处其无期徒刑，剥夺政治权利终身，直到2018年8月才以一纸刑事附带民事判决书宣告其无罪。[②] 许多这样的案例中都出现了法定代理人缺位的现象。不难想象，这些伤害对于未成年人而言是烙印极深的。因此，对涉未成年人案件的整个刑事诉讼程序的处理相较于成年人案件必须更加慎重，而其中法定代理人到场的必要性不言而喻。

（三）赋予未成年人一定的自主选择权

当前的刑事诉讼程序中虽然对未成年人采取程序予以保护，但是未成年人本人的意愿一直难以得到重视。然而，对于何人与自己更为亲近、何人更善于与自己沟通交流、何人能更好地维护自己的合法权益等问题，未成年人本人通常是最为了解的。有学者曾经做过的一项调查研究显示，在法定代理人无法到场的前提下，未成年犯罪嫌疑人在被警察讯问时最希望由自己指定的人来充当合适成年人（占比为38.8%），其次才是近亲属（占比为18.4%），经过培训的专业合适成年人（占比为18.4%）和教师（占比为16.3%）排名位列其后。由这一调查得出的启示是，在合适成年人的选择中尊重涉罪未成年人的意见是十分重要和必要的。[③] 因此，在法定代理人无法到场的情况下，应当赋予未成年人一定的自主选择权，让其在各类合适成年人中选择一位他最希望出现在讯问或询问过程中的人选。例如，在谢某抢劫案中，谢某的辩护

---

① 参见钱某某投放危险物质案，云南省高级人民法院（2015）云高刑再终字第2号刑事判决书。

② 参见廖某某等三人故意杀人案，河北省唐山市中级人民法院（2018）冀02法赔6号国家赔偿决定书。

③ 参见姚建龙：《权利的细微关怀："合适成年人"参与未成年人刑事诉讼制度的移植与本土化》，北京大学出版社2010年版，第230页。

人提出，侦查人员未通知未成年共同作案人李某的法定代理人到场对其讯问，故其所制作的讯问笔录系非法证据。法院在判决书中评判认为，李某在讯问前明确表示不希望联系其父母，也未向侦查人员提供相关联系方式，侦查人员据此安排其他合适成年人到场，相关讯问活动符合法律规定，李某的相关供述不属于非法证据。①

然而，鉴于未成年人的身心发育尚不成熟，其在行为和认知上与成年人相比仍然存在一定的差距。赋予未成年人自主选择权并不意味着未成年人可以随心所欲地选择任意成年人担任合适成年人。例如，有些未成年人与父母之间的矛盾仅仅是暂时的，却因此故意赌气拒绝法定代理人到场；有些未成年人不愿意让他人知道自己涉嫌犯罪，希望在没有任何成年人的情况下接受讯问；有些未成年人试图选择"对我好"的合适成年人到场，但其人选事实上并不能很好地履行合适成年人的职责。因此，立法中应当注意对未成年人的自主选择权作出一定限制。例如，未成年人不得在没有正当理由的情况下越过法定代理人直接要求合适成年人到场，未成年人不得要求在没有合适成年人的情况下进行讯问等。

（四）细化法定代理人优先顺位原则的例外情况

如前文所述，在部分情况下让法定代理人到场并非最佳选择，必须完善法律规定。在合适成年人制度中明确法定代理人优先顺位的例外情形，从而构建一种法定代理人优先顺位原则加例外的立法模式。法定代理人优先顺位的例外情况主要包括以下几种：一是法定代理人与未成年人关系恶劣；二是法定代理人同时是同一案件中两名以上未成年人的法定代理人；三是法定代理人是本案的证人；四是法定代理人在场严重影响讯问或询问。在以上所列的情况下，即使存在符合法律要求的法定代理人，在涉及未成年人刑事特别程序中也应当将其排除在外，而优先考虑其他的合适成年人取而代之。

① 参见谢某抢劫案，上海市第一中级人民法院（2018）沪 01 刑终 221 号刑事裁定书。

（五）打造专业化的合适成年人队伍

为真正从儿童利益最大化原则出发，更好地构建适合未成年人的刑事特别程序，打造一支专业化的合适成年人队伍必不可少。由前文所述可知，合适成年人多由从事未成年人相关工作的人员担任。然而，从事未成年人相关工作范围所囊括的人选是较为广泛的，无法保证所有符合条件的人员都具备了担任合适成年人的能力。例如，从事未成年人相关工作的人员中占比最大的“关心下一代工作委员会”（占比 16.5%），其人员的主要来源是“老干部、老战士、老专家、老教师、老模范”等“五老”同志。诚然，他们的确能在关心下一代工作中发挥一定的作用，但实际上由于他们缺乏专业知识，并不能很好地胜任合适成年人的安抚、教育等工作。在这方面较为专业的社工在本次统计的合适成年人中占比仅为4.1%。本文对P市C区的合适成年人名册进行梳理，其中占比最大的是其他公职人员（33 人，占比 46.5%），社工较前一统计占比较多，但也仅为 26.8%。

表 2　P 市 C 区合适成年人来源

合适成年人来源	人数/人	占比/%
社工	19	26.8
教师	15	21.1
其他公职人员	33	46.5
其他人员	4	5.6
总计	71	100

社工通常具有一定的法律专业知识，在未成年人刑事程序中能够更好地维护未成年人的合法权益。更为重要的是，社工的学习和培训多涉及儿童身心发展、语言表达等内容，因此相对于其他合适成年人而言，一个合格的社工在与未成年人沟通方面具有更大的优势。未成年人的父母基于天然的血缘关系、长期的相处等原因，基本上都能与未成年人本人拥有其他人无法超越的亲密关系。相较于其他合适成年人，具备专业知识能力的社工能够迅速拉

近与未成年人之间的距离，更快地取得未成年人的信任与依赖，是合适成年人的最佳之选。因此，在司法实践中应当突出社工的地位与权利，完善合适成年人的准入和退出、遴选与考核、奖惩与监督机制，将更多社工纳入合适成年人的队伍之中，逐步建立一个以社工为核心的合适成年人队伍。

此外，律师能否以合适成年人的身份参与到未成年人司法活动中一直是一个存在争议的话题。英国法律认为合适成年人应当与律师明确区别开来，而在我国云南省昆明市盘龙区和上海市浦东新区的早期试点中，也曾规定律师不能作为合适成年人参与未成年人的司法活动。但律师作为专业的法律从业人员，其所具备的法律专业知识与实践经验及其所处的立场，更契合合适成年人的价值定位。例如，律师更能准确识别在讯问或询问程序中可能出现的诱供、骗供等隐性侵犯未成年人权益的现象；律师能在未成年人对于案件的叙述中挖掘案件存在的问题，为后续的刑事辩护打下坚实的基础，更有利于为未成年人争取轻刑、缓刑、不起诉甚至无罪等有利结果，从而更好地维护未成年人的合法权益。一项调查研究显示，有 53.2% 的受访者认为律师“非常合适”或者“比较合适”担任合适成年人一角，而有 90% 的律师群体认为律师参与对保护未成年人“帮助作用很大”或是“帮助作用比较大”。① 因此，笔者认为，律师在经过相关合适成年人的培训之后可以以合适成年人的身份到场参与讯问或询问程序，但若该名律师已经在一起案件中担任了合适成年人，就不能再担任同一案件的辩护人，以此明确区分律师“辩护人”与“合适成年人”两种不同的角色定位。

五、结语

弗朗西斯·培根（Francis Bacon）言，对于一切事物，尤其是最艰难的事物，人们不应期望播种与收获同时进行，为了使他们逐渐成熟，必须有一个培育的过程。无论是从西方移植的舶来品还是从本土继承的历史传统，一项制度的关键都在于实际的运作中能否因时而变、循序渐进。合适成年人制

---

① 参见自正法：《侦查阶段律师帮助作用认知及其优化路径》，载《江汉论坛》2021 年第 8 期。

度保护未成年人权益的价值取向早已凸显，而如何基于中国国情和时代发展不断优化使之更加流畅地运作，是当下更值得思考的问题。作为一种研究的视角，对于合适成年人法定顺位选择的检视与反思仍然有待实践经验的反复检验，但类似的启发式探讨却不应“缺席”。

未成年人“弑亲”的行为逻辑及矫正策略研究

白　雪*

内容提要　未成年人“弑亲”行为不仅具有法益侵害性和社会危害性，更存在极端性和逆伦理性。本文通过对我国2000—2022年发生的30例未成年人“弑亲”典型案件进行定量研究后发现，未成年人“弑亲”行为的生成，既有其抗逆力系统发展的内在逻辑，也有社会经济因素影响的外在逻辑。基于“弑亲”未成年人生命历程轨迹的特殊性，主张采取具有保护性特征的专门矫治教育措施，从执行个别化、处遇衔接灵活化和矫治措施社会化三个方面完善我国现行专门矫治教育制度，从而实现“弑亲”未成年人的精准化矫正。

关键词　未成年人犯罪　“弑亲”　行为逻辑　矫正策略

一、研究背景

《斯特曼医学词典》将“弑亲”（parricide）区分为“patricide”（弑父）和“matricide”（弑母）。在我国古代社会，“弑”不仅是对被弑者人身权的侵犯，更是下位者对上级权威及儒家伦理纲常秩序的冒犯，必须予以严惩，如

* 白雪，四川大学法学院法学硕士（在读）。研究方向：刑法学。

"重罪十条"中的"恶逆"。[①] 关于"亲"的范围，根据《民法典》相关规定，亲属包括配偶、血亲和姻亲，而血亲又可细分为自然血亲和拟制血亲。[②] 基于未成年人自然属性和社会属性的限制，未成年人"弑亲"行为对象客观上不包括配偶和姻亲。因此，未成年人"弑亲"行为仅指杀害血亲（包括自然血亲和拟制血亲）的行为。然而，也有学者将未成年人"弑亲"的"血亲"范围限缩解释为"直系血亲"[③] 或者"父母双亲"[④]。笔者认为，有必要将未成年人"弑亲"对象范围限制在"父母双亲"范围内。

有关统计数据表明，在未成年人"弑亲"对象中，绝大部分案件为弑父弑母案件。例如，根据美国联邦调查局发布的《统一犯罪报告计划数据：2021 年美国凶杀案补充报告》，在 15292 个凶杀案例中，有 349 个案例（占比 2.28%）的被害人为行为人的父亲或者母亲（包括继父和继母）。[⑤] 我国相关研究也表明，弑父弑母案件在未成年人"弑亲"案件中占绝大比例。[⑥] 因此，基于实践中未成年人"弑亲"案件行为对象类型的特殊性，未成年人弑父弑母案件具有较大独立研究价值，故笔者主张将本文所提之未成年人"弑亲"行为定义为 18 岁以下的未成年人故意杀害（包括故意犯罪的未完成形态）父母（包括亲生父母、继父继母以及养父养母）的行为。

由于大多数未成年人受到不公开审理和犯罪记录封存制度保护，难以检

---

① 《北齐律》中有"重罪十条"，其中"恶逆"指殴打、谋杀尊亲属的行为。其后的隋朝《开皇律》将"重罪十条"修订为"十恶"，并在原来"恶逆"的基础上增加了谋杀父母、祖父母这样的列举。参见周东平：《隋〈开皇律〉十恶渊源新探》，载《法学研究》2005 年第 4 期。

② 《民法典》第一千零四十五条规定："亲属包括配偶、血亲和姻亲。配偶、父母、子女、兄弟姐妹、祖父母、外祖父母、孙子女、外孙子女为近亲属。配偶、父母、子女和其他共同生活的近亲属为家庭成员。"

③ 参见高瑞：《当代青少年弑亲犯罪的特点及对策研究》，载《江西警察学院学报》2015 年第 3 期。

④ 参见于阳、周丽宁：《青少年弑亲行为的主要特征、成因分析与防治对策——基于 2010—2019 年的 31 起典型案件分析》，载《青少年犯罪问题》2020 年第 1 期。

⑤ 参见《统一犯罪报告计划数据：2021 年美国凶杀案补充报告》，载美国校际社会科学数据共享联盟存储库（ICPSR），https://www.icpsr.umich.edu/web/pages/。

⑥ 有学者对 2000—2020 年公开报道的 36 例未成年人"弑亲"（直系血亲）案件进行了统计，其中有 29 例（占比 80.56%）的杀害对象为行为人的父母。参见王飞：《未成年人弑亲的行为逻辑与防治策略——基于抗逆力对 36 例案件的分析》，载《行政与法》2023 年第 3 期。

索到未成年人“弑亲”案件有效的裁判文书，因而笔者通过网络检索的方式，搜集了 2000—2022 年媒体公开报道的 30 例未成年人“弑亲”案件，这些案件较多分布于黑龙江、湖南、河南、江苏、四川、山东、贵州等地区，从 2000—2022 年的变化趋势来看（见图 1），案件发生数量具有从平稳型向波动型变化的趋势，并在 2020 年达到案发数量的高峰。①

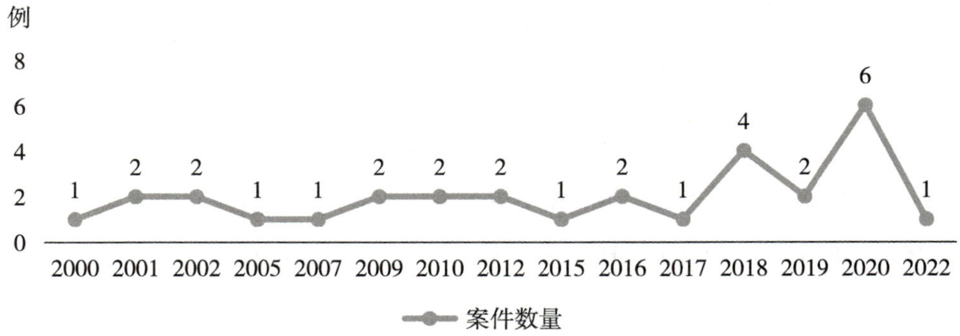

图 1　2000—2022 年媒体公开报道的未成年人“弑亲”案件数量变化趋势

作为一种违背人类基本伦理的极端犯罪现象，未成年人“弑亲”行为的原理和规律分析不仅是犯罪学领域的课题，还是社会学研究的重要课题。正如有学者所认为的，“弑亲……是伴随着现代社会而来的一种病理状态”②。因此，为准确描述未成年人“弑亲”的行为特征，挖掘未成年人“弑亲”行为发展过程中的内在逻辑和外在影响因素，笔者在犯罪学、刑法学、社会心理学等学科知识的综合指导下，借助抗逆力理论、社会联系理论、生命历程理论等多种理论工具，采用定量和定性相结合、以定性分析为主的实证研究方法，以期在对未成年人“弑亲”行为形成规律性认知的基础上，对未成年人“弑亲”行为防控提出对策和建议。

---

① 2020 年正处于全球新冠疫情暴发的高峰阶段，在“居家防疫”等疫情防控措施下，一方面，未成年人面对疫情带来的学习和生活的不确定性，容易产生不安感和抑郁感；另一方面，未成年人与家庭成员相处时间骤然拉长，也增大了家庭矛盾和冲突发生的可能性。

② 李峰：《游离于必然与偶然之间的青少年弑亲事件：失范的视角》，载《青少年犯罪问题》2011 年第 4 期。

二、未成年人“弑亲”的实践样态

针对搜集的30例未成年人“弑亲”典型案例，笔者从行为人、被害人以及未成年人“弑亲”的行为特征三个方面进行了描述性的数据统计，并在统计基础上对未成年人“弑亲”现象的规律性特征及其相关影响因素进行了初步分析。

（一）行为人特征

1. 男性作案人数量突出。“弑亲”犯罪作为暴力犯罪类型之一，体格和力量更占优势、性格更为冒险冲动的男性未成年人在“弑亲”案件中所占比例较大。在30例未成年人“弑亲”案件中，仅有5例为女性未成年人作案，其余25例均为男性未成年人作案，占比高达83.33%。然而，尽管总体上女性作案人较少，但近几年来却呈现出缓慢上升的趋势，在5例女性未成年人“弑亲”案件中，有3例发生在近6年。

2. 低龄化趋势和3个作案年龄高峰期。有研究报告显示，在2000—2019年的20年间，青少年弑父弑母案中犯罪者平均年龄从17岁下降到13岁左右，尤其在2017—2019年的3年间下降趋势明显。[①] 与此同时，笔者在统计过程中发现，“弑亲”未成年作案人年龄普遍集中于13岁（6例）、15岁（8例）、17岁（8例）3个年龄段，合计占比高达73.33%，这与我国教育体系下的小升初、中考、高考等关键升学节点高度吻合。由此可见，升学压力、教育压力、学习压力的增大，是未成年人与家人产生冲突与紧张关系的重要外部影响因素。

3. “名存实亡”型家庭的独生子女居多。“名存实亡”型家庭，即家庭核心结构完整，但家庭系统功能处于“瘫痪”状态的家庭。笔者将“弑亲”未成年人所处家庭结构分为完整型、留守型和单亲型，经统计发现，有高达

---

① 参见《2000－2019年中国青少年犯罪弑父弑母原因分析》，载镝数聚网，https://www.dydata.io/datastore/detail/1854432269457035264/。

73. 33%（22 例）的作案人处于结构比较完整的家庭，仅有 26. 67%（8 例）的作案人存在留守、父母离异等经历。然而，在 22 例完整型家庭中，有 7 例存在“父亲在外打工，母亲单方陪伴教育”的情形，有 11 例存在家庭争吵或家庭暴力的情况（见表 1）。在是否为“独生子女”方面（有 11 例情况不详），仅有 6 例的作案人存在兄弟姐妹，高达 13 例的作案人为独生子女。由此可见，相较于形式上家庭结构的变化，家庭功能的实质性失调（包括沟通功能、情感功能等）更容易导致未成年人“弑亲”犯罪倾向的强化。

表 1　“弑亲”未成年人家庭结构基本情况

家庭结构类型	案件数量/例	家庭其他情况	案件数量/例
完整型	22	父亲在外打工，母亲单方陪伴教育	7
		存在家庭争吵或家庭暴力	11
		父母存在出轨情形	3
		情况不详	1
留守型	5	一直长期留守，父母偶尔回家	4
		长期留守后，近两年跟随父母生活	1
单亲型	3	父母离异	1
		双亲中有一方去世	2

4. 大部分具有传统“好孩子”标签。有学者研究表明，“弑亲”未成年人存在个体标签两极并存的现象，既有娇惯、内向、孤僻、偷盗等负面标签，也有品学兼优、礼貌懂事等正面标签。[①] 经统计（其中有 13 例不详），有 12 例（占比 40%）“弑亲”未成年人在“外界评价”一栏都不同程度地具有待人礼貌、成绩优异、乖巧听话、文静懂事、乐于助人等传统“好孩子”“乖孩子”标签；仅有 5 例（占比 16. 67%）“弑亲”未成年人存在成绩较差、性格叛逆、偷盗等负面评价，甚至在“不良恶习”（吸烟、吸毒、喝酒、逃课、偷盗、校园欺凌、沉迷互联网等）一栏中，有 13 例（占比 43. 33%）“弑亲”

① 参见王飞：《未成年人弑亲的行为逻辑与防治策略——基于抗逆力对 36 例案件的分析》，载《行政与法》2023 年第 3 期。

未成年人不存在任何不良恶习。由此可见，与一般未成年人犯罪发展历程不同，“弑亲”未成年人的犯罪发展历程中“不良行为积累”因素较弱，绝大部分为“历史清白”的“好孩子”。

（二）被害人特征

1. 被害人以母亲身份居多。经统计，未成年人“弑亲”对象以父亲或母亲为主，较少同时杀害父母双亲。其中，作案对象以母亲最多（15 例，占比 50%），其次是“父亲”（11 例，占比 36.67%），最后才是父母双亲（4 例，占比 13.33%）。同时，在单纯弑母类案件中，其中有 9 例（占比 60%）的被害人为单亲妈妈、全职妈妈或丈夫常年在外工作，而在弑父类案件及弑双亲类案件中则较少存在此种情况。

2. 被害人对“弑亲”结果普遍存在刺激和推动作用。我国学者张建荣在进行犯罪互动递进关系研究过程中，将加害人与被害人之间的互动规律具体化为八种关系。[①] 在未成年人“弑亲”案件中，未成年加害人与父母被害人之间则存在明显的彼此作用、刺激反应关系。例如，从家庭环境方面来看，有 14 例（占比 46.67%）案件的作案人长期处于家暴环境之中，其中有 11 例（占比 36.67%）案件的被害人对“弑亲”未成年人存在直接家暴情形；从教育方式来看，有 15 例（占比 50%）案件的被害人对“弑亲”未成年人属于专制严厉型教育，并且大部分属于“物质溺爱、学习严厉”或“母亲溺爱/严厉、父亲放养”情形。

同时，被害人刺激因素差异对未成年人“弑亲”对象也存在重要影响。例如，在 11 例单纯弑父类案件中，有 8 例案件的被害人存在家暴行为（对妻子或者对孩子），其中有 3 例是因“保护母亲”而弑父；有 9 例属于放养型和隔代式教育（孩子留守或者由母亲教育），从而使作案人因长期缺爱而累积仇

---

① 包括对应共存关系、二元原因关系、彼此作用关系、刺激反应关系、被害转化关系、互塑共塑关系、归责可能关系、刑事对立关系。参见张建荣：《被害人与犯罪人互动关系与被害预防》，载肖剑鸣、皮艺军主编：《罪之鉴：世纪之交中国犯罪学基础理论研究》（下），群众出版社 2000 年版，第 1038 页。

恨，如四川省阆中市 15 岁少年弑父未遂案①；有 2 例存在婚内出轨情形，如宁夏 17 岁少年弑父案②，就是因作案未成年人劝说父亲与第三者分手起争执而导致悲剧发生。在 15 例单纯弑母类案件中，则多因被害人长期严厉式管教而起冲突（12 例，占比 80%）。详见表 2。

表 2 “弑亲”案件被害人教育方式类型

单位：例

案件类型	被害人教育方式类型			
	严厉式	溺爱式	放养式	隔代式
弑母类	12	4	0	1
弑父类	2	0	7	3
弑双亲类	1	3	3	0
总计	15	7	10	4

注：不同类型之间存在重叠和交叉。

（三）行为特征

1. 作案时空高度集中于晚上和室内。经统计，在搜集的 30 例“弑亲”案件中，在作案时间方面，有高达 16 例案件发生在晚上，其中有 6 例发生于凌晨时分，仅有少数案例发生在白天。同时，在部分晚上作案的案件中，作案时间与发生冲突时间存在割裂性，即诱发“弑亲”的冲突事件发生于白天，而未成年人作案往往是在白天愤怒情绪积累后，选择被害人熟睡之际实施“弑亲”行为，如甘肃省白银市 13 岁少年弑母案③，行为人因白天购买手机被拒绝，趁晚上母亲熟睡时将其勒死。在作案空间方面，有 29 例发生于作案人家中，仅有宁夏 17 岁少年弑父案发生于父亲的同居房中。

---

① 参见《阆中少年法庭：守护少年的你》，载南充市中级人民法院网，http：//scnczy. scssfw. gov. cn/article/detail/2021/06/id/6075482. shtml。

② 参见《父亲在外养小三 10 年，17 岁儿子怒砍 46 刀，留下“狗男女”三个字》，载网易订阅 2022 年 11 月 26 日，https：//www. 163. com/dy/article/HN3KB8LM05529K06. htm。

③ 参见《13 岁少年勒死母亲后去网吧》，载中国青年网，https：//www. youth. cn/wrzn/zxgz/201209/t20120925_ 2464015. htm。

2. 作案类型以即发式、激情型为主。以是否为实施“弑亲”行为做了事前准备为分类依据，“弑亲”类型可区分为蓄谋型和激情型。经统计，在30例未成年人“弑亲”案件中，仅有6例（占比20%）属于蓄谋型作案，其余24例均属于激情型作案。由此可见，大部分未成年人“弑亲”案件是在与父母的冲突事件中因情绪失控而发生。关于诱发“弑亲”的冲突事件，则基本存在以下情形，即口角冲突（要钱不成、学习问题、情感问题）、被害人对作案人不良行为不满（吸烟、玩游戏、上网）和暴力争执（被害人家暴）。

3. 作案方式存在致命性和泄愤性。在作案方式上，有高达28例的行为人采取了暴力型手段。在作案工具的选择上，有高达15例的作案人选择了以刀具砍杀或捅刺杀害，有7例的作案人选择了以钝器击打方式杀害，还有6例的作案人选择了以绳子等工具使被害人机械性窒息死亡。具体内容详见表3。同时，还有部分案件（5例）的作案人采用了多种方式“弑亲”，如在苏州市虎丘区17岁少年弑父案中，[①] 作案人先后采用了榔头击打、美工刀划颈部、塑料袋罩头部、被子捂口鼻、绳子勒脖子等多种手段致被害人死亡。由此可见，大部分“弑亲”未成年作案人在作案时带有强烈的愤怒情绪和泄愤需求，多采取使被害人痛苦性较高的手段结束其生命，暴力程度深、手段残忍，甚至部分案件还存在连砍、肢解行为。例如，在四川省大竹县13岁男孩弑母案中，[②] 作案人在杀害其母亲后，还将遗体头颅割下扔进粪桶里，隐含了作案人强烈的报复情绪。

---

① 参见《留守少年疑父有外遇，苏州弑父投案获刑六年》，载中国日报网，https：//js. chinadaily. com. cn/2017 –06/16/content_ 29770744. htm。

② 参见《四川大竹13岁弑母少年：会帮爷奶干活和常遭父母打的独生子》，载澎湃新闻网2017年12月11日，https：//www. thepaper. cn/newsDetail_ forward_ 1899647。

表 3 “弑亲”未成年人作案手段及作案工具的选择

单位：例

作案手段	暴力型													非暴力型
	刀具砍杀或捅刺					钝器击打				机械性窒息致死				下毒致死
作案工具	水果刀	菜刀	剔骨刀	剪刀	其他刀具	榔头	锤子	木棍	其他钝器	绳子	充电线	鞋带	火钳	毒鼠强
数量	4	3	1	1	6	3	1	2	1	3	1	1	1	1
总计	15					7				6				1

注：不同作案工具之间存在重叠和交叉，部分案例作案方式不详。

三、未成年人“弑亲”的行为逻辑

德国刑法学者冯·李斯特主张犯罪原因的二元论，其指出“犯罪一方面是犯罪人在犯罪时个性的产物，另一方面是犯罪人在犯罪时所处的外部的尤其是经济关系的产物”①。因此，笔者在该犯罪原因二元论基础上，结合社会学和犯罪学中的抗逆力理论、社会联系理论、生命历程理论等分析工具，分析未成年人“弑亲”行为生成与发展的内部逻辑和外部逻辑。

（一）行为内部逻辑：抗逆力系统的崩溃

抗逆力（resilience）是心理韧性的体现，一般指个人处于逆境时的心理协调和适应能力。美国学者 Richardson 将个体的抗逆力系统总结为外部支持因素（I have）、内在优势因素（I am）和效能因素（I can），而在个人抗逆力系统塑造过程中还有两个重要参与因素——风险因素和保护因素，个人抗逆力产生于风险因素和保护因素的互动过程中，二者的作用结果决定了个人抗逆力的发展方向（正向和负向）和水平。② 回顾大多数未成年人“弑亲”

① ［德］冯·李斯特：《论犯罪、刑罚与刑事政策》，徐久生译，北京大学出版社 2016 年版，第 9 页。

② See Chris Richardson, et al., *Examining the Relationship Between Strength of Ethnic Identity and Resilience in Canadian Adolescents*, Journal of Adolescent Health, Vol. 60: 2, p. 96 (2017).

前的生命历程可以发现，未成年人“弑亲”通常是未成年人在遭受来自微观生活环境的种种风险因素冲击下，其所处的社会关系网络组成之保护因素未能帮助未成年人抵御或化解这些风险因素，个人抗逆力系统在风险因素冲击下崩溃的结果（见图2）。因此，从未成年人个人内部抗逆力系统出发，其“弑亲”行为存在以下发展逻辑。

1. 风险因素的冲击

（1）父辈劣势资源的代际传递。有研究表明，父母不仅会将他们的价值观和态度传递给后代，而且会将他们的社会经济成就和智力资源传递给后代。[①] 经笔者统计，除5例情况不详外，有19例（占比63.33%）的“弑亲”作案人的家庭经济状况属于贫困（10例）和一般（9例），仅有6例案件的作案人家庭可以明显达到小康和富裕水平。同时，在父辈学历和职业成就方面，仅有6例案件的作案人的父母拥有高等学历或者教师、律师、会计等稳定工作，大部分作案人的父母属于智力资源和社会成就较差的普通农民、乡镇人员或城市流动人口，他们在教育方式上容易选择重物质轻精神、重分数轻过程的粗暴式教育。

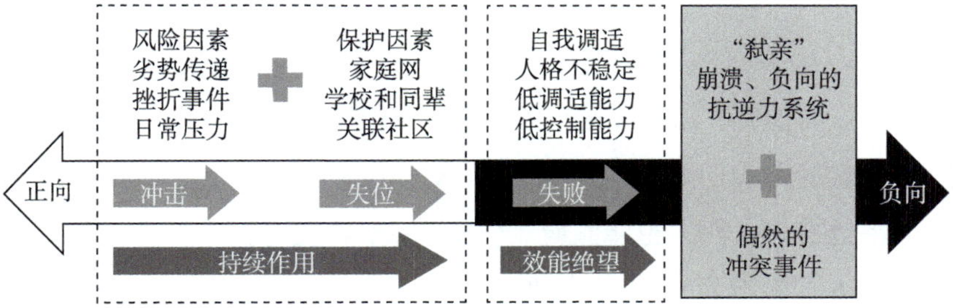

图2　抗逆力理论视角下未成年人“弑亲”行为内部逻辑的解构

（2）关键性挫折的劣势累积。如果说父辈劣势资源的代际传递是“劣势累积”的开始，那么未成年人成长期内经历的种种挫折性事件则是“劣势累积”的负向强化。根据“挫折攻击理论”，挫折包括两种情况：一是正在进行

① See Sewell, et al., *Education, Occupation and Earnings: Achievement in the Early Career*, New York: Academic Press, 1975.

的有目的的行为遭受打断，二是欲望或希望遭受否决。[①] 德国学者 E. 弗洛姆认为，挫折的存在可以激起不同的反应：一是指向内部的内向性攻击，二是指向外部的外向性攻击。[②] 通过研究未成年人“弑亲”案例可以发现，未成年人前期面对挫折事件时往往选择内向性攻击的方式进行自我消化，而非一开始就展现出外向性攻击反应。例如，在山东省 17 岁少年纵火弑父案中，作案人孙某某在经历早期辍学、父亲家暴、失业、分手等一系列挫折后，一开始选择以封闭自我的内向性攻击方式消解自己无助、孤独的情绪和应对家人的埋怨，直到父亲对他的沉默以拳脚相加时，其才逐渐以摔东西、砍树等具有外向性攻击特征的行为发泄自己的烦躁不安，甚至最后纵火弑父。[③] 因此，关键性挫折事件往往并非未成年人“弑亲”的直接冲突事件，其带来的更多是一种负面情绪的积累，“弑亲”则可以看作冲突事件对未成年人在挫折事件中长期累积的负面情绪“临界值的突破”。

（3）日常生活“压力源”的长期冲击。经统计发现，大部分“弑亲”未成年人都拥有完整的家庭结构，辍学现象较少，即使存在家暴情况，也大多属于程度较轻的管教和打骂（仅有个别案例家暴情形较为严重）。也就是说，在相当一部分的“弑亲”未成年人生命历程中并不存在明显的“挫折事件”，而更多的是一种来自生理变化、社会化过程等“压力源”带来的“压力”。美国犯罪学家罗伯特·艾格纽的“一般压力理论”[④] 认为，压力即指个人遭到其所不喜欢的方式的对待，压力源即指压力的来源，生活中众多的和持续性的压力将会强化人们的犯罪倾向。[⑤] 国外有学者在对韩国青少年的一项调查研究中，指出了影响青少年最主要的 7 个压力源，即家庭冲突、父母责罚、

---

① 参见白建军：《关系犯罪学》（第 3 版），中国人民大学出版社 2014 年版，第 150 页。

② 参见［德］E. 弗洛姆：《人类的破坏性剖析》，孟禅森译，中央民族大学出版社 2000 年版，第 91 页。

③ 参见郭友奎：《十七岁少年，为何纵火弑父》，载《山东消防》2003 年第 9 期。

④ 罗伯特·艾格纽认为，压力是造成个人越轨或者犯罪的关键因素，越轨或者犯罪行为的产生是个体的一种调适紧张的历程。一般压力理论的模型为压力源—负面情绪—越轨行为/犯罪。See Agnew R. , *Foundation For a General Strain Theory of Crime and Delinquency*, Criminology, Vol. 30：1, p. 47（1992）.

⑤ 参见曹立群、任昕主编：《犯罪学》，中国人民大学出版社 2008 年版，第 116 页。

老师责罚、经济紧张、考试压力、同伴欺凌、被害经验。[①] 也就是说，青少年压力既来源于负面生活事件（挫折事件），也来源于日常生活困扰。笔者在统计“弑亲”未成年人压力源的过程中发现，除未成年人经历的挫折事件外，在“日常生活困扰”中，父母的长期争吵、父母的过度控制、父母过高期待带来的学业压力、同学或邻居的闲言碎语往往是最主要的压力源。

2. 保护因素的失位

社会关系网络是指个体之间通过亲属关系、友谊关系、邻里关系等形成的相互联系和互动的结构。有学者指出，每个人的生活都嵌入在一个巨大的社会关系网络中，各种类型的社会关系以及这些关系的具体样态，对形成个人独特的生命轨迹均具有重要作用。[②] 从抗逆力理论角度来说，当未成年人遭遇各种风险因素冲击时，由于自身尚缺乏抵抗能力和自我保护能力，此时社会关系网络构成的保护因素成为未成年人抵御风险因素冲击的重要防线。然而，保护因素的弱化或异化，也可能促使未成年人抗逆力系统继续负向发展，从而产生情绪上的恶逆变效应。

（1）亲缘保护因素的失位甚至异化。美国犯罪学家特拉维斯·赫希（Travis Hirschi）提出了“社会联系理论”（又称“社会控制理论”），认为人本是非道德的动物，都有犯罪的自然倾向，但人与传统社会之间的各种连接阻止了人们去实施犯罪，而这个“社会连接”又可具体分成“依恋、奉献、卷入、信念”四个具体含义。[③] 其中，个人对父母的依恋是特拉维斯·赫希首先强调的情感联系，家庭亲缘保护也是未成年人最重要的外部保护因素。然而，在未成年人“弑亲”案件中，亲缘保护因素一方面因离异、忙于工作等因素与未成年人情感联系逐渐弱化，另一方面又在种种自我利益价值的取向下，将对未成年人的情感性因素异化为风险因素。例如，在黑龙江省肇庆市16岁女孩绑架弑母案中，作案人在叛逆期但无任何不良行为的情况下被家人

---

① See Byongook Moon, et al., *General Strain Theory and Delinquency: Focusing on the Influences of Key Strain Characteristics on Delinquency*, Crime & Delinquency, Vol. 54, p. 582 (2008).

② 参见张小虎：《生命历程犯罪学的本土探究：典型罪案与核心原则》，载《社会学研究》2021年第4期。

③ See Travis Hirschi, *Causes of Delinquency*, University of California Press, 1969, p. 16.

强制送至一所问题少年纠偏学校，其在学校遭受殴打向父母求救，父母却置之不理，以至于事后作案人在采访中说道，是父母亲手把自己推向深渊。[①]

（2）学校对辍学未成年人的挽救失败。特拉维斯·赫希的社会联系理论中所提到的“依恋”的第二个重要因素是学校。尽管统计案例中仅有 8 例案件存在未成年人辍学情形，但在这 8 例案件中，有 7 例均发生于义务教育阶段。该 7 例案件的未成年人犯罪时普遍处于 13—17 岁，早期或因家庭经济条件较差、或因学习成绩较差、或因自我控制能力较差、或因父母其他安排（如帮忙做生意）而辍学。有学者指出，根据生命历程理论的社会定时原理，未成年人在本该接受初等教育时中止教育，属于异常生命事件，而异常生命事件如果发生在敏感年龄阶段（如青春期），则其将更难摆脱异常生命事件所带来的负面影响。[②] 因此，辍学往往是未成年人走向社会偏差的开端，也是“弑亲”未成年人性情逐渐走向极端的伊始。辍学的根源通常与家庭风险因素及自我控制密切相关，因而学校保护因素对未成年人辍学尤其是义务教育阶段的辍学的挽救和保护至关重要。

（3）良性同辈朋友的缺乏。个人对同辈朋友的依恋是特拉维斯·赫希社会控制理论中所提到的“依恋”的第三个重要因素。当未成年人遭受来自家庭网的亲缘风险因素冲击后，往往会将家庭网减小的情感密度转移至同辈朋友处，在与同辈朋友的平等交往过程中获取同辈的情感共鸣。一方面，“弑亲”未成年人往往在亲缘风险要素的长期冲击下形成孤僻、冷淡、内向的性格，在现实中与同辈关系疏离，而“网络交友”则成为其宣泄情感的重要途径。经统计，有 12 例（占比 40%）案件的作案人都不同程度地存在“沉迷网络”情况，究其上网原因，其中有相当部分的作案人都是因为“网络交友”。例如，在哈尔滨 16 岁少年弑母案中，[③] 作案人上网一开始只是沉浸在游

① 参见《弑母少女的失格人生：争吵捅伤父亲，曾被送网戒学校称要报复》，载澎湃新闻网 2016 年 9 月 22 日，https：//www. thepaper. cn/newsDetail_ forward_ 1532179。

② 参见张小虎：《生命历程犯罪学的本土探究：典型罪案与核心原则》，载《社会学研究》2021 年第 4 期。

③ 参见《16 岁少年砍杀生母 30 刀》，载新浪网，https：//news. sina. com. cn/c/2002 - 09 - 22/1227737008. html。

戏的快感之中，后来则迷上了上网聊天，其认为网上可以交很多的朋友。也正是因为“虚拟好友”替代了“现实好友”，所以当父母阻止其上网时，便是变相切断了这一同辈情感寄托，进而引发未成年人崩溃之下的“弑亲”行为。另一方面，根据美国犯罪学家埃德温·H. 萨瑟兰（Edwin H. Sutherland）的差别交往理论，人类的越轨和犯罪行为不是与生俱来的，而是在后天的差异社会化过程中不断习得的。[①] 不良同辈交往通常更加促使未成年人朝着风险因素冲击方向发展，如在黑龙江省肇庆市 16 岁女孩绑架弑母案中，作案人与曾是社会人士的人员交友，该朋友曾带领作案人采取离家出走等行动对抗父母，逐渐使作案人对其父母愈加仇视。有学者指出，不良的友伴交往本质上是一种压力性体验，长期处于这种压力体验下的未成年人更容易出现行为问题。[②]

（4）关联社区对困境未成年人的漠视。社区是未成年人生活的主要场所，可以表现为村落、居民住宅小区、城市街区等，社区的环境、治安、文化、邻里关系等因素对未成年人在认知、情感、行为等方面发展具有不可忽视的影响。《未成年人保护法》及国务院相关指导意见也表明，[③] 街道办、村（居）委会等基层机关与组织对于未成年人所处之困境状况负有及时救助和强制报告义务，对于未成年人之监护人履行监护职责不当情形负有劝阻、制止、批评教育的义务。然而，在“清官难断家务事”“各家自扫门前雪”的传统观念影响下，在社会经济高速化发展时期良好邻里关系被弱化的情形下，大部分“弑亲”未成年人在前期遭遇辍学、家暴等挫折事件时，其生活社区的邻里长辈、村（居）委会基本采取漠视态度，甚至将未成年人所处之困境作为茶余饭后的谈资，从而使流言蜚语的“软暴力”成为未成年人走向“弑亲”道路的推手。例如，在贵州省王某某弑父案中，村里关于作案人母亲出

---

① See Edwin H. Sutherland, *Principles of Criminology*, Chicago: Lippincott, 1969, p. 92.

② 参见邹泓：《青少年的同伴关系发展特点、功能及其影响因素》，北京师范大学出版社 2003 年版，第 6 页。

③ 参见《未成年人保护法》（2024 年修正）第四章、《国务院未成年人保护工作领导小组关于加强未成年人保护工作的意见》（国未保组〔2021〕1 号）、《国务院关于加强困境儿童保障工作的意见》（国发〔2016〕36 号）。

轨事件的种种流言蜚语和对作案人的指指点点，都给作案人本就处于失控边缘的情绪增添了无形的压力与紧张。①

3. 自我调适的失败

根据抗逆力理论，个人抗逆力的效能感是在内在优势因素和外部支持因素相互作用过程中产生的。当未成年人面对风险因素冲击时，保护因素（外部支持因素）的“失灵”使未成年人陷入某种“孤岛效应”，此时未成年人只能依赖于其个人内在优势因素进行自我调适，从而维持个人抗逆力系统的积极效能感。若自我调适成功，其自我效能感会呈现积极和充满希望状态；若自我调适失败，其自我效能感会呈现无助与绝望状态。②

然而，基于未成年人生理发展的特殊阶段以及认知能力（包括风险认知、社会认知、自我认知）的局限性，其尚未稳定的人格状态决定了其自我调适能力的有限性。并且，未成年人在自我调适风险因素带来的冲击过程中，一方面，自我调适的失败将使其彻底进入效能绝望状态，从而产生一种个人负面刺激；另一方面，根据自我控制理论，亲缘风险要素的不断冲击又将加剧其敏感年龄阶段的低自我控制能力。③ 因此，未成年人向“弑亲”情绪越位通常存在两种作用机制：一是存在一定时期的自我调适过程的“风险因素冲击—保护因素失位—自我调适失败—绝望、低落情绪产生—风险因素持续冲击—反扑情绪产生”机制，其本质是先内向性攻击、再外向性攻击的情绪宣泄路径；二是几乎不存在自我调适过程的“风险因素冲击—保护因素失位—风险因素持续冲击—反扑情绪产生”机制，其本质是对风险因素冲击的直接性、外向性反击。就“弑亲”行为类型而言，第一种作用机制通常存在于预谋型“弑亲”之中，第二种作用机制通常存在于激情型“弑亲”之中。

---

① 参见《2009 年贵州一桩夫妻与第三者同居引发的伦理悲剧》，载新浪网 2022 年 3 月 25 日，https：//k. sina. com. cn/article_ 2781433635_ a5c94f230270141wj. html。

② 参见王飞：《未成年人弑亲的行为逻辑与防治策略——基于抗逆力对 36 例案件的分析》，载《行政与法》2023 年第 3 期。

③ 自我控制理论指出，“低自我控制”是导致所有犯罪的根本原因，因为这类人具有冲动性、情绪性等特点，容易被外界干扰和迷惑，进而产生犯罪或越轨行为；但是“低自我控制”并非天生，而是由个人不当的早期社会化经历所致，如父母错误的养育方式。参见屈智勇、邹泓、张秋凌：《基于自我控制理论的青少年犯罪研究（综述）》，载《中国心理卫生杂志》2006 年第 10 期。

（二）行为外部逻辑：外部社会环境的失范

任何犯罪现象都不可避免地带有一定的时代特征，这反映了社会在一定时期内所存在的诸多失调现象，正如冯·李斯特犯罪原因二元论所认为的，犯罪人的外界的、社会的尤其是经济的因素是犯罪的主要诱因。[①]

1. 经济下行背景下的社会紧张现象

从统计案例中可以发现，经济压力往往是家庭结构变化的重要因素，如因经济压力造成的未成年人留守以及单系抚育情况。同时，家庭经济的不稳定因素造成的生存压力也是家庭成员性情转变的重要转折点。例如，在河南省焦作市 15 岁少年弑母案中，作案人的母亲在 1997 年下岗后变得沉默寡言、喜怒无常，她将家庭的希望全部寄托在作案人这一代身上，从而使作案人常常因为学习的事情遭遇母亲的严厉管教和殴打辱骂。[②]

冯·李斯特在《论犯罪、刑罚与刑事政策》一书中曾提到因经济关系发生巨变从而产生的两种犯罪现象：一是犯罪的贫民阶层化，二是精神衰弱者的犯罪活动。其中，“精神衰弱者的犯罪”是指深受父母（为生存而斗争）精神耗尽后果影响的下一代人。[③] 近年来，受到三年疫情冲击和复杂国际形势变化的影响，全球进入了经济下行时期。在经济下行时期，人们普遍面临经济收入的不确定性和个人财富的缩水带来的巨大的生活压力和经济困境。疫情期间“弑亲”案件相较于前几年的高涨，除了因“居家防疫”要求导致的未成年人与父母相处时间拉长（发生冲突的可能性增大）外，究其根源，更多的还是因抚育未成年人在我国传统家庭经济开销中的过高占比（包括生活支出和教育支出），当家庭经济稳定性受挫以及父母生存压力增大时，日益累积的不安感以及未来家庭经济稳定的希望则容易转嫁至“开支最大”的未成

---

① 参见［德］冯·李斯特：《论犯罪、刑罚与刑事政策》，徐久生译，北京大学出版社 2016 年版，第 9 页。

② 参见王德义、焦文、振喜：《“我不快乐”：毁灭亲情的理由?! ——对一起备受关注的 15 岁男生杀母命案的特别调查》，载《检察风云》2002 年第 5 期。

③ 参见［德］冯·李斯特：《论犯罪、刑罚与刑事政策》，徐久生译，北京大学出版社 2016 年版，第 187－188 页。

年人身上。

2. 人口流动加大下的家庭责任失衡

改革开放以来，社会经济的快速发展以及伴随的社会结构转型打破了我国传统“乡土社会”原有的城乡均衡状态。根据全国人口普查的主要数据，我国流动人口从 1982 年“三普”的 0.07 亿人增长到了 2020 年“七普”的 3.76 亿人。中国人民大学教授段成荣表示，我国已经从低空间流动性的“乡土中国”转变为高空间流动性的“迁徙中国”。[①] 家庭是社会结构中的基本三角，社会流动性的加大也间接促使了家庭结构的变化。一方面，人们在流动过程中逐渐脱离原来复杂的血亲关系网络，仅包含父系和子系两代人的核心家庭成为家庭结构模式的主流。家庭结构的小型化伴随的是亲属资源缺乏，这也使未成年人在成长历程中容易伴随着孤独感。另一方面，父辈的人口流动会产生流出地“留守子女”及流入地“外来打工子弟”，而这部分未成年人又将陷入新的经济情感困境和家庭教育困境。

一是父辈人口单人流动造成未成年人“双系抚育”[②] 的缺失。有研究数据表明，尽管女性流动人口近年来有所增长，但长期以来在城镇化发展浪潮中男性流动人口始终高于女性流动人口。[③] 因此，家庭教育责任则落至祖辈和母亲身上，而缺乏父系教养的缓冲也将容易形成未成年人子女与母系管教权威之间的“针锋相对”局势，这也是“弑亲”案件中弑母多于弑父的重要原因。

二是家庭化流动趋势形成的“流动未成年人”群体。根据全国流动人口

---

① 参见马晓华：《3.76 亿流动人口，专家称“高流动性”迁徙中国形成》，载第一财经网 2021 年 5 月 12 日，https：//www.yicai.com/news/101047436.html。

② 费孝通先生认为，由于一个孩子需要全盘的教育且这个教育过程相当长，因此需要父母双方给予孩子不同的教育内容，他将之称为“双系抚育”。费孝通强调，父母双方的共同抚养，通过父母双方不同的角色和分工，给予孩子完整的教育。参见费孝通：《生育制度》，群言出版社 2016 年版，第 30 页。

③ 总体来看，2009—2018 年，我国流动人口性别比始终保持着相对稳定状态，男女性别比（以女性为 100，男性与女性的比例）在 100—112 之间波动。但与 2009 年相比，2018 年女性流动人口比例略微下降，男性比例略微增长。参见王培刚：《把握流动人口特征变化趋势》，载《中国社会科学报》2021 年 8 月 4 日，第 5 版。

动态监测数据，我国流动人口家庭规模人口数在3人及以上的比例在2017年达到了53.5%。家庭化流动趋势伴随而来的则是流动人口子女的扩大化。根据《中国流动人口子女发展报告（2021）》的估算数据，我国流动人口子女2020年已经超过中国儿童总数的40%，并且大部分儿童还正持续面临“流动”和“留守”的两难境遇。① 然而，根据相关研究，受到户籍政策、经济状况和文化水平等影响，生活在城市流动家庭的流动未成年人在其成长经历中更容易受到父母、老师和同龄人的负面对待，其生活环境也存在人口密度高、社会控制水平低问题。② 因此，无论是从一般压力理论来说还是从社会学习理论来说，城市流动未成年人相较于城市子女更容易产生消极情绪和越轨行为。

3. 互联网高速发展下的代际文化冲突

美国学者索尔斯坦·塞林在《文化冲突与犯罪》一文中提出了“文化冲突理论”，认为社会中每个群体都拥有自己的文化规范，而犯罪恰恰是遵从、服从某种规范，从而触犯了另一种规范的结果。③ 同时，他将文化冲突分为纵向和横向两种类型，纵向是新旧文化之间的冲突，横向则是不同文化圈之间的冲突。④ 因此，从文化冲突理论角度来说，未成年人“弑亲”行为本质上是父母与未成年人两代人遵循的不同文化规范及价值体系相冲突情况下的一种非理性解决方式。就文化冲突类型而言，“弑亲”未成年人与父母之间一般同时存在纵向和横向两种文化冲突，并且互联网的高速发展下信息传播的多元性，也在无形中加剧了二者之间的代际文化冲突。

一方面，出生于社会转型期的未成年人与父母之间存在传统社会文化与现代社会文化的纵向冲突。相较于父母在社会主义市场经济建设初期的成长环境，当代未成年人的成长环境不仅存在物质生活较为良好但贫富差距较大

---

① 参见黄蕙昭：《流动人口子女占中国儿童四成，“流动”“留守”两难之中怎么上学》，载财新网，https://mini.caixin.com/2022-01-26/101835006.html。

② 参见张恒瑞、江勇：《流动式家庭未成年子女犯罪成因与对策》，载《云南警官学院学报》2022年第5期。

③ 参见白建军：《关系犯罪学》（第3版），中国人民大学出版社2014年版，第203-204页。

④ 参见白建军：《犯罪学原理》，现代出版社1992年版，第78-83页。

问题，更存在现代化进程中外来文化冲击下的价值观多元化问题。基于成长环境差异，未成年人与父母所主张和追求的价值体系通常存在代际差异。另一方面，父母提倡之主流文化思想与未成年人青春期追求之社会亚文化之间也存在横向冲突。我国传统主流文化强调集体本位，要求个人服从于自己所依附的集团，体现在家庭观念中，就是要求孩子服从于家长权威。[①] 然而，处于青春期敏感年龄阶段的未成年人往往会对反主流的自由主义生活方式心向往之、追逐之。互联网的发展同时又使未成年人群体所追求的社会亚文化在高度发达的媒介化社会中日益壮大，亚文化与主流文化之间的关系也变得更为多元化和复杂化。后果则是，无论是新兴的亚文化还是传统的主流文化，都视自己的群体文化为“主流”，由此在某种程度上形成文化主流之争的“冲突模式”。

四、未成年人“弑亲”的行为矫正策略

关于如何处置“弑亲”未成年人，学界研究者在借鉴域内外相关刑事立法和司法的基础上，主要提出了两条惩治路径：一是增设“弑亲罪”；二是引入“恶意补足年龄规则”。笔者认为，基于我国当前刑法体系以及未成年人刑事政策要求，该两条路径均难以适用于未成年人“弑亲”的行为规制。《刑法修正案（十一）》和《预防未成年人犯罪法》的颁布和修订，使我国初步建立起了关于未成年人不良行为的矫治教育、专门教育、专门矫治教育的递进式国家分级干预体系。分析未成年人“弑亲”现象，我们可以发现，大部分“弑亲”未成年人的生命历程中存在挫折事件，但较少存在不良行为污点，从而难以从不良行为矫治方面对未成年人“弑亲”倾向进行早期干预。因此，对于“弑亲”未成年人之矫正策略，笔者主要从事后角度出发，试图发掘当前我国专门矫治教育制度实施过程中的尚可改进之处。

（一）促进专门矫治教育执行的个别化

根据《预防未成年人犯罪法》第四十五条第一款和《刑法》第十七条第

---

① 参见于阳、周丽宁：《青少年弑亲行为的主要特征、成因分析与防治对策——基于 2010—2019 年的 31 起典型案件分析》，载《青少年犯罪问题》2020 年第 1 期。

五款之规定，专门矫治教育措施针对的对象是实施刑法规定的行为、因不满法定刑事责任年龄不予刑事处罚的未成年人。因此，在“弑亲”案件中仅有以下两类未成年人存在适用专门矫治教育措施的可能：一是不满12周岁的“弑亲”未成年人；二是12—14周岁的未成年人“弑亲”，但尚未达到“情节恶劣”程度或者经最高人民检察院核准不予追诉的。关于专门矫治教育的具体执行，由于我国目前仅存在对专门矫治教育制度的原则性规定，而尚未制定程序运行、操作执行等具体内容的详细规定，因此专门矫治教育的具体执行往往在适用对象、决定程序、矫治手段方面缺乏统一性和规范性。

从实质正义和特殊预防出发，少年司法处遇个别化原则是精准化矫治的逻辑起点。“弑亲”作为故意侵犯人身安全类犯罪行为，“弑亲”未成年人的行为严重性及人身危险性从一般意义上都显著高于实施其他（如过失犯罪、侵犯财产犯罪）犯罪行为的未成年人。然而，相较于14周岁以上适用专门矫治教育的未成年人，不满12周岁以及12—14周岁中适用专门矫治教育之“弑亲”未成年人又因其低龄特征而存在保护的必要性。因此，有必要构建专门矫治教育内部的分级分类矫治机制。一方面，根据矫治对象年龄将其区分为高龄段（$14 \leqslant X < 16$）、中龄段（$12 \leqslant X < 14$）、低龄段（$X < 12$）；另一方面，在年龄分段基础上按照未成年人触刑行为性质及严重性等要素分级确定矫治措施和矫治难度（强、中、弱）。同时，针对“弑亲”未成年人通常存在的复杂成长背景和犯罪原因，还可结合专门教育指导委员会出具的评估报告，根据其日常品行表现、身心发展状况、个人文化水平以及在“弑亲”案件中是否受到被害人强烈刺激等因素，对每个“弑亲”未成年人形成“一人一策”的干预方案，并坚持比例原则和相称原则。例如，针对人身危险性等级较高的蓄谋型“弑亲”未成年人，则可采取矫治强度和自由限制程度较高的矫治措施；针对人身危险性等级较低的激情型“弑亲”未成年人，则适用较低标准的矫治强度和自由限制的矫治措施。

（二）加强刑罚执行与专门矫治教育制度的衔接

根据现行刑法之规定，14—16周岁以及16周岁以上未成年人实施“弑亲”行为的，应当负刑事责任，即处于 14 周岁以上的中高年龄段未成年人无法适用专门矫治教育措施。然而，无论未成年人适用刑事处罚还是专门矫治教育制度，其本质都是罪错未成年人分级处遇体系中的一环。正如有学者认为的，应“实行弹性制期限，及时对罪错未成年人教育矫治效果进行定期评估，注重各类处遇措施之间的有效衔接性，在各项处遇措施之间打造类型多样、轻重衔接有序的模式”①。促进专门矫治教育制度与其他处遇措施之间的衔接和联动，是落实罪错未成年人分级分类处遇的内在要求。

因此，笔者认为，对于被处以刑事处罚的部分“弑亲”未成年人，不能以监狱服刑为唯一矫正路径，而应融合累进制处遇理念，加强 14 周岁以上“弑亲”未成年人尤其是对于未被判处缓刑的未成年人在刑罚执行过程中与专门矫治教育制度之间的动态衔接。允许部分人身危险性较低、“弑亲”情节较轻（如未遂、中止或者被害人存在重大过错）的 14 周岁以上未成年人在经过一定期限的监狱服刑后，可以通过监狱会同专门教育指导委员会对该未成年人服刑期间的日常表现、良好生活习惯的养成、情绪稳定程度、矫正恢复情况等方面进行综合评估，然后，将其分流至专门学校适用强制性较低、标签化程度较低的专门矫治教育措施。在进行专门矫治教育过程中具有重大突出表现、人身危险性达到极低标准的，还可及时启动专门矫治教育转出程序，将其转入专门教育管理模式，直至原判决刑罚期满。由此，通过“监狱—专门学校（专门矫治教育管理）—专门学校（专门教育管理）”的动态分流和衔接机制，代替对未成年人剩余刑期的直接减刑或假释，不仅可以通过对外部处遇条件的调整激励未成年人积极参与矫治过程，还有助于未成年人复归社会。从标签理论来说，未成年人由监狱服刑人员逐渐转为专门学校矫治人员的过程也是其逐渐褪去“罪犯”标签的过程。

（三）构建专门矫治教育制度实施的社会支持体系

《预防未成年人犯罪法》第八条明确提出了社会化矫治的思路。有学者指

---

① 李琦：《以组合设置重构专门学校教育矫治》，载中华人民共和国最高人民检察院网，https：//www. spp. gov. cn/llyj/202105/t20210507_ 517399. shtml。

出，“没有社会支持体系就不会有少年司法”[①]，如果说少年司法的本质与核心义务是做诊断，则社会支持体系就是做治疗、护理、矫治、康复、回归等。[②] 根据前文分析，大部分“弑亲”未成年人都不同程度地与社会、家庭之间存在心理隔离，“弑亲”行为的实施则更加加重了未成年人长期形成的心理创伤，从而容易实施过激行为。例如，在广东省揭阳市黄某某弑父案中，[③] 被告人黄某某弑父后，因心理不堪承受该现实而实施了割腕自杀行为。因此，构建社会支持体系的目的在于，通过社会力量的参与，逐步消除“弑亲”未成年人的心理隔阂，恢复其与在世亲人之间的亲密关系，使其成为具有高度亲社会行为和健康心理的人。[④]

笔者将“弑亲”未成年人矫治的社会支持体系划分为微观和宏观两个支体系。其中，微观社会支持体系以多主体参与为核心，包括家庭成员、学校老师和同学、专业社团组织力量等。其具体表现在：一是家庭成员参与。与一般刑事案件不同，“弑亲”案件中的被告人家庭亦是被害人家庭，培育和修复“弑亲”未成年人与其家庭成员之间的情感联系，是帮助“弑亲”未成年人复归社会最重要的任务之一。然而，家庭成员参与需要以家长（监护人）亲职教育为前提，从而避免家长（监护人）在参与过程中对未成年人造成二次刺激。二是学校人员参与。该支持力量的参与主要针对案发时仍在读的“弑亲”未成年人，且在学校内具有关系较为亲近的老师或同学。三是专业社团组织力量的参与。专业社团组织力量的参与主要是使覆盖社会学、心理学、教育学等多学科背景的专业人士参与到“弑亲”未成年人的教育矫治工作中，发挥专业力量，帮助其恢复健全人格，重塑其生命观和人生观。宏观社会支持体系则主要以社会治理完善为构建途径，具体包括：一是加强家庭暴力案

---

① 宋英辉：《从六个方面着手推进少年司法社会支持体系》，载中华人民共和国最高人民检察院网，https：//www. spp. gov. cn/llyj/201506/t20150627_ 100338. shtml。

② 参见姚建龙：《完善社会支持体系应思考的三个问题》，载《人民检察》2017 年第 22 期。

③ 参见《拒绝帮父做生意，揭阳一初三少年刺死父亲被判 11 年》，载搜狐网 2019 年 8 月 7 日，https：//www. sohu. com/a/332173170_ 168944。

④ 参见史立梅等：《未成年人刑事司法的社会支持机制研究》，中国政法大学出版社 2021 年版，第 14 – 16 页。

件的及时处理，扩大强制报告的主体范围，将妇联、信访、民政等部门及相关工作人员列为强制报告主体，构筑更广泛的家暴报告体系。同时，重视对施暴人的教育、引导和矫治以及对目睹家暴儿童的心理干预。二是继续开展未成年人网络空间清朗行动，在促进未成年人网络素养提升的同时，加强网络信息管理，避免未成年人接触含有宣扬淫秽、色情、暴力、邪教等危害未成年人身心健康内容的网络信息。此外，建立和细化网络沉迷防治制度，如《未成年人网络保护条例》第五章就规定了教育部门、学校教师、监护人、网络产品和服务提供者等主体相关的防止未成年人网络沉迷义务。

五、结语

未成年人“弑亲”案件尽管在我国整体刑事案件总数中占比较少，但近年来却呈现低龄化趋势。经过统计分析我们可以发现，“弑亲”未成年人往往并非存在较多不良行为或者穷凶极恶的“坏孩子”，大部分属于我国传统观念中乖巧听话的“好孩子”，但其“弑亲”行为和作案手段又充斥着残忍和极端性质。为此，笔者结合李斯特的犯罪原因二元论，从内外部两个方面分析了未成年人“弑亲”背后的行为逻辑。内部逻辑方面，未成年人“弑亲”行为发展轨迹与抗逆力理论中个人抗逆力系统的负向发展路径具有内在一致性；外部逻辑方面，“弑亲”社会现象背后则与当前我国的经济发展、城市化建设、互联网发展等趋势具有深层联系。对于“弑亲”未成年人的矫正策略，笔者认为，我国少年司法体系仍然不能忽视宽严相济和教育为主、惩罚为辅的刑事政策指导方针。笔者主张从事后的专门矫治教育制度着手，围绕该制度完善及其配套社会治理措施，针对不同年龄段的“弑亲”未成年人，构建专门矫治教育执行个别化、刑罚执行与专门矫治教育衔接灵活化的矫正体系。同时，笔者还从微观和宏观两个方面，主张构建广义上的专门矫治教育制度实施的社会支持体系，从而达到恢复已“弑亲”未成年人正常社会关系以及预防未“弑亲”未成年人之潜在犯罪倾向的目的。

未成年人检察法律监督数字化改革路径研究

丛　林*

内容提要　随着《未成年人保护法》的修订，司法体制与检察体制改革的深入推进，未检业务统一集中办理工作模式的确立，将未成年人检察职能范围从刑事方面扩大到“四大检察”，覆盖社会的各个方面，其定位已经逐渐从传统的刑事检察官转变为“儿童权利监督人”，这势必对未检监督工作提出了更高要求。但随之带来的则是未检力量的有限性与工作辐射的广泛性之间的矛盾，亟待通过数字化、智慧化路径予以缓解。未成年人检察监督工作特殊的内涵、外延决定了其需要从构架、需求、方向进行整体性的分析与研判，从而逐步实现精准帮护未成年人健康成长、落实符合未成年人检察监督的特殊需求。

关键词　应然需求　逻辑定位　改革困境　发展方向

检察机关作为宪法保障的法律监督机关，其检察权以国家利益或者社会利益作为出发点，其更多的是为了确立“法律守护者”或者“公共利益代言人”的定位。这一定位势必要求检察监督权不只是在刑事范畴方面发挥应有的作用，还应在与社会利益涉及的诸多方面发挥应有的作用。未检业务统一集中办理工作模式确立后，未成年人检察工作几乎涵盖了“四大检察”“十大

---

* 丛林，成都市人民检察院第九检察部主任。研究方向：诉讼法学、司法制度、少年司法。

业务”的全流程、全领域，其更强的社会化属性，也对未检法律监督工作的数字化提出了更多、更高的要求。2020 年 4 月，最高人民检察院印发了《关于加强新时代未成年人检察工作的意见》，该意见明确提出推进“智慧未检”建设，要加快推进未成年人帮教维权平台建设，注重未成年人检察大数据建设与应用，提升未成年人检察的智能化水平。未检监督工作的设计与论证应当严格遵循少年司法的工作规律和未检工作的特殊性，这就要求对未成年人检察法律监督数字化工作进行科学化分析与合理化建构。

一、未成年人检察法律监督数字化建设背景

（一）少年司法的特殊性要求

少年司法制度中的儿童最大利益原则、国家亲权原则、儿童参与原则、个别化处遇原则等都是区别于成人司法的特殊理念与原则，其在我国还发展出“教育为主，惩罚为辅”“教育、感化、挽救”“少捕、慎诉、少监禁”等具有中国特色的少年司法理念与原则。

“儿童最大利益原则”提出“关于儿童的一切行动，不论是由公私社会福利机构、法院、行政当局或立法机构执行，均应以儿童的最大利益为一种首要考虑”。这一原则包含两个方面的内容：一方面，对于未成年人案件或事件的处理不能仅仅简单适用法律，还应考虑到未成年人的特殊性，应全面综合考量；另一方面，在成年人与未成年人利益发生冲突时，应当优先考虑未成年人的利益。这一综合性的评估与考量固然需要一定的经验判断，但是更需要进行科学化的评估，而这一评估的基础需要相应的数据、案例作为支撑，同时也需要进行结果模拟分析，从而辅助决定的作出。

国家亲权原则认为国家不是惩罚未成年人的主体，而是未成年人的最高监护人享有最高监护权。基于实践的需要，国家把监护权委托给未成年人的父母，当未成年人的父母不能履行职责导致未成年人失教、失养或者孤贫时，国家直接以亲权人的身份介入保护儿童利益的事宜。[①] 但同时，国家亲权原则

---

① 参见侯东亮：《少年司法模式研究》，法律出版社 2014 年版，第 27 页。

对国家也提出了谦抑性的要求，即国家尽量减少干预父母的监护，除有必要，原则上不考虑国家监护的介入。因此，对于监护权的转移要进行严格的分析判断。以剥夺监护权为例，剥夺必要性、剥夺后效果、剥夺后监护主体的选择、监护措施的适用等都需要进行科学的数据分析和研判，然后才能作出最终的科学决策。

个别化处遇原则更是如此。由于未成年人涉案原因的多样性，势必要根据每一个未成年人的情况进行个别分析，同时再根据在处遇过程中的实际运行情况进行有针对性的调整，这样才能实现“一人一策”甚至“一人多策”的目的。以罪错未成年人矫正为例，其强制措施的适用、司法决定的作出、矫正措施的采取、案结后的跟踪等要与其犯罪原因、犯罪情节、家庭情况、朋辈群体、个人性格特点甚至兴趣爱好等相关。从发展心理学来看，未成年人性格的形成具有易变性，需要及时地根据情况适时调整矫正策略。因此可以说，没有科学的分析判断，几乎不可能有正确的处置措施。上述这些分析、研判的功能需求，成人司法很少涉及或者考量，在传统的“智慧检务”的设立思路中也没有涉及这些内容，其传统的设计理念也与少年司法的内容存在冲突，需要进行专门性的研发。

（二）未成年人检察工作的实际需要

1. 我国未检机构的角色定位

检察机关检察权以国家利益或者公共利益作为根本出发点，其本身就有“法律守护者”或“公共利益守护人”的定位。尤其是在转隶之后，检察机关“既当运动员又当裁判员”的身份尴尬问题基本得到解决，公益诉讼制度的确立更是使“护法机关”这一定位更为明确。同时，检察机关作为法律监督机关本身又具有“国家监护人”的属性。这一定位势必要求检察职权不只在刑事范畴方面发挥应有的作用，还应在与社会利益相关的诸多方面发挥应有的作用，从而保护法律的正确实施。

2. 我国未检机构的诉讼地位

在刑事诉讼过程中，检察机关前承公安，后接法院，起到“阀门”的作用。这一地位在未成年人司法中更为凸显，主要表现在：一方面，未检机构对侦查部门移送起诉的刑事案件，从事实、证据、定罪、量刑等方面进行全面的审查把关，对案件进行“质检”和“过滤”；另一方面，未检机构行使先议权，对未成年人的处理进行过滤，将不必承担刑事责任的未成年人排除于刑事追诉之外。同时，未检机构“捕诉监防”的一体化工作模式贯穿整个刑事诉讼始终，有条件从刑事诉讼程序的起点介入开展工作直至诉讼终点，从纵向上较之侦查、审判、执行机关有着地位上的优势和便利。

3. 我国未检机构的工作职能

未检工作具有涉未成年人案件审查逮捕、审查起诉的刑事审查职能；对于诉讼活动实行法律监督，发现司法工作人员利用职权实施侵犯公民权利、损害司法公正的犯罪侦查职能；对于侦查、审判、执行机关的刑事诉讼监督职能；对于涉未成年人民事案件的支持起诉、民事抗诉以及再审检察建议的民事、行政诉讼监督职能；对于涉未成年人公共利益的民事、行政公益诉讼的调查及起诉职能；对于行政机关履职的督促职能；对于社会综合治理的建议与参与职能，从横向上较其他行政及司法机关有着广度上的优势。《未成年人保护法》第一百零五条赋予了检察机关对涉及未成年人的诉讼活动以及诉讼活动以外的事项依法进行监督的职权。这使检察机关的法律监督职权源自司法保护，同时又能覆盖整个未成年人保护体系，涵盖对所有涉及未成年人的法律法规的执行监督。《预防未成年人犯罪法》第六十条也以同样的方式规定了检察机关对未成年人重新犯罪预防工作等进行监督。2020 年 12 月，最高人民检察院下发通知明确要求，自 2021 年起，未成年人检察业务统一集中办理工作在全国检察机关稳步全面推开。这标志着全国检察机关涉未成年人刑事、民事、行政、公益诉讼检察业务将由分散办理平稳过渡到统一集中办理。同时，这也意味着未成年人检察业务对刑事、民事、行政、公益诉讼“四大检察”业务的全覆盖以及对全领域法律监督的全覆盖。2023 年未成年人检察综合履职模式的确立，是认真贯彻落实党的二十大精神，实现从就案办案到源头治理，从未成年人局部保护到综合保护，达到法律效果、政治效果和社会效果有机统一的必然要求。2021 年 6 月，中共中央印发的《关于加强新时代检察机关法律监督工作的意见》明确要求，“加强检察机关信息化、智能化建设，运用大数据、区块链等技术推进公安机关、检察机关、审判机关、司法行政机关等跨部门大数据协同办案，实现案件数据和办案信息网上流转，推进涉案财物规范管理和证据、案卷电子化共享”。因此，向科技要检力，探索数字化未检监督路径是解决上述矛盾的重要手段，也符合未检工作发展的要求。

（三）数字化发展为法律监督奠定了技术基础

20 世纪 30 年代，美国兴起了所谓的“技治主义”，强调在政治决策和社会管理过程中实行科学原则、技术手段和数量方法。① 该理念致力于将政策推行、社会改革等过程全面改造为类似于物理学领域中的计算分析的规程，包括公共利益等在内的各种因素都被视为某种客观存在，相关决策就是通过计算和模型推理来发现客观存在和揭示一般规律的过程。② 司法工作分为两部分：一部分是对基础数据的整理；另一部分是对这部分基础数据进行价值判断与总结归纳。对于基础数据的整理大多是重复性与低附加值的工作，这一部分工作占用了法律人大量的时间与精力，需要使用高科技手段来解放生产力，而价值判断与总结归纳也需要技术的手段进行辅助，这天然契合了“技治主义”的理论。因此，在司法实践中对于“智慧化”的需求愈加强烈。

原西德司法部在 20 世纪 60 年代末成立了一个专门设计组，着手研究计算机技术在法律实务中的运用，并在 1973 年建立了被称作 JURIS 的资料系统，用以处理 20 世纪 50 年代以来的社会法、财政法及违禁行为的相关资料供社会法院的法官使用，1972 年还建立了一套被称为 INPOL 的警察信息系统，用以处理庞大的警方数据供警方追查搜索使用。③ 1970 年 11 月，美国的布鲁斯·布坎南和托马斯·希德里克在《斯坦福法律评论》上发表了《关于人工智能和法律推理若干问题的考察》一文，④ 该文对于如何运用计算机信息

---

① 参见刘永谋：《论技治主义：以凡勃伦为例》，载《哲学研究》2012 年第 3 期。

② 参见向玉琼：《论公共政策的“公共性”》，载《浙江社会科学》2016 年第 2 期。

③ 参见龚祥瑞、李克强：《法律工作的计算机化》，载《法学杂志》1983 年第 3 期。

④ See Bruce G. Buchanan & Thomas E. Headrick, *Some Speculation about Artificial Intelligence and Legal Reasoning*, Stanford Law Review, Vol. 23: 1, p. 40 – 62 (1970).

系统处理办案活动中的法律推理问题进行了研究尝试和初探。之后，沃尔特·珀普和本哈德·施林克研发出了旨在提高法律服务质量和效率的JUDITH律师推理系统。[①] 1977年，鲁特哥兹大学成功开发了全球第一个计算机法律专家系统——TAXMAN；该系统根据LISP程序语言记述，用于处理公司并购相关税务问题，可以迅速精准处理大量的事务性工作。[②] 1981年，Waterman等人开发了产品责任的民事裁量模型。[③]

在顶层设计层面，美国"2018至2022年度联邦司法部门信息技术长期规划"对2018—2022年联邦法院信息技术工作作出了规划：既陈述了美国法院当前的信息技术应用情况，也明确了信息化建设的发展方向和目标。[④] 一些州法院将人工智能技术应用于庭前保释或判后假释的风险评估，[⑤] 也有的州参考数十年的量刑案例设计算法来确定被告人的刑期。[⑥] 有学者通过人工智能技术分析美国最高法院以往的裁判文本开发一种算法，其得到的裁判结果正确率达到70%以上，高于法学家们66%的预测准确率。[⑦] 法律实务界也将人工智能广泛运用于合同文本审查、特定产权纠纷案件等。

法国的CASSIOPEE系统覆盖整个刑事诉讼以及儿童审判的33个主要司法程序，并在全国181个大审法院部署运行，负责青少年司法保护的工作人员为了履行特殊职责可直接进入系统，但不能对系统内所载的信息进行修改；在经宣誓及签署书面保密承诺，由上诉法院院长单独提名和特别授权并在其控制下，为了履行专有职能的需要可以查阅系统信息，并且实现了与律师、调查人员、行政人员或者司法机构中法官、检察官和行政人员间非物质化、

---

① 参见季卫东：《人工智能时代的司法权之变》，载《东方法学》2018年第1期。

② 参见［日］吉野一编：《法律专家系统的基础》，日本吉幽塞出版社1986年版，第24－35页。

③ 参见张妮、杨遂全、蒲亦非：《国外人工智能与法律研究进展述评》，载《法律方法》2014年第2期。

④ 参见和芫、韩静：《美国法院信息化现状和发展——概述近期联邦司法信息技术长期规划》，载《今日科苑》2018年第9期。

⑤ See Joan Petersilia, Kevin R & Reitz eds., *The Oxford Handbook of Sentencing and Corrections*, Oxford University Press, 2012, p. 200.

⑥ 参见左卫民：《关于法律人工智能在中国运用前景的若干思考》，载《清华法学》2018年第2期。

⑦ 参见左卫民：《热与冷：中国法律人工智能的再思考》，载《环球法律评论》2019年第2期。

数字化的刑事司法程序信息交换以及电视电话会议交流。[①] 韩国 2010 年实施《对特定犯罪者定位的电子装置佩戴法》，“向未满 16 周岁儿童实施性暴力的罪犯或性犯罪惯犯最多佩戴 30 年电子脚镣”，从而预防性侵害未成年人情况的再发生。[②] 域外少年司法制度的落实都有通过“智慧化”的方式来实现的情形，甚至其应用已经上升到立法层面。

二、法律监督背景下未成年人检察数字化建设现状

近年来，最高人民检察院以及各地检察机关依托大数据、云计算和人工智能建设了各类智能化平台，有效提升了办案质量和效率。当下，全国各地的未检信息化应用在未检的辅助办案、社会支持、犯罪预防、信息查询等方面取得了一定的成果，值得高度肯定。但在取得成果的同时，我们要清醒地看到，现在的未检信息化仍远远达不到数字化建设的要求，其只是初步实现了信息化在未检领域的应用。结合“智慧检务”的发展历程，从“数字检务 1.0”到“网络检务 2.0”，再到“信息检务 3.0”发展到“智慧检务 4.0”，按照“智慧检务”的要求，打造全业务智慧办案、全要素智慧管理、全方位智慧服务、全领域智慧支撑的智慧检务“四梁八柱”。[③] 要达到“智慧化”的要求，需要通过现代通信与信息技术、计算机网络技术、行业技术、智能控制技术汇集，减少冗杂的事务性工作，更好地辅助检察官作出决定及判断。从这一要求来看，未检领域的信息化建设还有很大的提升空间。

（一）全国统一业务系统未检子系统的建设从全国层面上为未成年人检察数字化建设奠定了基础

2014 年，最高人民检察院未检处在广泛调研、论证的基础上，委托上海市人民检察院、山东省人民检察院开始进行未检文书梳理和项目需求设计，

---

① 参见刘云、郑雷：《法国 CASSIOPEE 系统部署情况及其启示》，载《人民检察》2018 年第 1 期。

② 参见梁坤：《监外电子监控在域外的应用与借鉴》，载《江西警察学院学报》2013 年第 6 期。

③ 参见赵志刚、金鸿浩：《传统检察信息化迈向智慧检务的必由之路——兼论智慧检务的认知导向、问题导向、实践导向》，载《人民检察》2017 年第 12 期。

2015 年最高人民检察院未检办成立后，始终将未检子系统研发作为一项重要工作不断向前推进。在最高人民检察院案件管理办公室、信息中心、相关省级检察院以及统一系统研发单位同方赛威讯公司的大力支持下，2016 年 10 月在甘肃省兰州市初步形成未检子系统需求报告；2017 年 2 月同方赛威讯公司开始启动正式研发；2017 年 6 月完成初步研发并进行内部测试；2017 年 7 月四川省人民检察院编写完成未检超级案例；2017 年 9 月在四川省成都市进行公开测试；2017 年 11 月在湖北省武汉市进行试点培训和全国测试；2018 年 1 月至 4 月在上海、山东、河南、湖北、广东、四川、宁夏 7 个省、自治区、直辖市开展试点，并先后 4 次系统升级完善；2018 年 5 月在四川省成都市根据试点反馈情况进行总体修改完善；2018 年 7 月 1 日在全国上线运行；2018 年 8 月未检子系统统计报表上线。

未检子系统现共有 55 个办案流程，其中侦监业务 19 个、公诉业务 23 个、附条件不起诉业务 6 个、其他未检业务 7 个；新增、修改案卡 91 张，新增、修改案卡信息项 6000 余项（主要分为审查逮捕、审查起诉、附条件不起诉三大环节）；新增、修改未检法律文书和工作文书 114 份；专门单独建立了未检门户界面。同时，新增未检报表 35 张，其中未检侦监业务 10 张、公诉业务 15 张、特殊制度 10 张。

未检子系统的上线运行，一是促进了未检工作的专业化、规范化、信息化。以前未检案件附属于公诉、侦监等流程，在案件流程与案卡项的设置上都没有体现出未检的特殊制度，报表的统计也只有“未成年人特殊制度”这一张报表，没有实现未检数据的专门化。未检子系统的应用，从系统上规范了整个办案流程，未成年人特殊制度在各个案卡信息项中予以全面填录，未成年人专用法律文书配置在各个流程节点，35 张未检报表单列出了涉未的相关数据，及时有效地反映了未检的态势分析，有效地促进了未检工作的专业化、规范化、信息化。二是充分体现了未检部门的案件量和工作量。通过对未检业务的梳理，清理出了未检专属的 55 个流程，并将附条件不起诉、未成年人司法保护、继续羁押必要性审查等原附属于公诉、侦监的办案流程剥离，实现了对未检案件业务的科学统计，实现了一般预防、特殊预防事件的案件化，实现了对未检工作量统计的全面涵盖。三是为建立未检工作独立科学评价机制奠定了基础。未检工作的司法理念、内在规律、职责任务、诉讼程序、评价标准等，均与其他检察业务部门的成人司法存在显著区别。未检子系统的55个单独业务流程、91张案卡、6000余项案卡信息项以及114份未检单独文书，使未检单独评价所需的业务数据能够从统一系统中直接提取；这也与未检的“捕诉监防”以及未成年人权益保护一体化工作模式相契合，为下一步建立未检工作独立评价机制和推动我国少年司法发展奠定基础。2022年未检工作统一集中办理后，根据实际办案需要及统计需求，将原有民事、行政、公益诉讼、刑事执行系统流程改造转化为未检专有流程，并增加了112个填录项。同时，在案件内增设“综合履职案件办理”功能，以提案方式实现新增监督案件流程生成，实现综合履职案件办理。2023年1月初，改造后的统一业务系统2.0未检专有51条流程上线试运行，为建立全流程全领域数字化法律监督奠定了技术基础。

（二）各地未成年人检察数字化建设的探索

各地检察机关针对未成年人检察数字化建设工作开展了积极的探索，形成了一批具有鲜明特色的“智慧未检”产品，其中针对数字化监督也有着不少的探索。总结分析各地建设成果，根据当前产品的侧重点不同，可以主要区分为综合分析类、办案辅助类、社会支持类、职能延伸类和查询举报类等。

1. 综合分析类应用。主要对地区涉未成年人案件发生的综合情况，通过数据分析与挖掘，构建涉罪未成年人特征集、未成年嫌疑人违法犯罪影响因素、虞犯少年犯罪案件要素集、未成年被害人案件特点，从海量数据中找到引发问题的原因、特点、规律，进而形成人物画像模型、帮扶预案模型、犯罪风险评估分析模型，从而提升办案人员对涉罪未成年人犯罪规律的发现和预防水平。比如，成都市人民检察院开发的“未检办案辅助分析平台”改变传统人工统计方式，集数据采集、融合、分析、预测为一体，通过对各维度数据梳理分类，对未成年人犯罪以及侵害未成年人的犯罪态势、犯罪特点、犯罪区域等进行分析，为检察决策提供支持。其具体操作为：首先，提供未检业务审查逮捕收结案件、审查起诉收结案件、附条件不起诉等重点指标、审查逮捕趋势、审查起诉趋势、嫌疑人案由、被害人案由的动态分析，且采集的数据与大数据中心平台进行实时同步。其次，利用数据分析和可视化技术进行数据呈现，以辖区内未成年人涉案情况、法治教育状况等数据信息为基础，导出研判分析报告，通过向相关部门、街道、学校发出检察建议、工作联系函等方式，有效发挥检察机关在预防未成年人犯罪中的监督作用，形成工作合力。

2. 办案辅助类应用。为检察官提供未成年人违法犯罪的人物画像分析，从违法犯罪主体类型、年龄、性别、受教育程度、作案地点、违法犯罪形式、再犯类型七个方面进行着重分析。构建人物画像模型，可以进行未成年人精准预测和评估，支持帮扶预案的推荐。四川省成都市检察系统从违法犯罪未成年人的性格特点、兴趣爱好、家庭环境、父母文化程度、父母就业情况等方面分析违法犯罪未成年人的生活环境，探索其违法犯罪的影响因素；从未成年被害人的年龄、性别、受害类型等方面分析未成年被害人的特征，从而建立涉案未成年人人物画像，并对影响涉案未成年人的生活环境、心理特征、个人性格等关键词进行特征词云分析，同时依托羁押必要性审查、附条件不起诉、未成年被害人心理干预及救助等制度进行风险评估，自动生成精准帮教方案和研判分析报告，创新数据支撑实现智慧辅助办案。

3. 社会支持类应用。主要通过搭建信息化共享平台，在未成年人检察工作中将社工、当地教育部门和检察机关紧密联合，以提高帮教效果。四川省成都市武侯区人民检察院研发“武侯 · 星火法治空间”智能平台，通过统筹各类社会资源充分参与，具备涉罪未成年人帮教考察管理、被害人创伤修复管理、未成年人及家长强制亲职教育、未成年人法治教育、普通公众法治教育等五大功能。[①] 广东省深圳市福田区人民检察院的智能化信息平台“智慧未

---

① 参见《检察院建了一个“最强大脑” 大数据分析哪个学校易发校园欺凌》，载封面新闻 2018 年 4 月 25 日，https：//www. thecover. cn/news/nu41vCx8KsQ = 。

检帮教云服务”，可轻松通过电脑和手机微信功能实时指引帮教工作的开展，促使多方开展联合帮教。[①] 河南省郑州市管城区人民检察院搭建“未成年人在线帮教”平台，覆盖了《未成年人刑事检察工作指引（试行)》要求的各个帮教环节，实现了疏导在线、观护在线、普法在线及帮教卷宗一键打印。[②] 尤其是在新型冠状病毒肺炎疫情期间，全国各地未检部门都在利用信息化手段，为未成年人帮教、社会调查、心理干预等提供支持。

4. 职能延伸类应用。主要通过信息化手段链接各政府职能部门，关注教育、工商、公安等民政、执法部门的信息数据，将分散的未成年人信息集中起来，达到尽早发现、尽早关注、尽早预防的未成年人犯罪预防效果。山东省武城县人民检察院建设“未成年人保护检察监督信息平台和未检云数据平台”，将全县教育、文化、司法等30余个相关行政部门纳入平台，利用多方力量提供信息，反映侵害未成年人合法权益的问题，打造一体化未成年人保护工作格局。[③] 四川省资阳市人民检察院利用网格化管理大数据平台，专门建设搭建针对未达刑事责任年龄涉罪未成年人的预防帮教检察监督子平台，形成了各界积极参与的高危未成年人预防帮教大格局。[④] 浙江省湖州市人民检察院开发了“医疗领域强制报告‘一件事’场景应用”，对侵害未成年人案件构建集自动监测、发现报告、研判转介、帮扶干预、督察追责于一体的多跨协同工作平台，实现侵害未成年人案件的发现、报告、办案、救助一体化、系统化、闭环化管理。浙江省诸暨市人民检察院打造集“帮教矫治、家庭教育、公共服务、综合治理”四大功能于一体的“星海守望”未成年人违法犯罪预防治理平台，构建起党委统一领导、部门联动协作、社会力量共同参与的未成年人违法犯罪预防工作体系。通过数字化驱动、体制机制变革、业务

---

① 参见《少年司法保护创“福田模式”》，载《广州日报》2018年6月12日。

② 参见《基层郑州管城：智慧未检，点亮智慧“心灯”：管城区检察院打造未成年人帮教在线平台纪实》，载微信公众号“河南检察”2017年12月1日，https：//mp. weixin. qq. com/s? _ _ biz = MzA4NzU1MTkzMQ = = &mid = 2655475926&idx = 3&sn = 43409d6bc4f9affa7937e5817076423a&chksm = 8b844202bcf3cb145a6a9bf857bae7e2e92270824e8a21ca7980bf77cf04d81de6f07716046c&scene = 27。

③ 参见《山东武城：创建未成年人权益保护检察监督信息平台》，载《检察日报》2017年5月29日。

④ 参见《未检专家聚资阳　把脉“临界预防”》，载《四川法制报》2018年4月11日。

流程再造，打破以往未成年人犯罪预防工作中多部门各自为政、信息不通、治理断层等问题，有效降低罪错未成年人的复犯率。

5. 查询举报类应用。依据《2018—2022 年检察改革工作规划》中“推行未成年被害人‘一站式’询问、救助机制，建立健全性侵害未成年人违法犯罪信息库和入职查询制度”的要求，将已判决的伤害未成年人的成年犯罪分子资料录入系统，供涉未成年人单位进行入职查询，从而对未成年人提供保护。广州市花都区人民检察院开发的“未成年被害人已决案件查询系统”，将本辖区已判决的性侵、拐卖、拐骗未成年人的成年犯罪分子资料录入系统，并对全区教育行业提供入职查询服务。① 2020 年 7 月 23 日，重庆市九龙坡区人民检察院、重庆市公安局九龙坡区分局探索开发的“强制报告 App”正式上线运行，它聚焦强奸、猥亵、虐待、伤害未成年人等九种情形，发挥举报、处理、监督三大功效，有利于侵害未成年人犯罪早发现、早干预、早惩治，及时阻断对未成年人的持续伤害。② 贵州省六盘水市六枝特区人民检察院以“互联网 + 大数据”为基础，构建智慧未成年人检察监督平台。检察院整合强制报告、民众投诉举报、互联网舆情、行政单位移送等数据，结合“一中心一张网十联户”治理机制，对辖区内未成年人数据进行人物画像，通过系统实现线索发现、线索预警、线索分析等关键功能，主动预防未成年人犯罪和侵害未成年人权益案件的发生。广东省深圳市人民检察院依托“虎牙”系列专项法律监督工作，开发“酒店行业未成年人保护线索大数据法律监督模型”，具备自动抓取数据、自动推送“四大检察”线索、自动跟踪治理效果等功能，支持专项工作长效运行。

（三）未成年人检察法律监督数字化改革困境

当前，各地检察机关的未检信息化应用在案件办理、犯罪预防、社会治

---

① 参见《广州市检察院探索建立全市侵害未成年人已决案件查询系统》，载《广州日报》2018 年 5 月 30 日。

② 参见《全国首个“强制报告 App”在重庆上线　聚合全社会力量保护未成年人》，载《中国青年报》2020 年 7 月 23 日。

理等方面都取得了较好的效果，在实践探索中也积累了大量的研发经验；但由于设计思路、技术条件等多方面的原因，其仍然存在一定的问题。同时，现有软件主要针对案件办理辅助功能，尚缺乏针对未检法律监督的专属功能。

第一，大数据分析能力欠缺。信息化不等于大数据应用。通过研发 App，建立网上平台和办案系统，使用信息化手段规范工作流程、提高工作效率，主要能够完成相关数据的收集、管理和对信息的查询分析。但由于未检子系统案卡项及流程的大量增加，录入工作量大幅度提升，且业务数据类多量大，不易发现线索。想要实现精准帮教，仅靠人工识别无法完成，而目前的智慧化建设未起到辅助作用，反而增加了办案人员的工作量。同时，当前软件缺乏本应该拥有的功能，未能通过深入利用未检数据提供智能化办案和决策支持，从而也未能将检察官从琐碎的事务性录入工作中解脱出来，以便其更加关注案情分析和证据核查。因此，汇集业务系统产生的各种数据，实现数据清理、业务分析、信息展现和精准帮教等功能是当前迫切的信息化需求。同时，这也是服务于决策层的迫切需求，即形成业务—效能—决策—效能—业务的闭环管理，使信息来源于业务工作、作用于业务工作，优化工作流程，实现工作效率与质量的持续提高，最大限度地提高工作效能。而且，在统一集中办理后，专属未检的流程、案卡项以及统计软件的缺失，也造成未检法律监督大数据分析存在基础上的漏洞。

第二，配套智能化监督辅助系统缺失。当前，未检信息化应用更多侧重于通过信息化平台构建数据共享和各方共同参与的帮教平台，缺乏针对未检这一特殊业务本身特点设计研发的智能化辅助监督软件。现有统一业务应用系统中已经建设了侦查监督平台、审判监督平台等；虽然其中涉及未成年人特别程序内容，但只是在程序上增加相应设置，并不具有专属性。同时，现有统一业务应用系统缺乏针对涉未刑事执行、民事、行政、公益诉讼等职能的智慧化监督功能，导致现有监督主要依靠检察官依据经验进行人工识别，缺乏类案数字化监督能力，更未达到智慧化应用程度。

第三，数据通道尚未打通。分散建设必然会造成数据孤岛。虽然从事相同的系统研发工作，但因研发单位不同，各个应用的数据结构、对外接口、存储方式不同，导致数据整体存储量低、利用率低，无法进一步支持人工智能分析研判。同时，现有的检察机关统一业务应用系统中的未检子系统虽然可以满足检察机关内部的业务流程和案件管理需求，但缺乏社会支持功能，只有简单的结果信息记录；没有提供未检案件办理过程中所需的外部协助流程，不能将内网工作进行有机结合并形成闭环管理；也没有与未成年人权益保护的相关职能部门工作平台进行信息共享；更没有通过技术手段及时捕获互联网上涉及未成年人的事件信息。各职能部门之间的联动合作程度较低，无法实现对未成年人进行社会综合保护的目的。因此，应当打通检察机关与保护未成年人权益的各职能部门工作平台的数据通道。借助大数据、人工智能、云计算等技术智能抓取网络中涉及未成年人的热点话题、敏感事件，及时推送给检察官，检察官核实后对相关单位提出警示与检察建议，并联合相关职能部门与社会力量实现未成年人权益综合保护。

三、未成年人检察法律监督的逻辑定位

由于信息化建设的特殊性，往往建设涉及经费较多、时间周期较长，很可能会造成数十万元乃至数百万元经费的浪费，同时也会浪费大量的人力资源，因此需要在一开始就进行充分的论证。对于未成年人检察法律监督数字化来讲，其亦不是脱离于检察工作独立存在的，未检工作本身的定位对于“智慧化”的定位也有着决定作用。因此，需要对其逻辑定位进行认真的梳理，从而确定其建设与发展的方向性问题。

最高人民检察院第九检察厅（也称未成年人检察厅）的机构职能为：“负责对法律规定由最高人民检察院办理的未成年人犯罪和侵害未成年人犯罪案件的审查逮捕、审查起诉、出庭支持公诉、抗诉，开展相关立案监督、侦查监督、审判监督以及相关案件的补充侦查。开展未成年人司法保护和预防未成年人犯罪工作。办理最高人民检察院管辖的相关申诉案件。指导地方各级人民检察院开展相关工作。”因此，从监督职能上看，涉未成年人案件审查逮捕、审查起诉的刑事审查职能，对于侦查、审判、执行机关的刑事诉讼监督职能，对于涉未成年人民事案件的支持起诉、民事抗诉以及再审检察建议的

民事、行政诉讼监督职能，对于涉及未成年人公共利益的民事、行政公益诉讼的调查及起诉职能，对于行政机关履职的督促职能都属于未检监督职能范畴，换言之，即刑事、民事、行政、公益诉讼“四大检察”全领域覆盖，未检职能已经从单纯的“刑事检察官”转变成了具有复合职能的“儿童权益监督官”。

（一）刑事客观公正的守护者

检察机关对于刑事诉讼的法律监督体现在侦查监督、审判监督与执行监督方面，未成年人检察也不例外。对涉及未成年人刑事案件的立案监督、侦查活动监督，对涉及未成年人刑事案件的审判程序与结果监督，对涉未成年人监管场所以及刑罚执行场所的执行监督都属于未成年人检察的监督领域。持续提升“捕诉监防教”一体化履职模式效能，教育感化挽救涉罪未成年人；严厉打击侵害未成年人犯罪，关爱救助涉案未成年被害人；全面履行涉未成年人刑事执行检察工作职责。强化涉罪未成年人的羁押必要性审查，加大依职权主动审查力度，在审查起诉阶段推行每案必查，最大限度地减少对涉罪未成年人不必要的羁押；加强对看守所监管未成年人活动的监督，建立健全与看守所、刑事执行检察部门的日常沟通和联系协作机制，推动未成年人监管教育特殊制度和措施落地落实；加强未成年人管教所检察监督，健全完善对未成年人管教所刑罚执行活动的监督制度机制以及两级院协同工作机制，保障未成年犯合法权益，助力回归社会；加强社区矫正检察监督，与司法行政、社区等相关部门加强沟通配合，保障《社区矫正法》《社区矫正法实施办法》有关未成年人社区矫正特别规定落实到位，配合做好对未成年人的教育。由上述内容可见，未检率先实现了对涉未成年人业务的刑事诉讼全流程监督。

（二）未成年人民事权益的保护人

民事诉讼作为私权利的救济途径，从法理上应当排除公权力的过分干预，域外基本上排除检察权对于民事诉讼的介入。但是，在诉讼活动中，监督人民法院的审判活动，实现法秩序的公平正义，是检察机关法律监督的重要内容。因此，检察机关的所有职能及其行为都应以此为根本动机，检察机关参与民事诉讼亦应如此。从我国检察机关的根本任务考察，作为国家法律监督机关，其根本目的之一就是维护人民群众的合法权益。从民事诉讼目的考察，检察机关参与民事诉讼的根本动机与民事诉讼目的相一致，这也会成为民事审判监督的正当性基础。其在涉及未成年人监护、代理、抚养、收养、继承、教育等民事案件的审判监督和执行活动监督，正是检察机关作为监护监督人行使国家亲权的体现，更是检察机关作为监护监督人之一的应有之义。

（三）行政诉讼的监督者与行政职能的督促者

1982 年《宪法》在确立检察机关"法律监督"地位的同时取消了其对抽象行政行为的监督，交由各级人大行使。[①] 虽然检察机关对具体行政行为是否有监督权在理论界还有争议，但是检察机关作为法律监督机关，其对于行政诉讼具有法律监督权，通过规范法院行政诉讼审判以及执行监督，使"民告官"有着程序与实体的监督者的同时，促进行政机关依法行政。此外，检察机关作为法律实施的监督主体，事实上也起着督促行政机关履职的作用。2014 年最高人民法院、最高人民检察院、公安部、民政部印发的《关于依法处理监护人侵害未成年人权益行为若干问题的意见》规定，检察机关有着督促民政部门以及未成年人保护机构提起监护替代之诉的权力；2020 年修订的《未成年人保护法》也将检察机关督促、支持起诉作为重要内容予以载明。实际上，检察机关起到了督促行政机关履职的作用，通过督促起诉，实现行政机关对未成年人的特别保护。

（四）未成年人公共利益的代表者

通过前文的比较研究我们可以看出，检察机关在多国或者地区被视为公共利益的代言人，被誉为"公共利益的最后屏障"。这一公共利益的体现既包括对公共利益的刑事保护，也包括民事及行政保护。检察机关的刑事检察职

---

① 参见陈瑞华：《论检察机关的法律职能》，载《政法论坛》2018 年第 1 期。

能，实际上是实现国家及公共利益的重要手段之一，自不赘述。在民事及行政领域，当公共利益范围的不确定性出现时，没有合适的主体对相对人实现救济。根据《未成年人保护法》第一百零六条的规定，未成年人合法权益受到侵犯，相关组织和个人未代为提起诉讼的，人民检察院可以督促、支持其提起诉讼；涉及公共利益的，人民检察院有权提起公益诉讼。对于涉及公共利益的民事侵权、行政违法或不作为情形，可以对相对人或是行政机关提起公益诉讼，以诉权为中心体现“儿童利益守护人”的定位。例如，在江苏省宿迁市人民检察院对章某为未成年人文身提起民事公益诉讼案中，沭阳县人民检察院就是以文身服务“危害未成年人的身体权、健康权，影响其发展，损害社会公共利益”为由提起未成年人民事公益诉讼。未成年人合法权益受到侵害的形式具有多样性，既包括积极侵害（如爱国主义教育基地违法向未成年人收取门票），也包括消极侵害（如网络音视频服务提供者未依法针对未成年人使用其服务设置相应的时间管理、权限管理、消费管理等功能）。

四、未成年人检察法律监督数字化建设的技术基础

21 世纪进入第二个十年以来，云计算、大数据和人工智能等信息技术的飞速发展和应用给近现代检察制度和工作模式带来了方方面面的挑战。检察机关正处于一场以互联网为代表的新技术革命浪潮之中。

从感觉到记忆再到思维这一过程被称为“智慧”，智慧的结果产生了行为和语言，将行为和语言的表达过程称为“能力”，两者合称“智能”。智能一般具有以下特点：一是具有感知能力，即具有能够感知外部世界、获取外部信息的能力，这是产生智能活动的前提条件和必要条件；二是具有记忆和思维能力，即能够存储感知到的外部信息及由思维产生的知识，同时能够利用已有的知识对信息进行分析、计算、比较、判断、联想、决策；三是具有学习能力和自适应能力，即通过与环境的相互作用，不断学习积累知识，使自己能够适应环境变化；四是具有行为决策能力，即对外界的刺激作出反应，形成决策并传达相应的信息。具有上述特点的系统则为智能系统或智能化系统。以 2010 年美国国家航空航天局和 Rackspace 等公司合作研发的开源云计

算平台“OpenStack”正式发布为标志，云计算技术应用日益成熟，它将分布在网络任意位置的超大规模数量的服务器和终端虚拟成一个整体来进行高效管理，从而使对大数据的存储、操作和分析成为现实。大数据离不开云计算，云计算的应用为大数据提供了弹性可拓展的基础设备，是产生大数据的平台。大数据的价值不在于“数据”本身，而在于对海量数据的分析和利用。2011 年荷兰国家警察局与美国 Palantir 公司合作，利用大数据分析打击儿童色情制品犯罪，成为大数据技术在执法领域的典型应用。① 在大数据技术日趋成熟的同时，人工智能的发展已经进入了深度学习时代。深度学习是通过建立和模拟人脑进行分析学习的神经网络，用人脑的运行机制来解释数据。在此基础上，研究人员通过设计算法，使人工智能程序对专业大数据的深入学习，直接推动了语音识别、人脸识别、人机交互、无人驾驶、智能辅助等一系列人工智能技术的现实应用和普及。以谷歌旗下的 DeepMind 公司的 AlphaGo 人工智能机器人为例，2016 年 AlphaGo 先后战胜了围棋世界冠军李世石和柯洁。该系统利用卷积神经网络算法构建了两个大脑即策略网络和评价网络，研究人员通过输入几十万副棋谱训练系统的策略网络，让系统预测对手下棋位置，并制定相关策略，以此来评估棋局和找到最优的落子位置。虚拟现实技术的发展则向人类展示了科学技术彻底改变人类生活方式的可能。2015 年 HTC Vive 头显设备发布，虚拟现实技术的应用从实验室进入普通消费者的视野，大量的虚拟现实应用不断涌现，通过虚拟现实头显设备，在用计算机 3D 建模营造的虚拟世界中，人类可以浸入式地感受一个不可能发生的世界。

我国高度重视发展大数据及人工智能相关产业发展。2015 年，党的十八届五中全会首次提出“国家大数据战略”。2015 年，国务院印发《促进大数据发展行动纲要》。2016 年，国务院印发《政务信息资源共享管理暂行办法》，推动政府大数据建设。2016 年，工信部制定并实施《大数据产业发展规划（2016—2020 年）》。2017 年，为抢抓人工智能发展的重大战略机遇，加

① See *Palantir Fighting Child Pornograpy Palantir at the Netherlands National Police Services Agency*, Palantir, http://www.palantir.com/wp-assets/wp-content/uploads/2014/03/Impact_ Study_ Fighting_ Child_ Pornography.pdf (Last visited on June 24, 2022).

快建设创新型国家和世界科技强国，国务院印发《新一代人工智能发展规划》，人工智能正式上升为国家战略，这是中国首个面向2030年的人工智能发展规划。在这一时期，我国涌现出了百度、阿里、腾讯、科大讯飞、海康威视等智慧产业领头公司。经过多年的努力，我国已基本形成了一条成熟的以大数据、人工智能为主的高科技产业链。

大数据、区块链技术的发展，物联网的发展，国家对大数据的推广应用，移动支付、微信等技术的发展，导致人们生活越来越依赖网络与信息化建设。这主要体现在以下两个方面：一方面，从职能部门层面，各政府职能部门、司法机关、交通运输部门、学校乃至医院都在建立自己的智慧化、信息化平台，积累了大量的数据；另一方面，由于人们生活对网络的依赖，淘宝、腾讯、京东等购物网站与交友平台都积累了海量的数据，并且相关购物网站和交友平台对这些海量数据都在进行分析、研判预测，已经可以实现人物画像功能。

行政执法部门的智慧化平台积累了大量行政执法类的数据，其中包含“行刑衔接”、临界预防、公益诉讼的线索，人民法院的审判管理平台积累了大量的民事、行政审判案件数据，这些数据都是检察机关法律监督的线索来源。从检察机关的法律监督职能出发，应当建立一种监督与被监督、督促与被督促之间的关系，发挥检察机关“法律守护人”的作用，以智慧监督智慧，从而督促行政机关更好地履职尽责，督促司法机关严格司法。之前在全国推行的“两法衔接”平台就是基于这一思路建立的。同时，各地也在陆续建设实现政法大数据平台，以加强司法机关的数据并联。

除了行政机关、商业平台，共青团、社会福利机构、社会组织也有着各种智慧化平台，如团中央建立的青少年心理咨询和法律援助热线电话“12355”青少年服务台、腾讯公司建立的成长守护平台、广州市番禺区建立的未成年人综合保护平台等，都是链接未成年人社会保护力量的有益探索。检察机关的大数据法律监督应当与这些平台建立沟通协调关系，符合未检职能定位，起到撬棍与枢纽作用，联动社会资源，履行检察机关转介职能。

检察机关以全国统一业务应用系统部署应用，实现了全国案件办理的高质、高效、高速运转，实现了全国检察办案的信息化改革。在此基础上，最高人民检察院 2017 年起先后印发了《检察大数据行动指南（2017—2020 年）》《关于深化智慧检务建设的意见》等文件，通过加强顶层设计，打造全业务智慧办案、全要素智慧管理、全方位智慧服务、全领域智慧支撑的智慧检务“四梁八柱”。向智慧检务要效率、要质量、要战斗力已经成为当前全国各级检察机关的普遍共识。各地检察机关积极研发办公、办案相关信息化软件，推动“智慧检务”不断发展。经过多年的努力，全国检察机关统一业务软件中已经积累了海量的案件信息和上千万份法律文书，大数据技术应用已经初现端倪，在此基础上开展的人工智能辅助办案、辅助办公已经逐步应用于一线办案中。全国检察机关大数据法律监督竞赛是检察机关全面贯彻网络强国战略、紧紧抓住数字化发展红利的重要成果之一，对助推构建数据赋能监督、数据驱动监督的新时代法律监督新格局具有里程碑意义。

五、未成年人检察法律监督数字化改革的实现路径

由于检察权以国家利益或者社会利益作为出发点，其在域外更多是作为“法律守护者”或“公共利益代言人”的角色定位。这一角色定位势必要求其关注的领域不应局限于刑事范畴，而应涉及社会公众利益的诸多方面。未检检察职能的延伸与发展，应当充分结合我国当前刑事司法体系与社会管理的实际情况。未检检察官的法律监督职责也应当符合检察机关的定位和本质属性。充分发挥检察职能，建立司法行政联动机制，实现未成年人保护工作的社会化发展。未成年人检察法律监督数字化建设也应当与之对应。

（一）建立刑事诉讼全流程数字化监督模式

由于未检业务“捕诉监防”一体化工作模式的特点以及统一集中办理的要求，未检刑事诉讼法律监督数字化建设应当覆盖整个刑事诉讼全流程、全领域：在横向上，应当覆盖侦查、审查起诉、审判、执行全流程；在纵向上，应当覆盖罪错未成年人、未成年被害人、未成年证人全领域范围。具体表现

在以下几个方面。

一是在侦查活动监督中，针对电子卷宗建立侦查活动合法性智慧化甄别及提醒，对于在讯（询）问中缺乏法定代理人、合适成年人到场、未告知有权委托辩护人、有权申请法律援助、同时讯（询）问、一人讯（询）问、对未成年被害人未贯彻一站式询问、未履行强制辩护等违法情形进行OCR甄别提示。针对同步录音录像建立音视频行为识别系统，针对讯（询）问中违规、记录与讯（询）问不一致、出现不符合未成年人身心特点语言、长时间讯（询）问等情形进行智慧化甄别。

二是在审查起诉过程中，以检察机关统一业务应用系统2.0建设为抓手，实现程序提示、流程监控、智能案件评查，提升案件管理“事前防范、事中控制、事后评查”全流程智能化监督效能。检察机关在审查逮捕、审查起诉程序中，通过履行强制辩护、社会调查、附条件不起诉、犯罪记录封存、被害人救助、心理抚慰等职责，通过文书抓取，对于履职不当或者不到位的情形进行智慧化提示；进行类型化案件提示，对案件中应当提出从业禁止、禁止令等意见进行提示。

三是在审判活动监督中，以判决与起诉书、量刑建议书的内容进行智慧化比对，对于依法认定的事实、量刑情节不一致情形进行提示；以类案为基础针对判决提出量刑、罪名监督意见；针对庭审过程的亲历性、规范性要求，实现基于多模态数据的多目标定位、检测、识别，对出庭人员行为规范进行分层次的实时预警和提示，重点关注违法不公开审判、辩护人履职、法定代理人到场及发言等情形；庭审后对庭审中的语音、视频、笔录进行时间上的精确查询定位和核实。对于法律文书公开比对和智能分析，实现对法院犯罪记录封存制度的监督。

四是在刑罚执行活动监督中，针对未成年人社区矫正，通过信息手段重点关注是否存在脱、漏管或重新犯罪，履职不到位，矫正人员专人专办等情形，以法律监督职能提升未成年罪犯矫正的实效；针对监管场所，通过联入视频监控建立未成年人监管场所动态行为分析系统，避免出现混管混押、超时劳动、未保证学习教育等情形，在解决涉未成年人监管场所监督的同时，可以有效解决派驻检察室适时监督的问题；针对减刑、假释、暂予监外执行案件，建立类案分析系统，对于同等情形的未成年人罪犯同等适用减刑、假释条件及幅度。

（二）建立符合未检特点的民事、行政诉讼数字化监督模式

针对涉未成年人民事、行政诉讼法律监督数字化建设，主要方向在于解决监督线索发现难、专业化水平不够、类型化监督效果不佳的问题，具体内容包括以下两个方面。

一是探索数据共享共联，打通数据壁垒，探索对民事诉讼、行政诉讼、行政执法的“智慧监督”，解决检察监督线索发现难、取证难、立案难等问题。通过监督模型与数据碰撞，从浩如烟海的案件中进行智能筛选，实现相关信息的智能识别辅助。比如，针对抚养费执行活动监督，可以通过法院执行部门数据库、社保局系统数据库、税务局系统数据库、全国法院失信被执行人名单信息公布与查询系统中的大数据，分析人民法院在涉未成年人抚养费执行过程中是否存在违法行为，在发现异常后推送至检察机关开展法律监督工作，并向检察机关推送实时更新的抚养费支付义务人财产情况，以便检察机关督促其支付所欠抚养费。

二是充分运用大数据技术分析研究司法办案历史数据，实现案例推送、法条链接等功能，实现同案同类型同处同判的效果，从而自动推送案件监督检索，开展类案筛选检索，发现批量线索。

（三）搭建全方位公益诉讼监督发现平台

检察公益诉讼是法律赋予检察机关新的职能。在新时代面临新的形势和发展机遇，主动拥抱大数据、人工智能等新兴技术，全面推进检察公益诉讼工作智慧化，把科技生产力转化为检察公益诉讼战斗力，是非常必要而且可行的。

一是针对办理刑事案件中的相关特征词云进行大数据分析比对。就案件存在监督线索和监督点位对承办检察官进行提醒，由检察官进行监督线索发

现转换到由机器帮助检察官发现，并主动推送监督线索，为检察官提供未成年违法犯罪嫌疑人、未成年被害人等的人物画像分析，支持从历年与未检相关案件的案卡信息、电子卷宗、社会调查报告、审查报告等数据中提取特征信息，建立特征词云库，从相关主体类型、年龄、性别、受教育程度、职业，以及不良行为、案发地点、犯罪形式类型、人物身份、相互关系等方面进行着重分析，抓取案件中存在的相关特征词，智慧化推送监督线索。

二是对外对接智慧城市、市长热线、综治网格化、公安、教育、民政、团委等涉青少年相关数据，实现对虞犯少年、触法少年、困境未成年人的信息互联，对网络或者对接信息化平台数据相关信息项及关键词及时抓取，并自动推送预警，实现对未成年人案件及事件线索的及时掌握，扩大涉未成年人公益诉讼线索发现渠道。比如，通过对医院未成年人异常就诊信息进行分析，由检察机关以强制报告内容为监督要素，提供异常就诊记录的筛查字段，由卫健部门会同各级各类医疗机构对就诊时未满 18 周岁的未成年人的异常就诊记录信息（姓名、性别、年龄、医疗机构所在地区、诊断内容等）进行筛查，以便及时发现性侵案件线索。

三是对接互联网信息平台数据。众多购物网站、交友平台等信息化平台已经积累了海量的数据，但这些智慧化平台由于保密、技术或者政策等多方面原因，孤岛化、封闭化特征明显。应当与这些智慧化平台建立一种互联互通、监督与被监督、沟通协调的关系。因司法机关办案的需要而进行信息共享，通过调取涉案人员的相关数据，了解其家庭情况、兴趣爱好、人生轨迹等相关信息，一方面便于持续用力，另一方面也能大大减少办案人员的工作量。对于一些公共服务类或者商业类的平台，则应当秉持保密原则“只进不出”，将数据分析作为决定的参考。比如，通过高德地图等平台采集中小学位置、商铺与学校距离、商铺类型等数据，通过政府网站采集行政机关工作职责、执法行为、法定代表人等信息，通过互联网采集法律法规、规范性文件等行政机关执法依据，通过收集相关典型案例、筛选类似情形的新闻报道等案例数据，将数据进行清洗、碰撞、比对，结合市场调研、校园周边走访等大量取证工作，快速挖掘出未检公益诉讼线索。

四是根据不同类别公益诉讼案件，推送对应证据列表，引导承办人补全证据；提供在线存证示证服务，及时固定证据，为涉未成年人公益诉讼取证提供便利，规范化办案流程。同时，对被调查对象的手机、电脑等电子产品进行智慧化取证分析，为涉网类公益诉讼证据提取提供支撑。

五是强化互联网公益诉讼检务公开与服务。推广公益诉讼智慧服务，让检察公益诉讼工作从“网上公开”“掌上公开”向“智慧检务”大步跃进。利用“12309”检察服务中心，将未成年人涉检公益诉讼案件受理和举报入口立足检察职能，为群众提供在线接访入口并依法转介。

六、结语

在《未来简史》第 11 章中，尤瓦尔·赫拉利说过，“我们无法真正预测未来，因为科技并不会带来确定的结果。同样的科技，也可能创造出非常不一样的社会”。不一样的司法理念会给科技、技术带来不一样的需求，也会创造出一个不一样的社会。大数据法律监督是我们能够更好地帮助孩子的手段，但它不是唯一的手段，更不是解决所有问题的灵丹妙药。我们希望借助技术的无限智能去突破每个未检人以及儿童保护主体个体的有限理性，在经验及逻辑上实现法律与智能的真正结合，从而真正建立起儿童友好型社会。

青少年被害人保护

侵害未成年人案件强制报告制度的实施路径研究

张　强*　张　清**

内容提要　侵害未成年人案件强制报告制度是发现侵害未成年人行为的制度，是未成年人保护的第一步。但从实践来看，其存在“报告主体自觉性不高”“系统性不强”“强制性不强”“专业性不足”等一系列实施困境。通过对域内外强制报告制度的对比以及实施现状的研究，发现我国侵害未成年人案件强制报告制度陷入困境主要是受到错误思想以及我国相关制度设计不合理、制度之间配合不够等原因的影响。构建系统化的强制报告法律规范体系，建成“六位一体”的制度运行体系，解决侵害未成年人案件强制报告制度的实施困境，对于完善未成年人保护体系意义重大。

关键词　侵害未成年人　侵害未成年人案件强制报告制度　未成年人保护

一、引言

未成年人保护工作一直深受党和国家的高度重视。在我国未成年人保护

* 张强，曲阜师范大学青少年法治教育中心执行主任，副教授。

** 张清，福州大学法学院2023级法律（法学）专业研究生。

中，司法保护是至关重要的一环，检察机关扮演着十分重要的角色，发挥着极其重要的作用。随着我国检察机关针对“侵害未成年人犯罪”提起公诉的数量不断增多，以及“父亲长期性侵亲生女儿”“南京饿死女童案”“贵州毕节 4 名留守儿童自杀”“6 岁女童惨遭父母烙刑”“‘红黄蓝’虐童事件”等严重侵害未成年人的恶性事件屡见报端，我国检察机关为更好地保护未成年人，基于未成年人身心发育尚未成熟往往缺乏自救能力或自救能力较弱，针对未成年人的侵害大多来自熟人，隐蔽性强、持续时间长且危害严重，以及密切接触未成年人的工作人员，在工作过程中极易发现未成年人遭受侵害或疑似遭受侵害等一系列的原因，[①] 2018 年开始在地方层面建立侵害未成年人案件强制报告制度（以下简称强制报告制度）。2020 年 5 月，最高人民检察院等九部门联合发布《关于建立侵害未成年人案件强制报告制度的意见（试行）》（以下简称《关于建立强制报告制度的意见》），标志着国家层面的强制报告制度正式建立。2020 年 10 月修订的《未成年人保护法》正式将强制报告制度上升为国家法律规定。在国务院、教育部、检察机关、公安机关等部门以及教育、福利救助机构等组织的共同努力下，我国强制报告制度落实取得初步成效。然而，随着实践的不断深入，强制报告制度的一些问题也在实践中显露出来。

二、侵害未成年人案件强制报告制度之实施困境

2022 年，最高人民检察院发布的《未成年人检察工作白皮书（2021）》显示：自侵害未成年人案件强制报告制度实施以来，全国检察机关起诉侵害未成年人犯罪案件中线索源于强制报告的 2854 件；2021 年，检察机关起诉强奸未成年人犯罪 17917 人，同比上升 16.61%，增幅为近四年来最低；同期，起诉猥亵儿童犯罪 7767 人，同比上升 32.09%；起诉强制猥亵、侮辱未成年

---

① 参见陈爱武：《未成年人保护的迭代升级：新〈未保法〉亮点阐释——基于总则内容的展开》，载《人民论坛》2022 年第 5 期。

人犯罪 2167 人。① 《未成年人检察工作白皮书（2022）》指明：侵害未成年人犯罪案件总量有所下降，但性侵案件仍呈上升趋势。② 2024 年发布的《未成年人检察工作白皮书（2023）》指出：办理侵害未成年人犯罪案件总体有所上升。2023 年，全国检察机关共批准逮捕侵害未成年人犯罪 53286 人，提起公诉 67103 人，同比分别上升 35.3%、14.9%。而且该文件也指明：自 2020 年以来，全国检察机关共对不履行强制报告义务造成严重后果的单位和人员起诉追究刑事责任 14 人，制发检察建议 2829 份，督促行政主管部门追责 1143 人。③ 由此可见，我国强制报告制度成果显著，但其落地实施依旧存在不足，致使我国侵害未成年人犯罪数总体依旧处于高位。最高人民检察院检察长张军在第十三届全国人民代表大会常务委员会上也指出了“侵害未成年人犯罪持续上升”的现状。④ 近年来，“辽宁六岁女童遭亲妈虐待敲断牙齿”“5 岁男童被生母虐待致截肢”等严重侵害未成年人的案件依旧屡见报端。这些数据和报道无一不是在向我们阐明强制报告制度依旧存在问题，未成年人保护任重道远，主要可以概括为以下问题：

（一）报告主体自觉性不高

根据杭州市人民检察院对浙江省杭州市部分小学老师的调研，26% 的调查对象称发现有未成年人受到家庭暴力、虐待、性侵的情况会选择报警，33.30% 的调查对象选择报告上级主管部门；而 80% 的调查对象认为报告上级主管部门、报警会扩大事态的严重性，不利于儿童成长。⑤ 而且《未成年人检

---

① 参见最高人民检察院：《未成年人检察工作白皮书（2021）》，载中华人民共和国最高人民检察院网，https：//www.spp.gov.cn/spp/xwfbh/wsfbt/202206/t20220601_558766.shtml#2。

② 参见最高人民检察院：《未成年人检察工作白皮书（2022）》，载中华人民共和国最高人民检察院网，https：//www.spp.gov.cn/spp/xwfbh/wsfbt/202306/t20230601_615967.shtml#2。

③ 参见最高人民检察院：《未成年人检察工作白皮书（2023）》，载中华人民共和国最高人民检察院网，https：//www.spp.gov.cn/xwfbh/wsfbh/202405/t20240531_655854.shtml。

④ 参见张军：《最高人民检察院关于人民检察院开展未成年人检察工作情况的报告——2022 年 10 月 28 日在第十三届全国人民代表大会常务委员会第三十七次会议上》，载中国人大网，http：//www.npc.gov.cn/npc/c30834/202210/t2022/029_320041.html。

⑤ 参见徐富海：《中国儿童保护强制报告制度：政策实践与未来选择》，载《社会保障评论》2021 年第 3 期。

察工作白皮书（2023）》显示，2023年检察机关针对侵害未成年人犯罪提起公诉67103人，其中通过强制报告制度发现犯罪3794件，占侵害未成年人犯罪总数的7.5%。[①] 与实际已经发生或正在发生的侵害未成年人案件相比占比更小。由此可见，我国强制报告制度的报告主体自觉报告的意识不强，强制报告制度在我国的利用率依旧相对较低。

（二）系统性不强

1. 缺乏系统化的侵害未成年人案件强制报告法律规范体系

关于强制报告制度，我国在《未成年人保护法》中规定了监护人、学校、社会以及网络相关主体的强制报告义务，并在“法律责任”一章中明确了法律责任及其后果，形成了相对闭环的制度体系；在《关于建立强制报告制度的意见》中对该制度作了一些较为详细的规定。但从司法实践效果来看，我国强制报告制度的规范体系尚不完善。首先，我国规定该项制度的两个主要规范文件——《关于建立强制报告制度的意见》和《未成年人保护法》之间存在不一致。两个文件在报告对象、报告内容等方面的规定存在不一致的情况，早于《未成年人保护法》出台的《关于建立强制报告制度的意见》，很多条文不符合《未成年人保护法》的立法精神和联合国对“侵害未成年人行为”的定义。其次，缺乏对其操作流程的统一规定。《未成年人保护法》主要规定了报告主体的报告义务，对于接受强制报告的标准、处理流程以及配套措施的相关规定则散落在《关于建立强制报告制度的意见》以及其他不同的法规政策文件中。[②] 在国家法律层面，缺乏对强制报告制度“报告—受理—核实—评估—干预—反馈”这一系列操作流程的统一性法律规定。最后，与《教师法》《医师法》等行业法律规范的衔接不足。在《未成年人保护法》和《关于建立强制报告制度的意见》中对密切接触未成年人的行业及其从业人员

① 参见最高人民检察院：《未成年人检察工作白皮书（2023）》，载中华人民共和国最高人民检察院网，https：//www. spp. gov. cn/xwfbh/wsfbh/202405/t20240531_ 655854. shtml。

② 参见徐富海：《中国儿童保护强制报告制度：政策实践与未来选择》，载《社会保障评论》2021年第3期。

履行强制报告义务作出了规定，但是这些规定大多比较抽象，在执行过程中可操作性不强，还需各个行业法律规范进一步细化、完善。①

2. 缺乏与其他未成年人司法保护制度的有效衔接

任何制度都不可能在独立运作的情况下实现其最大效能，强制报告制度也是如此，其需要与未成年人司法保护体系中的其他制度有效衔接配合，才能实现对未成年人全面综合的司法保护。但就目前的实施现状来看，处于起步阶段的强制报告制度与未成年人司法保护体系中的其他制度配合度不高，尤其是在报告后的处理反馈机制中。报告主体在发现侵害未成年人的线索并报告后，应当对接后续的干预和保护，而不是让未成年人继续回到受侵害的环境之中；这需要及时做好家庭教育指导工作，情况严重的甚至需要有关部门制发“督促监护令”或者“向人民法院申请撤销监护人的监护资格”，从而使被侵害的未成年人真正脱离“苦海”。然而，在B市一所寄读学校的调研发现，社工即便尝试履行强制报告，也因检察官的建议最终上报教委后的反馈而“温和处理”“不了了之”。② 由此可见，在基层我国强制报告制度大多局限在“发现—报告”阶段，后期处理反馈阶段大多以调解告终，并未与其他未成年人司法保护制度进行有效衔接。

3. 与“六位一体”的未成年人保护体系融合度不高

保护未成年人茁壮成长是一个系统性的长期工程，不是一朝一夕便能实现的，也不是仅靠司法保护就能实现的，其需要家庭、学校、社会、网络、政府、司法六方通力合作。强制报告制度的着眼点不仅是发现侵害未成年人案件，更重要的是报告后“受理—核实—评估—干预—反馈”等一系列解决侵害未成年人问题的处置措施，需要未成年人保护体系中的各个组织通力合作、协调配合。目前，我国强制报告制度已经形成了司法与行政两条不同但本质上相互补充的运行机制；然而，两者在实践中存在信息未共享、缺乏统

① 参见李峰：《试论侵害未成年人案件强制报告制度完善路径》，载《中国青年社会科学》2022年第6期。

② 参见沈纪、赵心怡：《合法性视角下强制报告制度在实践中的困境与应对》，载《青年研究》2022年第6期。

一评估标准、部门衔接不畅等问题，影响了强制报告制度的效能。① 同时，该制度的终极目标不是发现侵害案件，而是致力于解决侵害未成年人问题，因此报告后的干预才是重中之重。然而，我国有关该制度的法律规定大多集中在报告环节，对于后期运行和“事后救济”缺乏与基层社会治理以及心理辅导和干预等组织机构的有机融合，未能真正站在未成年人的角度，帮助未成年人建造一个和谐稳定的环境；未能抚平未成年人的心灵伤疤，让他们回归家庭、回归社会。

（三）强制性不强

强制性是强制报告制度本身所具有的特性，需要设定相应的法律责任来保障。对于未履行报告义务的责任，我国法律只规定了行政处分和刑事责任两种。回顾我国法律的相关规定，与域外国家的相关规定相比，我国强制报告制度对未履行强制报告义务报告主体的追责力度不够，即强制性不强。首先，我国规定的未履行报告义务的责任类型较少，且设置了一个很模糊的前提条件——造成严重后果，这容易使相应的法律责任束之高阁，无法起到督促报告主体履行义务的作用。其次，我国法律法规中规定的报告主体为“单位及工作人员”，将单位作为责任主体之一，但其在未履行义务的法律责任中又缺乏规制单位的措施，容易导致法律责任虚置，使有报告义务的人心怀侥幸心理，从而不履行强制报告义务。

（四）专业性不足

未成年人的身心发展规律与成年人存在极大的不同，因此针对未成年人的保护应当由了解未成年人身心发展规律的专门机构或专业人员负责。我国的强制报告制度存在专业性不足的问题，主要集中在以下几个方面：

---

① 参见徐富海：《中国儿童保护强制报告制度：政策实践与未来选择》，载《社会保障评论》2021 年第 3 期。

1. 缺乏具有专业能力的侵害未成年人案件强制报告制度的参与者

首先，报告主体缺乏判断是否构成侵害的专业知识。强制报告制度是一项需要家庭、学校、社会福利机构、政府等机构组织和人员广泛参与的制度。由于侵害未成年人案件具有隐蔽性，既需要更多的人参与到报告主体之列，又要求报告主体具有一定的专业性或职业敏感性，能够及时、准确地发现侵害未成年人行为。在我国，报告主体大多数是具备综合性素质的人员，并不具备判断是否构成虐待的专业知识，而在实践层面针对报告主体的专业性培训也尚未健全完善。这无疑会造成报告主体不报告或滥报告等情况，从而造成司法资源的浪费。其次，缺少专业的未成年人保护工作人员。儿童虐待和忽视案件的受理、审查以及儿童的保护安置是一项专业性极强的工作，需要工作人员掌握儿童生理心理知识和工作技巧，需要在处置儿童虐待案件中具备较强的沟通和发现能力。[①] 我国笼统地将受到侵害的未成年人交给司法机关处理的做法无疑是欠妥的，司法机关工作人员本身管辖的事务较多，对其强调的是综合性素质而非专业性素质，若对侵害未成年人案件处理不当极易使受到侵害的未成年人遭受“二次伤害”。

2. 缺乏专门的处理侵害未成年人案件强制报告制度的权威机构

在我国，强制报告制度的报告对象被规定为公安、民政、教育等相关部门，并未专门设置相应部门处理相应的报告；这使得强制报告制度的报告主体因履行报告义务而报告的内容无法在未成年人保护系统中实现资源和报告的有效共享以及后续处置流程中各部门的统一调配，对于报告主体报告的侵害未成年人的行为极易出现“各报告对象抢着管”和“没人管”两种极端。基于我国的基本国情，我国强制报告制度的主要受理单位是公安部门，但公安部门的业务十分繁杂，在受理报告时极易出现纰漏。

3. 对性侵害未成年人案件不断增多的问题回应不足

最高人民检察院发布的《未成年人检察工作白皮书（2020）》《未成年人

---

① 参见杨志超：《美国儿童保护强制报告制度及其对我国的启示》，载《重庆社会科学》2014 年第 7 期。

检察工作白皮书（2021）》《未成年人检察工作白皮书（2022）》《未成年人检察工作白皮书（2023）》的数据显示，我国性侵害未成年人案件总体呈现上升趋势。为直观呈现案件发展情况，见图 1。

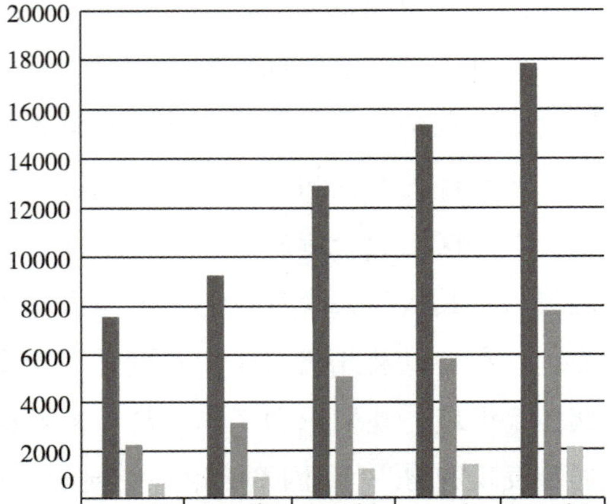

	2019年	2020年	2021年	2022年	2023年
■ 强奸罪，猥亵儿童罪，强制猥亵、侮辱罪	7550	9267	12912	15365	17917
■ 猥亵儿童罪	2388	3282	5124	5880	7767
■ 强制猥亵、侮辱罪	665	896	1302	1461	2167

图 1　检察机关起诉三类性侵害未成年人案件人数（2019—2023 年）

图 1 中数据仅是检察机关 2019 年到 2023 年五年间起诉的性侵害未成年人案件数据，现实中还有很多性侵害未成年人案件没有被发现、被起诉的情况，总体来看，这五年间性侵害未成年人案件呈现出不断上升的趋势，① 侧面反映出我国对预防未成年人性侵害工作不到位，反映出性侵害未成年人犯罪之猖獗。强制报告制度应当对这一问题作出回应。

① 《未成年人检察工作白皮书（2022）》中并未明确区分三类性侵害未成年人案件人数的具体数量，其明确指出：2022 年，起诉强奸、猥亵儿童等性侵未成年人犯罪 36957 人，同比上升 20.4%。因此依旧可以得出“五年间性侵害未成年人案件呈现出不断上升的趋势”的结论。

三、侵害未成年人案件强制报告制度之困境探究

未成年人保护是一项世界性的难题。近代以来，世界各国都在为保护未成年人茁壮成长而绞尽脑汁。在域外国家，未成年人保护的问题从引起关注到形成一套较为完备的保护体系经历了一个世纪的时间。美国、加拿大、德国、日本等国家相继建立了较为完备的制度体系。研究这些国家的制度设置对解决我国强制报告制度的实施困境无疑意义重大。但基于我国的基本国情，我国的侵害未成年人案件强制报告制度应当符合中国的现实发展，具有中国特色。因此，归纳分析我国强制报告制度的历史发展和制度设置，在比较法的视角下，取其精华、去其糟粕，才是解决我国强制报告制度实施困境的有效途径。

（一）域内外侵害未成年人案件强制报告制度①的对比研究

强制报告制度最初确立于1963年美国制定的《示范报告法》，并在实践中不断发展完善，随后加拿大、澳大利亚、德国、日本等国家也相继建立并完善了该制度。在西方国家，该制度经过长期的发展，已经形成了较为完善的制度体系，对其的相关规定也较全面具体且具有可操作性。通过对我国学者关于域外该项制度研究的梳理发现，域外该项制度的相关法律规定中主要涉及“报告主体”“报告内容”“是否要求确认侵害存在”“未履行报告义务的责任”“对报告主体的保护”五个方面的内容，而且相同法系国家的相关规定大体相同，不同法系国家的相关规定有所不同，但总体差别不大并有趋同发展的趋势。

回顾我国侵害未成年人案件强制报告制度的发展历史发现，该制度主要经历了萌芽、雏形、正式建立、不断发展和全面实施五个阶段。2020年5月最高人民检察院等九部门联合发布《关于建立强制报告制度的意见》，同年

---

① 在域外国家，“侵害未成年人案件强制报告制度”被称为“儿童保护强制报告制度”，由于是站在比较法视角下探究该制度在我国的相关规定和实施现状，故采用我国相关法律对其规定的名称——“侵害未成年人案件强制报告制度”。

10 月我国修订《未成年人保护法》，标志着该制度得到了全面实施，实现了从侵害未成年人案件“自愿报告”到“强制报告”的转变，实现了从地方层面的局部实施到国家层面的全面实施的重大突破，并在报告内容、报告主体、报告途径和报告对象等具体方面不断健全完善。我国法律规范中与强制报告制度有关的内容主要规定在 2020 年发布的《关于建立强制报告制度的意见》和修订的《未成年人保护法》中。域内外强制报告制度的具体对比见表 1。

表 1　域内外侵害未成年人案件强制报告制度法律规定的对比

国家	报告内容	是否要求确认侵害存在	报告主体	未履行报告义务的责任	对报告主体的保护
美国	身体虐待、情绪虐待、遗弃、情感忽视和性虐待或露骨的性行为	只要报告者存在怀疑即可报告	包括专业人员在内的所有个人（与未成年人密切相关的主体有法律上的报告义务，普通公民仅负有道德上的报告义务）	各州规定不同，包含行政责任、民事责任、刑事责任不同类型	允许匿名报告，并对报告人的信息保密；相关法律规定较为全面并设置“善意推定”条款；对报告主体的特殊保护
加拿大	身体伤害、性虐待或性剥削、情绪虐待、情感伤害、监护人疏于或拒绝治愈、预防或减轻未成年人身体伤害或痛苦、监护人不同意为未成年人提供服务或治疗等(分类科学、全面、具体)	有合理理由怀疑则应当立即报告	针对儿童受到侵害的情形，与儿童相关职业的从业人员；针对性侵害，除未成年人以外的所有人均强制报告	普通公民与专业人员及官员的报告责任区分；专业人员及官员未履行义务时可能会受到不超过 5000 加元的罚款，有的州甚至构成犯罪	允许匿名报告，并对报告人的信息保密；责任豁免规则，免除其“无效报告”之忧；对报复报告主体的行为进行处罚

续表

国家	报告内容	是否要求确认侵害存在	报告主体	未履行报告义务的责任	对报告主体的保护
德国	身体虐待、情绪虐待、遗弃、情感忽视、性虐待等（未成年人最大利益受到威胁/未成年人福利风险）	可报告可疑案例	医疗专业人员、职业心理专家、国家认可的社会工作者、公共事务的工作人员等有权报告	未规定“强制性”的报告义务，有权报告，违反报告义务不会承担相应责任，且时常受到保护个人隐私义务的限制	允许匿名报告，并对报告人的信息保密
日本	主要是未成年人遭受虐待的事件（身体虐待、性虐待、疏忽照顾、精神虐待）	怀疑即可报告	主要是一些基于自身职业特点而与未成年人接触较多的人自愿报告	尊重报告主体的报告自愿性，并未设置未履行报告义务的法律责任，时常受到保密义务的约束	允许匿名报告，并对报告人的信息保密
中国	《关于建立强制报告制度的意见》采用“列举 + 概括”的方式对报告内容作出了具体的说明，概括而言，主要包括性侵害和身体侵害	《关于建立强制报告制度的意见》怀疑即可报告	《关于建立强制报告制度的意见》国家机关、法律法规授权行使公权力的各类组织及法律规定的公职人员，密切接触未成年人行业的各类组织及其从业人员	《关于建立强制报告制度的意见》未履行报告义务，造成严重后果的，由其主管行政机关或本单位依法对直接负责的主管人员或者其他直接负责人给予相应处分；构成犯罪的，依法追究刑事责任	《关于建立强制报告制度的意见》第十三条明确要求对报告人的相关信息进行保密；第十五条规定报告人对根据报告侵害未成年人案件而引发的纠纷不予承担相应的法律责任

续表

国家	报告内容	是否要求确认侵害存在	报告主体	未履行报告义务的责任	对报告主体的保护
中国	《未成年人保护法》未成年人身心健康受到侵害、疑似受到侵害或者面临其他危险情形	《未成年人保护法》怀疑即可报告	《未成年人保护法》国家机关、居民委员会、村民委员会、密切接触未成年人的单位及其工作人员	《未成年人保护法》未履行报告义务，造成严重后果的，由上级主管部门或者所在单位对直接负责的主管人员和其他直接责任人员依法给予处分	《未成年人保护法》并未说明

总之，针对报告内容，域外各国普遍包含身体虐待、性虐待、疏忽照顾、精神虐待等方面。关于是否要求确认侵害存在，为增强报告主体的报告意识，各国普遍规定了“怀疑即报告”。针对报告主体，域外国家主要有三种立法模式，即“公职人员和与未成年人密切联系的单位及其工作人员”“所有人”“针对普通侵害，公务人员与未成年人密切联系的行业及从业人员；针对性侵害，所有人”；我国在《关于建立强制报告制度的意见》中规定为公安机关，在《未成年人保护法》中规定为公安、民政、教育等有关部门，两者之间存在不同之处。对于未履行强制报告义务责任，各国普遍规定了相对轻微的综合性法律责任。对于报告主体的保护，域外各国充分重视，主要从“允许匿名报告，保护报告主体的个人信息”、“对善意报告者豁免”以及“给报告主体特殊保护”三个方面对报告主体进行保护，免除报告主体的后顾之忧。作为英美法系国家，美国和加拿大的制度体系较为完善，在未成年人保护中发挥着十分重要的作用；大陆法系国家的德国和日本的强制报告制度的报告主体由于是自愿报告且国家未规定未履行强制报告制度的法律责任，而且时常受到保护个人隐私或保密义务的约束而对报告侵害未成年人行为持谨慎态度。与域外强制报告制度的制度设计相比，我国虽然在针对报告主体的保护方面

的规定尚不完善，保护略显不全面，但我国对报告主体规定了奖励措施，即《关于建立强制报告制度的意见》第十九条明确规定了履行强制报告制度的奖励措施。①

（二）侵害未成年人案件强制报告制度实施困境之具体分析

通过对域内外相关制度的对比研究我们可以发现，我国强制报告制度陷入困境主要是由思想和制度设置两方面的原因造成的。

1. 受到错误思想的影响

我国是一个具有悠久历史的农业大国，千百年来深受“家本位”思想的影响，宣扬家长对家属享有绝对的支配权。大众普遍认为未成年人的教育属于家庭内部事务，甚至在我国古代父母是享有“杀子权”的，这让众多人认为殴打、责骂自己的孩子是家长的权利，其他人无权过问，以至于在社会上形成了一种对监护人侵害未成年人的情形熟视无睹的现象。自封建社会以来，在儒家文化的影响下，我国深受“棍棒底下出孝子”“不打不成器”的老旧教育思想的影响，大多数人认为“打骂”孩子有利于孩子少走弯路，教师体罚学生也是常有之事。我国坊间也一直存在“清官难断家务事”“多一事不如少一事”“家丑不可外扬”的说法，这使许多发现了侵害未成年人的案件的人，没有向有关机关报告的意识或者不愿向有关机关报告，形成了“受害者不敢报，施害者不会报，发现者不愿报”的局面。同时，目前强制报告制度尚不被大多数人所知晓，甚至一些报告主体对强制报告制度也没有做到充分了解。基于以上思想的影响，强制报告制度在我国的利用率相对较低。

2. 制度设计不合理

在比较法的视角下笔者发现，我国强制报告制度在制度设计层面依旧存在不足，强制报告制度的可操作性不强。不足主要集中在以下几个方面：第

① 2020年5月最高人民检察院等九部门联合发布的《关于建立强制报告制度的意见》第十九条规定：“对于因及时报案使遭受侵害未成年人得到妥善保护、犯罪分子受到依法惩处的，公安机关、人民检察院、民政部门应及时向其主管部门反馈相关情况，单独或联合给予相关机构、人员奖励、表彰。”

一，针对报告内容而言，规定过于落后、狭窄且模糊，不符合时代的发展。《未成年人保护法》中对报告内容的规定相当抽象模糊，可操作性不强；《关于建立强制报告制度的意见》中虽然规定了一些具体情形，但仅包括侵害未成年人中的“性侵害”和“身体侵害”两种类型，缺乏对于“精神虐待”和“忽视”两种类型的重视。第二，针对报告主体而言，规定的范围过于狭窄且落脚于单位容易导致责任虚置。第三，对于报告对象而言，不同规范中存在歧义，缺乏专门的统一受理机构，不利于报告主体履行自己的报告义务。第四，对未履行强制报告义务的法律责任规定的条件过于抽象宽泛——对造成严重后果规定的法律责任过于单一，这使强制报告制度对报告主体的强制性不强，缺乏约束性。第五，对报告主体的保护不够。我国法律中并没有对此作出规定，只是在《关于建立强制报告制度的意见》中对其作了规定，而且相关规定与域外强制报告制度对报告主体的保护相比还不够全面，这些规定没有为强制报告制度的报告主体提供坚强的后盾。

3. 相关制度之间配合度不够

正如前面一直强调的，强制报告制度不仅是针对侵害未成年人行为发生时的报告行为，还包括侵害未成年人行为发生后的调查、取证、处理和委托监护。[①] 该制度想要充分发挥其发现和预防的效能，需要家庭、学校、社会、国家、网络、司法六方的共同努力。基于我国学者对美国该项制度研究的归纳分析，我们可以发现，美国不仅在立法层面对强制报告的内容和程序进行明确规定，而且与其他未成年人保护制度有效衔接，形成完善的制度体系。该制度体系既包括其具体运行过程中的各环节能够得到有效运行，同时还包括“服务安置”这一事后保护环节，真正做到“未成年人利益最大化”，切实保护未成年人的利益。然而，我国强制报告制度目前尚集中在报告的环节，对于后期运行以及“事后救济”缺乏法律层面的规定，在实践层面与其他未成年人保护制度缺乏有效衔接，与其他五大保护的有效配合度不高，尚未形

① 参见祁占勇、王艺鑫：《国外虐童行为治理的法律透视》，载《比较教育研究》2018 年第 10 期。

成一个全方位保护未成年人的有效运作系统。

四、侵害未成年人案件强制报告制度的实施路径

通过前面的论述我们可以发现，系统性不足是强制报告制度陷入困境的主要原因。因此，想要受到侵害的未成年人真正脱离“苦海”，健康茁壮地成长，便需要建立强制报告制度体系，让其真正与我国未成年人保护体系的各环节充分有机结合，实现“1 +6 >7”的效果。最高人民检察院检察长张军在第十三届全国人民代表大会常务委员会第三十七次会议上作《最高人民检察院关于人民检察院开展未成年人检察工作情况的报告》时也明确提出了改进未成年人检察工作的新举措，即“深化融合履职，加强未成年人综合司法保护”“依法能动履职，以司法保护助推‘六大保护’融通发力”①。由此可见，增强强制报告制度的系统性是进一步完善强制报告制度的重中之重。

（一）构建系统化的侵害未成年人案件强制报告法律规范体系

合理的制度设置是制度有效运行的基础，具有根基的作用。因此，想要建立强制报告制度体系，使其充分发挥发现和防治侵害未成年人行为的效能，首先要构建以《未成年人保护法》为中心、以各行业的行业规范为保障的系统化的侵害未成年人案件强制报告法律规范体系。

1. 修改完善侵害未成年人案件强制报告制度的相关法律规定

制度设计的不合理是我国强制报告制度陷入困境的主要原因之一，修改完善相关法律规定，对其各环节进行较为统一详细的规定，可以有效地解决“该制度相关规定不合理”这一问题，为强制报告制度的有效运行提供坚实基础。首先，对报告内容作出具体规定，增强其可操作性。在《未成年人保护法》现有相关规定的基础上继续完善，将报告主体落实到个人，增强责任的

① 参见张军：《最高人民检察院关于人民检察院开展未成年人检察工作情况的报告——2022 年 10 月 28 日在第十三届全国人民代表大会常务委员会第三十七次会议上》，载中国人大网，http：//www. npc. gov. cn/npc/c30834/202210/t2022/029_ 320041. html。

落实，避免报告主体的侥幸心理；针对我国“性侵未成年人犯罪持续增多”①的现状，将“性侵害”的报告主体规定为所有人。同时，采用“列举 + 概括”的形式规定报告内容，并顺应时代的发展将“忽视”“精神虐待”“目睹家庭暴力”等情况纳入其中。其次，规定统一受理强制报告的机构，建立强制报告信息网，努力实现各相关部门的资源共享。再次，丰富未履行强制报告制度的责任类型，增强报告主体的自觉报告意识。加大对报告主体的保护，允许匿名报告，保护报告主体的个人信息，对善意报告者实行豁免、对报告主体在特殊情况下给予特殊保护，解决报告主体的后顾之忧。最后，对该项制度的各运行环节及其负责部门、时间进行明确规定。构建如图 2 所示的运行流程。

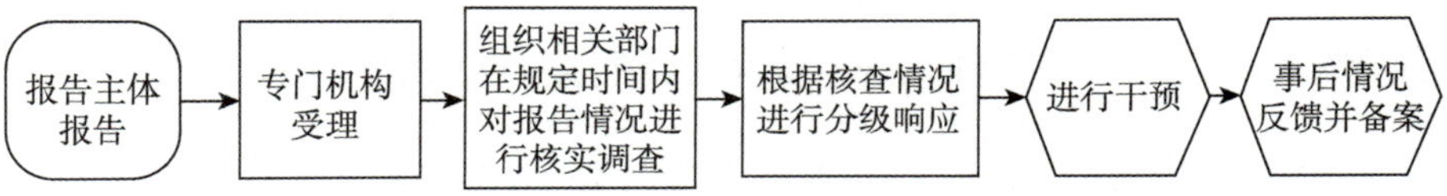

图 2　强制报告制度运行流程

2. 加强与《教师法》《医师法》等行业规范的融合

《未成年人保护法》与《关于建立强制报告制度的意见》中对报告主体的相关规定是针对整体而言的，并没有针对各类报告主体单独规范；因此强制报告制度对于身为报告主体的个人而言感觉较为遥远，约束力不强。我国强制报告制度规定的报告主体绝大部分都有其行业内部行为予以规范，如密切接触未成年人的教师、医生分别有《教师法》和《医师法》对其进行规范。在相关的行业规范中规定强制报告义务，有利于其真正在相关报告主体心中落地生根。例如，可以在相应的行业规范中明确规定强制报告义务，设置相应的责任，设立备案制度；规定配备相应的强制报告专业培训，增强报告主体主动报告的意识和发现侵害未成年人行为的能力，从而提高相关主体对该制度的知晓度和履行强制报告义务的自觉性。

① 最高人民检察院发布的《未成年人检察工作白皮书（2021）》显示，2021 年，检察机关起诉强奸未成年人犯罪 17917 人，同比上升 16.61%。

（二）建成“六位一体”的侵害未成年人案件强制报告制度的运行体系

强制报告制度的最终目的是解决侵害未成年人的问题，为未成年人营造一个安全的成长环境；但仅靠强制报告制度是不能实现该目的的，需要未成年人“六大保护”① 通力合作。强制报告制度的有效运行不是靠司法部门就能够实现的，而是需要各大保护部门的协调合作。因此，应将强制报告制度充分融入我国未成年人的保护系统，以求最大化地发挥强制报告制度的效能，实现“1+6>7”的效果。

1. 增强强制报告制度在未成年人司法保护系统中的自洽

根据前文论述我们能够清楚地认识到，强制报告制度在未成年人司法保护体系中缺乏与其他未成年人司法保护制度的有效衔接，未能将该项制度落到实处，很多报告主体向相关组织报道后都无疾而终，报告主体没有看到他们报告所产生的保护未成年人的效果，使他们对强制报告制度本身存有疑虑而不愿报告。因此，要将强制报告制度在未成年人司法保护中落到实处，充分运行“每案必查”机制，同时，与“家庭教育指导工作”、“督促监护令”以及“向人民法院申请撤销监护人的监护资格”等未成年人司法保护制度充分结合，充分发挥预防侵害未成年人行为发生以及保护受侵害未成年人的作用。同时，将处理结果及时反馈给报告主体，并进行备案登记，使每一个报告主体都能看到强制报告制度的成效，增强报告主体的认同感和自觉性。

2. 设立统一受理强制报告的专门机构，建立强制报告信息网

通过对强制报告制度的相关研究发现，对于报告对象而言，不同规范之间存在歧义，缺乏专门的统一受理机构，这不利于报告主体履行自己的报告义务。目前，强制报告制度在我国实践中已经形成了侧重于及时有效惩戒侵害未成年人违法犯罪行为的司法运行机制和侧重于拓宽儿童救助保护工作渠道的行政运行机制两种类型。② 但是，这两种运行机制在实践中各自独立，并

---

① “六大保护”，指家庭保护、学校保护、社会保护、网络保护、政府保护、司法保护。

② 参见徐富海：《中国儿童保护强制报告制度：政策实践与未来选择》，载《社会保障评论》2021年第3期。

没有实现有效配合，没有实现“1 +1 >2”的效果。因此，可利用行政运行机制中较为丰富的报告途径，在行政系统内部设立统一受理强制报告的专门机构，并与未成年人网络保护系统相结合，继续拓宽强制报告制度的报告途径，多渠道收集报告；建立强制报告信息网，将未履行强制报告义务的主体进行备案。这样，既可以拓宽报告主体的报告途径，实现强制报告的资源共享，提高强制报告制度的运行效率，也可以增强强制报告制度义务主体的报告自觉性。

3. 与社会基层治理机制充分结合，建立网格化的负责机制

基于我国的基本国情，我国在社会基层治理方面已经形成了较为完善的机制体系，形成了由点到面的管理系统，同时社会基层治理的工作人员具有“基数大、贴近群众”的特性。侵害未成年人行为本身具有极强的隐蔽性，想要发现侵害未成年人行为或者在相关部门受理后及时地调查核实相关情况，需要有对受侵害未成年人家庭情况相对了解的工作人员，而基层治理工作人员是最合适的人选。因此，应将强制报告制度融入社会基层治理的工作内容之中，将基层治理工作人员纳入强制报告制度的运行机制，建立网格化的负责机制，充分发挥其具有的优势。同时，设置社会基层治理工作人员的专业培训机制，增强其沟通和发现侵害未成年人行为的能力，从而使强制报告制度能够充分发挥其效能，提高其运行效率。

4. 加强与社会组织的联合，使强制报告制度落地生根

强制报告制度的有效运行需要各个社会组织的共同努力。首先，应充分发挥未成年人保护协会、社区等未成年人保护社会组织的力量，将强制报告义务规定到其章程之中，将强制报告制度的环节融入其日常工作中，并定期组织相应的专业培训，提高成员的专业能力。其次，应充分发挥社会指导监督的效能，如赋予一些易发生侵害未成年人案件场所的工作人员强制报告的义务，明确规定在 KTV、宾馆等营业性娱乐场所不允许未成年人与非监护人以外的人进入，或者需要提供相应的关系证明并告知报告对象。最后，应加强与社会工作机制的融合。我国拥有相当数量的社会工作者，并具有一定的专业知识，这为履行该制度提供了基础。因此，可以进一步明确社会工作者

的责任，通过其在提供权益维护、心理疏导等服务时所了解掌握未成年人的相关情况，对发现存在侵害未成年人情况的，及时履行强制报告义务。[①]

5. 学校设置教师培训和考核机制，增强教师的报告意识

教师是密切接触未成年人的人，是理所应当的报告主体，甚至是主要的报告主体之一。然而，教师却由于“害怕破坏与家长的关系”“担心自己的前途发展”“听学校领导安排”等原因不愿或不敢报告。已有研究表明，强制报告制度相关概念的模糊性导致教师群体高度依赖学校对制度的解释，尤其是听从学校领导的安排，并没有意识到强制报告的法律责任属于自己。[②] 这种现象无疑会极大地降低强制报告制度的利用率，无法使其充分发挥效能。这既需要国家在立法层面将强制报告制度的相关概念清晰化，更需要学校充分发挥其保护未成年人的效能，在教师团体建设中设置定期的专业培训课，让教师正确认识该制度，了解其流程，增强识别侵害未成年人行为的能力。同时，定期在学校内部开展强制报告制度总结大会，及时对履行强制报告义务的教师进行表彰，对未能履行强制报告义务的教师进行批评，对造成严重后果的进行备案登记，在后续的晋升考核中作为一项考察项目，进而使强制报告制度深入每一位教师和学校工作者的心中，增强其报告意识。

6. 加大宣传力度，使其“落户到家”

从思想层面解决人们的错误认识，使相关主体正确认识强制报告制度，从而改变现有的“不敢报、不愿报”的社会现状是至关重要的。社会各组织应加大对强制报告制度的宣传力度，让相关报告主体知道强制报告制度、了解强制报告制度，努力改变长久以来在人们心中形成的错误的教育思想和观念，营造出“谁报告，谁光荣”的社会风气，使强制报告制度真正落地生根。同时，社区部门和学校应加强对强制报告制度的宣传，使各个家庭成员可以充分了解该制度，进而改变原有的教育理念和“家丑不可外扬”的封建思想。

---

① 参见李峰：《试论侵害未成年人案件强制报告制度完善路径》，载《中国青年社会科学》2022年第6期。

② 参见沈纪、赵心怡：《合法性视角下强制报告制度在实践中的困境与应对》，载《青年研究》2022年第6期。

这样，在能够减少监护人侵害未成年人行为发生的同时，监护人可以主动向有关部门报告未成年人受到外部侵害的情况，当相关机构受理报告后调查核实相关情况时，监护人也可以积极配合，提高运行效率，进而更早地让未成年人摆脱受侵害的环境，让更多隐藏在黑暗中的魔爪暴露在阳光之下。

五、结语

未成年人的保护问题一直是我国的工作重点；经过长时间的探索与努力，我国在未成年人保护方面取得显著成果，但我国未成年人保护依旧任重而道远。保护未成年人健康茁壮成长一直以来都是党和人民共同的愿望，需要我们的共同努力。因此，需要持续深入地完善该项制度的法律规定，形成系统化的侵害未成年人案件强制报告法律规范体系，并以该项制度为前提，使其与基层社会治理、社会工作机制以及心理辅导和干预等组织机构有机融合，建成“六位一体”的强制报告制度的运行体系。这对于保护未成年人意义非凡，也需要我们的共同努力。

奸淫幼女案件犯罪形态认定规则的厘清

——以S省108件奸淫幼女案件为研究样本

易凌波[*] 游 雨[**]

内容提要 近年来，随着奸淫幼女案件的频频曝光以及该类案件的恶性程度越来越高，其不断挑动公众的神经和心理承受能力，对犯罪行为人科处的刑罚也备受争议。在司法实践中，因疏于关注奸淫幼女案件犯罪形态的准确认定，仅注重实害后果对量刑的影响，导致部分犯罪既遂案件科处刑罚轻于犯罪未遂，造成刑罚失衡的窘境。基于此，应厘清犯罪形态认定规则，从规范证据印证规则出发，认定案件事实，结合客观环境因素审查犯罪未完成形态停止行为的自动性，从而准确区分犯罪未遂与犯罪中止。此外，在奸淫幼女案件客观证据有限的情形下规范运用经验法则对事实的认定，准确识别奸淫幼女案件各种犯罪形态，以期精准打击犯罪行为人，高质量维护幼女的合法权益，实现罪责刑相统一的刑事价值追求。

关键词 刑事犯罪 奸淫幼女 犯罪形态 认定规则

* 易凌波，四川省崇州市人民法院党组成员、副院长。

** 游雨，四川省崇州市人民法院刑事审判庭副庭长。

为达到司法公正，法官经常有办法避开技术上的法律要求，以达到他们认为的公正结果。① 奸淫幼女犯罪的法定罪名为强奸罪，犯罪既遂以生殖器官“接触说”作为认定标准。实践中大量存在对奸淫幼女案件犯罪形态的争议，以及对犯罪未遂、犯罪中止、犯罪既遂的不恰当认定，而且在科处刑罚时又注重实质危害后果重于形式危害后果，未参照犯罪形态的不同进行量刑区分，导致社会大众对奸淫幼女案件的刑事处罚颇有微词。本文拟从厘清奸淫幼女案件犯罪形态认定来实现从严准确打击奸淫幼女犯罪行为。

一、奸淫幼女案件犯罪形态认定困境

（一）犯罪形态的认定情况现状

根据本文研究方向，为对奸淫幼女案件的四种犯罪形态进行总体把握，笔者抽样了涵盖四种犯罪形态的生效裁判文书 108 份②，筛选了代表四种犯罪形态的典型案例，如表 1 所示。

表 1　奸淫幼女案件的四种犯罪形态典型案件情况

犯罪形态	序号	基本案情	裁判结果	备注
犯罪预备	案例一	被告人郑某添加被害人李某（10 周岁）为好友，在聊天过程中诱骗李某向其发送裸照，此后多次以将裸照发送至 QQ 群并发送给李某母亲为由进行威胁，要求李某到其家里与其发生性关系。当李某犹豫是否出门时，被李某爷爷及时发现从而案发	被告人郑某犯强奸罪，判处有期徒刑 2 年	服判，未上诉

① 参见［美］托马斯·A. 马沃特：《庭审制胜》，郭烁译，中国人民大学出版社 2012 年版，第 445 页。

② 因强奸罪案件的判决书不在中国裁判文书网上公开，笔者在“司法大数据管理平台”的“类案精准推荐系统”中，选择“强奸罪”罪名并在案件事实处录入“幼女”作为检索名目，因涉及文书中引用条文存在“幼女”字样，通过人工识别筛选出 S 省近三年的 108 份奸淫幼女案件的裁判文书作为本文的分析样本。

续表

犯罪形态	序号	基本案情	裁判结果	备注
犯罪未遂	案例二	被害人李某（5 周岁）与小伙伴王某（5 周岁）在古戏台附近玩耍时遇见被告人罗某，罗某以想与李某交朋友为由，将李某与王某带至附近有围墙的荒地处，当着王某的面拥抱、亲吻李某。后罗某将自己与李某的裤子连同内裤一起脱下，亲吻李某的屁股，用手指插入李某的阴道，李某大声哭闹，罗某捂住李某的嘴巴。因担心李某哭闹被人发现，罗某拿出随身携带的水果刀威胁李某、王某不许将事情告知他人，后放 2 人离开。经对李某进行身体检查，李某阴道口可见充血、轻微水肿，处女膜未见明显出血	被告人罗某犯强奸罪，判处有期徒刑 4 年 10 个月	罗某以其行为成立犯罪中止提起上诉，二审驳回上诉，维持原判
犯罪中止	案例三	被告人赵某系网约车司机，接被害人张某（9 周岁）上车后，在明知张某未满 14 周岁的情况下，采用欺骗的方式抚摸张某的手臂、大腿以及外阴部位，并用言语挑逗和许诺给予金钱等方式，引诱张某与其发生性关系，张某拒绝。后赵某将张某送至目的地	被告人赵某犯强奸罪，判处有期徒刑 2 年	一审认定赵某的行为成立犯罪未遂，赵某不服提起上诉;二审认定赵某的行为成立犯罪中止
	案例四	被告人颜某明知被害人邓某是未满 14 周岁的幼女，在某理发店内采用暴力手段控制邓某，使邓某难以反抗，然后采取亲吻嘴巴、抠摸阴道等方式对邓某实施猥亵行为，且欲与邓某发生性关系，后颜某主动放弃犯罪。案发后颜某对邓某进行了赔偿并取得谅解	被告人颜某犯强奸罪，判处有期徒刑 1 年 6 个月	服判，未上诉
犯罪既遂	案例五	被害人杨某（5 周岁）与被告人李某是邻居，杨某到李某家玩耍时，李某哄骗杨某后将生殖器官放入杨某的嘴里，后又用生殖器官戳杨某的生殖器官，杨某喊痛后，李某再次将生殖器官放入杨某的嘴里。经对杨某进行身体检查，杨某的外阴和处女膜未见损伤	被告人李某犯强奸罪，判处有期徒刑 4 年	服判，未上诉
	案例六	被告人杨某利用被害人（6 周岁）年幼无正常辨识能力且不知反抗，将被害人的内裤脱下，用自己的生殖器官触碰被害人的生殖器官，后当着被害人的面射精	被告人杨某犯强奸罪，判处有期徒刑 10 年 6 个月	服判，未上诉

笔者通过对抽取的 108 份有效文书的犯罪形态认定进行统计（见表 2）发现，这些案例中被认定为犯罪未完成形态的案件数量明显较少，仅占 11.1%，这其中也会因部分幼女性知识缺乏，没有意识到自己遭遇到的是犯罪行为，即使意识到自身遭遇了性侵，但出于对家庭、名誉或者担心被报复的顾虑而不愿报案①，从而也会影响犯罪未完成形态的案件数量统计。虽然犯罪中止与犯罪未遂案件数量少，但是结合表 1 的案例发现，对两者的认定争议非常大。

表 2　犯罪形态认定情况

单位：件

犯罪未完成形态			犯罪已完成形态	备注
犯罪预备	犯罪未遂	犯罪中止	犯罪既遂	
1	7	4	96	
	1		8	其中仅为生殖器官接触的情形的数量

犯罪已完成形态即犯罪既遂的案件占 88.9%（其中仅为生殖器官发生接触未造成幼女身体损伤的案件有 8 件，占比 8.3%），奸淫幼女案件以生殖器官接触成立犯罪既遂，但是实践中仍然有认定为犯罪未遂的生效裁判。

（二）犯罪未遂与犯罪中止“自动性”之争

犯罪未遂与犯罪中止的争议在于对被告人停止行为的自动性的评判不一。中止犯罪的“自动性”，就是要求行为人基于自己意愿主动地中止犯罪，行为人或者是良心发现，或者是幡然悔悟，或者是害怕法律制裁，只要其停止犯罪具有自愿性、主动性，就符合这一特征。② 但也有观点认为，犯罪中止的自动性应当考察行为人在作出停止的行为选择时是否认为自己是被迫的，如果其主观上并不认为自己的停止行为是被迫的、别无选择的，即应当认为具有

① 参见朱兵阳：《熟人性侵问题的犯罪学思考——以性侵女童为视角》，载《广西警察学院学报》2021 年第 5 期。

② 参见臧德胜：《法官如此裁判：刑事审判要点解析》（刑法总则卷），中国法制出版社 2019 年版，第 101 页。

自动性，而是否确实具有真诚悔悟、同情、怜悯等伦理上的情感不应该作为自动性的评判依据。①

在表1所示的案例三中，二审生效裁判文书认为，被告人作为网约车司机，在被害人搭乘其车辆期间，被告人有继续作案的相对隔离的空间，被害人从年龄及身形上均没有能够抗衡或者制止被告人行为的能力，而被告人在被害人拒绝后没有实施相应的奸淫行为，是其受自身主观意图支配主动停止实施奸淫行为，符合犯罪中止的规定。因此，案例三的终审判决认定成立犯罪中止。案例四明显更符合相对隔离的作案空间，同样被认定为犯罪中止。

在案例二中，二审维持一审判决，主要裁判观点认为，对于被告人提出主动放弃继续实施犯罪的意见，根据其在侦查机关稳定的供述，其是因被害人哭闹声大，怕引来路人被发现，故而放被害人离开。从被告人供述中可以看出，被告人主观上是恐惧侵害行为被他人发现而放弃实施行为，并不是由于被害人哭闹而心生怜悯，更多地反映出被告人是基于其认知的外界压力而放弃实施犯罪行为，不是自主自愿地自动放弃。因此，法院最终认定被告人的行为成立犯罪未遂。

还有学者认为，担心、害怕事后被告发而放弃犯罪行为的是否具有自动性的评判，需要根据情况而定：对于公然实施的暴力犯罪而言，具有自动性；对于秘密进行的犯罪而言，则不具有自动性。② 对此种观点，上述两个案例都是秘密进行的犯罪，但并没有全部被认定为犯罪中止，理论上确实难以解决这一争议，也留下了很大的商榷余地。

（三）犯罪未遂与犯罪既遂的“接触说”之争

对于“意志以外的原因”的犯罪未遂认定，以表2中1件已经发生生殖器官接触事实但被认定为犯罪未遂的案例分析，该案法院最终采纳了辩护人关于被告人因年龄大生殖器官不能勃起的客观事实为意志以外的因素导致未

---

① 参见马路瑶：《被害人被迫作出不真实承诺后行为人停止犯罪行为的犯罪形态分析——从武某强奸案谈起》，载《江西警察学院学报》2018年第1期。

② 参见陆诗忠：《对中止犯中“自动性”的再追问》，载《法学》2019年第8期。

得逞，且未造成或者亦不能造成实害幼女身体的后果，属于犯罪未遂的意见，因而认定为犯罪未遂。法官作出这一判决，是认为犯罪未遂与犯罪既遂的区别在于对幼女身体是否会造成实害后果，而没有对影响幼女身心健康的危害后果引起足够关注。刑法通说认为，奸淫幼女型强奸罪的法益是幼女的身心健康权利，而不单是身体受伤的结果。与幼女发生生殖器官接触已伤害了幼女的身心健康权利，已造成法益损害，符合该罪的客观方面，应当构成犯罪既遂。由此可见，该案的裁决与刑法“身心损害原则”相悖。

对比表 1 中的案例二和案例五可以发现，案例五为被告人与被害人生殖器官的接触，在未对被害人造成身体上的伤害的情形下即已是犯罪既遂。但在案例二中，被告人实施“用手指插被害人阴道”的行为，虽然没有发生生殖器官接触，但对被害人身体留下了伤害的痕迹，举轻以明重，当然应当成立犯罪既遂，而案例二中的法官认为被告人与被害人二人的生殖器官发生接触才符合成立犯罪既遂标准。该案没有考虑被害人是年仅 5 周岁的幼童，被告人“用手指插被害人阴道”的行为已经造成了被害人身心健康权利的损害，且强奸案件还存在其他形式的性交方式，该案最终认定为犯罪未遂，没有体现出刑法罪责刑相一致的原则。

（四）犯罪既遂与犯罪中止竞合之争

犯罪既遂形态分为“实害结果犯”和“形式结果犯”。[①] 奸淫幼女犯罪案件以被告人与被害人双方生殖器官发生接触为犯罪既遂的标准，属于形式结果犯的范畴。因此，在认定奸淫幼女犯罪行为成立犯罪既遂的情况下不应当再进行中止犯罪的认定。

但是，犯罪中止制度能够和其他停止形态共存。[②] 刑法学界曾有观点认为，犯罪预备、犯罪未遂、犯罪既遂是犯罪发展所可能停顿的阶段也即结局，

---

① 参见陆诗忠：《“犯罪既遂形态”的反思与初构》，载《法治研究》2014 年第 10 期。

② 参见陈建桦、杜国伟：《危险犯既遂后中止问题新解》，载《中国刑事法杂志》2013 年第 6 期。

犯罪中止不是独立阶段，而是与前三者相关的结局。① 也就是说，犯罪既遂还存在与犯罪中止竞合的情形。所谓中止犯与既遂犯的竞合，是指犯罪人出于特定的犯意实施预谋的犯罪行为，后来自动中止了业已实施的预备或实行行为，或者自动有效地防止了预期危害结果的发生，构成预谋犯罪的中止犯，但同时又构成另一犯罪的既遂犯。②

在案例五中，被告人生殖器官与被害人生殖器官发生接触后，因被害人呼痛，被告人停止与被害人生殖器官发生接触的行为，转而将其生殖器官放入被害人嘴里。当前，我国的法律法规中没有对奸淫行为进行明确的定义，在司法实践中，如果犯罪行为人强行对未成年被害人做出口交、肛交等行为，在犯罪行为人否认性侵的情形下，此时部分法院会以猥亵儿童罪对行为人进行惩处（最新的司法解释已将前述行为纳入“猥亵手段恶劣或者有其他恶劣情节”的情形，法定刑升档）。如前文所述，案例五中被告人的行为成立奸淫行为的自动停止，且未发生实害被害人身体的危害后果，后被告人继续实施猥亵行为。从理论上讲，案例五的被告人的行为符合强奸罪中止犯与猥亵儿童罪既遂犯的竞合。同样，案例三也是如此，被告人的行为成立强奸罪的中止形态，其实行行为已成立猥亵儿童罪的既遂形态。在此两种不同犯罪形态交叉重叠的情况下，对犯罪形态的选择和认定，直接关系到对被告人行为如何定罪量刑的问题。学界有观点认为，甲罪的中止犯所产生的现实结果，如果在形式上构成乙罪，乙罪与甲罪之间是一种被吸收和吸收的关系。③ 这样认定的前提是案件事实清楚，被告人进行如实供述，没有作罪轻的辩解。因此，最终生效裁判对案例三、案例五中的被告人均以强奸罪追究刑事责任，否则案件的定性与量刑均会受到影响。

---

① 参见杜永浩：《犯罪形态论——以刑事被害人为视角》，载《湖北警官学院学报》2004 年第 1 期。

② 参见李兰英、林亚刚：《犯罪中止形态若干争议问题的再探讨》，载《法律科学（西北政法学院学报）》2002 年第 5 期。

③ 参见张明楷：《刑法格言的展开》（第 3 版），北京大学出版社 2013 年版，第 332 – 333 页。

二、奸淫幼女案件犯罪形态认定困境的成因

（一）犯罪形态认定标准不统一

1. 理论争议。根据刑法对犯罪形态的规定，有以下几种不同的观点：

观点一认为“犯罪结果”是否发生是区分犯罪未完成形态与完成形态的关键。但是对犯罪结果又误认为等同于实害后果。如表2所示的1件将生殖器官接触的情形认定为犯罪未遂，即是将发生实害结果视同为发生犯罪结果。

观点二认为，区分犯罪形态的关键点是准确认定犯罪过程的“终点”，预备犯、未遂犯和中止犯皆在“终点”之前才可能成立，既遂犯仅能在终点之后才能认定。犯罪过程中的“终点”则是犯罪不可逆转的停止。① 但是对“终点”的界定却存在很大的争议：若将“终点”设定在犯罪既遂时，而存在的后续行为仍然应当认定为犯罪行为。例如案例五，被告人的奸淫行为成立强奸罪既遂后，后续的猥亵行为仍然应当以猥亵儿童罪定罪处罚。同时，这也不符合设立犯罪中止制度的立法意图。例如案例三，法院最终对被告人的行为以强奸罪（犯罪中止）处罚，否则应当按猥亵儿童罪与强奸罪二罪数罪并罚。

观点三认为，行为犯的既遂标准为法定行为的实施并出现行为人所期待出现的结果即构成犯罪既遂，否则只能是未遂。② 比如，前文所列举的被告人与被害人发生生殖器官的接触案例，因被告人自身身体原因不能发生实害后果的情形而认定为犯罪未遂情况，此处就如前述观点所称的“期待出现的结果”无法发生。虽然有此理论基础，但是应当考虑奸淫幼女案件的特殊性，对该案认定为犯罪未遂，笔者仍持保留意见。

2. 实务焦点。《人民法院报》上刊载的典型案例的裁判规则为被告人因

---

① 参见汪东升：《“既遂”后中止问题研究——兼论对“犯罪结果发生”的理解》，载《中国刑事法杂志》2016年第3期。

② 参见徐跃飞：《论犯罪既遂的新标准：“期待结果出现说”》，载《湖南社会科学》2016年第1期。

客观实质阻却因素“害怕”而停止犯罪的应当认定为犯罪未遂。[①] 在案例二中，审判人员对被告人害怕被人发现，是以案发地处于古戏台附近，周边人来人往容易被人发现的情形作为“客观实质阻却因素”，因而将被告人停止实施侵害行为认定为犯罪未遂。在案例三中，通过分析裁判文书发现，被告人行车路线在城区，被告人在实施驾驶车辆的过程中，被害人明确拒绝被告人的奸淫行为，被害人在乘车过程中也可以采取大声呼叫或者其他引起周边注意的方式求救，从此角度分析，被告人停止犯罪行为的原因亦可归入客观的阻却因素。一审法院认定被告人成立犯罪未遂并无不当，但是二审法院最终改判认定被告人成立犯罪中止。

（二）证据缺乏导致的证明困境

性侵案件有其不可忽视的特殊性，无论是奸淫幼女还是猥亵儿童案件，由于犯罪过程较为隐蔽，证据形式较为单一，[②] 该类案件类似于密室作案的情形，直接证据主要为被害人的陈述、被告人的供述和鉴定意见。

1. 被害人陈述的模糊、片断化导致事实不清。被害人作为未满 14 周岁的幼女，该年龄段跨度较大，包括学龄前幼童、上小学的儿童和部分上初中的青少年，其对案件发生经过的描述因为年龄和知识储备的不同，存在描述案发经过时的断续不完整情形。此外，在奸淫幼女案件中，因被害人均是未成年人，在作询问笔录时要求监护人或者适当的成年人在场。部分案件的被害人因不听从家长教导导致被害结果的发生，故当其在作询问笔录时，若是严厉的家长在场，可能会对被害人造成心理上的压力，在描述案件经过时存在内容不充分或者细节不具体的情形。

2. 被告人趋利避害的供述导致的印证僵局。趋利避害是人的本性，被告人到案后，除了少部分被告人能如实供述，更多的被告人是趋利避害的供述

---

① 参见李瑛、曾建东：《因“害怕”而停止的犯罪形态认定》，载《人民法院报》2013 年 11 月 14 日，第 6 版。

② 参见刘艳燕：《以被害人陈述为核心构建性侵未成年人案件的证据标准》，载《人民司法》2015 年第 14 期。

或者完全否认犯罪事实的供述。在案件审理过程中，被告人受利己性的倾向趋使，在庭审中往往会积极辩解其停止行为的主动性。笔者在近期的奸淫幼女案件裁判文书中发现，当前奸淫幼女案件的被告人呈现出高学历、有法律知识、有反侦查能力的趋势。这些被告人完全可以利用自身所学知识，为自己寻求“最优解”。在这种情形下，对被告人是否基于利己性作出供述的客观认定、评价较弱，再加上罪疑惟轻的刑事司法原则，审判人员应当作出有利于被告人的裁判，从而导致认定犯罪形态的差异化。

3. 鉴定意见缺失加剧犯罪形态认定难度。DNA 鉴定是性侵案件最为客观与权威的鉴定意见，其能客观记录被告人与被害人之间是否实际发生性行为。基于奸淫幼女案件的特殊性，奸淫幼女案件不需要像其他性侵案件一样去证实是否违背妇女意志，因此只要 DNA 鉴定的客观性证据证实发生性关系行为，奸淫幼女案件即成立。司法实践中并不必然以实质发生性关系为成立犯罪既遂标准，而采纳只要与幼女发生生殖器官接触就成立强奸罪既遂的“接触说”裁判标准。然而，在未实质发生性关系的情形下，或者被害人受到侵害后未在第一时间报案，导致不可能或者难以在被害人或者被告人的身体内提取到对方的 DNA 检材样本，致使无法获取客观证据，从而影响对案件犯罪未遂与犯罪既遂形态的认定。

（三）经验法则不当应用导致量刑失衡

在审理奸淫幼女案件过程中，因在案证据的模糊、短缺，必然会采用经验法则判断案件事实。经验法则是指人们从生活经验中归纳获得的关于事物因果关系或属性状态的法则或知识。① 审判人员在运用经验法则认定案件事实过程中往往会依据“三常”即常情、常识、常理来进行判断、辨别，但是审判人员的个体差异往往会影响最终对犯罪形态的认定结果。

法官可以运用经验法则的规律性内容与惯习性内容论证事物本质，解释

---

① 参见张卫平：《认识经验法则》，载《清华法学》2008 年第 6 期。

立法理由，在事物本质与立法理由的基础上进一步确定法律的目的。① 例如，案例二与案例五，两个案件是同一法院由同一承办人办理，案例二中被告人未供述其生殖器官与被害人的生殖器官发生接触，而被害人的陈述也不能明确其生殖器官是否与被告人的生殖器官发生接触。因此，在犯罪形态既、未遂的认定上简单认定被告人与被害人未发生生殖器官接触而不成立犯罪既遂。同样是 5 周岁的幼女，案例二中的被害人留下了伤害的痕迹，但是作为犯罪未遂案件其刑期反而比犯罪既遂高，这虽然体现了处罚奸淫幼女犯罪行为注重以危害行为作为基本考量依据，② 但是也导致同等条件下犯罪既遂与犯罪未遂处罚的失衡。

三、奸淫幼女案件犯罪形态认定的规则完善

儿童关乎祖国的未来、民族的希望，对未成年人的保护具有现实的迫切性与必要性。因此，在处理针对未成年人的犯罪中，加强对奸淫幼女案件犯罪形态的认定也显得更加举足轻重。通过建立与时代发展同步的罪刑相适应原则的理论实践体系，加强案件证据的相互印证，运用规范的经验法则加强案件事实认定的精准度，实现奸淫幼女案件犯罪形态的准确认定。

（一）规范犯罪形态在罪当其罚、罚当其罪中认定的价值统一

1. 生殖器官“接触”即成立犯罪既遂。明确当前对幼女保护的紧迫性，保障幼女身心健康成长的必要性，对奸淫幼女案件严格执行生殖器官“接触说”既遂标准应无例外。对犯罪行为人因自身身体原因不能对幼女造成身体损害的，不能将实害后果等同于犯罪结果。犯罪行为人生殖器官与幼女生殖器官发生接触，已然造成对幼女身心权益的损害，具有危害后果。危害后果也是犯罪结果的一种，因此，犯罪行为人发生与幼女生殖器官接触的行为，当然应当统一纳入犯罪既遂进行处罚。

---

① 参见何雪峰：《基于经验法则的法律论证》，载《交大法学》2022 年第 2 期。

② 参见黄祥青：《性侵未成年人犯罪的审判要点》，载《人民司法》2014 年第 3 期。

2. 注重法益平衡保护的价值导向。法益的概念不是静态的，而是开放式的，是在符合宪法目的所设定的范围内，随着历史的变化和经验知识的进步而流动。[①] 对幼女性权利的保护，随着社会的发展而不断进步，如 2020 年通过的《刑法修正案（十一）》将奸淫幼女案件中“奸淫不满十周岁的幼女或者造成幼女伤害的”行为作为严重犯罪行为提高法定刑，予以严厉的刑事打击，将未满 10 周岁的幼女纳入绝对保护期。在办理奸淫幼女案件过程中，要善于跟进社会的发展，规范运用罪刑相适应原则，最大限度弘扬社会主义核心价值观。

3. 准确研判个案差异。注重刑罚与犯罪之间内在性质（价值）上的同一性。[②] 思索惩罚与社会价值观的联系，注重实害后果重于形式危害后果，是对罪当其罚、罚当其罪价值考量的当然决断。比如，前文所列举的案例二，虽然生效裁判认定被告人的行为成立犯罪未遂，但是其刑期却明显高于案例五的犯罪既遂，尽管犯罪未遂具有法定的比照既遂犯从轻或者减轻处罚的规定，但是其刑期却明显高于案例五的犯罪既遂。量刑的冲突，是因为忽略了犯罪形态的准确认定价值，因此需要辅以刑事司法价值来解析个案差异，从而破解犯罪行为的实质犯罪形态。

（二）完善主观证据补强规则

奸淫幼女案件的直接证据、客观证据少是普遍现状，此时主观证据对案件事实的认定尤为重要。主观证据受到陈述者自身条件、观察环境、作证动机、侦讯技术等多种因素的影响，单独据其认定事实存在较大的误判风险。[③] 言词证据是奸淫幼女案件重要且直接的定案证据，加强对主观证据的印证，对认定案件事实尤为重要。

1. 言词证据相互补强。某一证据所反映的案件事实，在其他证据中得到

---

① 参见胡莎：《法益批判论——以犯罪未完成形态基本理论为突破口》，载《中国刑事法杂志》2013 年第 10 期。

② 参见陈兴良：《走向哲学的刑法学》，北京大学出版社 2018 年版，第 213 页。

③ 参见向燕：《刑事客观证明的理论澄清与实现路径》，载《当代法学》2022 年第 3 期。

一致性的反映，即使反映的具体形式有区别，但证据联合起来形成一个“逻辑上一致的系统”，使特定的事实得以证立。①

首先，厘清被害人陈述中的碎片化信息。被害人是案件的亲历者；在奸淫幼女案件中，被害人的表达能力与其年龄大小成正相关。年龄越小的被害人，如案例二、案例五中所提到的5周岁的幼童，作为学龄前儿童，尚未接受规范的学历教育，其作出的陈述主要是在监护人的引导下对案件经过进行叙述，表达上存在片断化、不完整的特点。笔者通过分析收集幼女言词证据发现，幼女涉世不深，其人生经历、人际关系相对简单，社会化程度低，相较于成年人，幼女陈述的可信度更高。② 大多数5周岁的幼童在与大人的日常互动嬉戏中，“掩耳盗铃”式的游戏多为常态，是否撒谎，正常的成年人都可以辨别。被害人的表达能力虽有欠缺，但是通过整理、分析幼女提供的碎片化信息，依旧可以还原案发经过，让审判人员产生对案件事实的基本判断。

其次，发掘被告人供述与辩解中的细节事实。虽说坦白从宽，但是由于奸淫幼女案件的私密性特征，被告人坦白的幅度越大，犯罪事实越清晰，其罪状可能就越重。由于性侵案件具有与生俱来的隐蔽性特征，被告人从利己性的角度出发，往往会从轻辩解甚至大概率翻供。因此，对被告人供述与辩解意见的审查，应仔细识别被告人交代的细节问题，在被害人提供的碎片化信息中找出吻合点，通过关联作案环境，考察被告人作案是否符合情理，以及所处环境对其停止实施犯罪行为的影响，加强审判人员对案件发展经过的基本判断，从而认定案件事实并识别犯罪形态。

最后，利用证人证言补强认定事实的客观性。笔者在收集的奸淫幼女案例中发现，对案件事实进行描述的证人主要分为两类：一类是直接证人，该类证人主要是案发时与被害人同行的小伙伴，一般为与幼女年龄相仿的未成年人，但是有直接证人的案件极少；另一类是间接证人，该类证人主要是被害人的家人或者朋友，其作出的证言来源于被害人事后向其讲述的案发经过，

---

① 参见龙宗智：《事实碎片都闪耀着同一事实之母的光芒——论“印证”的机理》，载《当代法学》2022年第1期。

② 参见郑蕾：《性侵儿童案件被害人陈述的审查判断》，载《中国检察官》2021年第6期。

该类证言是对案发经过的再描述，属于传来证据，该类证据在奸淫幼女案件中普遍存在。间接证人的证言，其实质可以归入被害人陈述中，其对被害人的陈述不能起到相互印证的作用，但是能够证明被害人陈述时的语言和神态举止①，让审判人员产生对认定事实的补强印证效应。

2. 客观证据对主观证据的佐证。鉴定意见是最常见的客观证据，重点审查鉴定取样的合法性与关联性，让鉴定意见成为能“说话”的证据。奸淫幼女案件以生殖器官“接触说”作为犯罪既遂的标准，只要在幼女身体上提取的检材中检出被告人的 DNA，或者在被告人的生殖器官等重要部位检出被害人的 DNA，便能印证被害人被性侵的犯罪事实。

在无 DNA 检材的情形下，规范的医学诊断证明也是客观专业的“鉴定意见”。将医学诊断证明纳入广义的鉴定意见，作为辅助的客观证据证实犯罪行为的犯罪形态。医学诊断证明又称病情诊断证明，它不同于一般的书证材料，是由具有专业知识的专科医生出具并加盖医院印章的证明材料。医学诊断证明一般是案发后由侦查人员带领被害人到指定的专业医院进行人身检查后取得的证明材料，该证明是对行为人实施犯罪行为发生危害后果的客观印证。审判人员仅需对该证明进行形式审查，只要符合书证类的形式要件，即可认定证据的“三性”符合规定，可以作为定案的依据。

（三）完善间接证据的推定规则

刑事推定是依靠间接证据定案的补充性措施，推定的依据限于特定的基础事实，具有“法定证据”的制度特征。② 刑事推定规则是指司法人员运用逻辑、日常经验法则从已知的基础事实推断出待证事实，并允许犯罪嫌疑人、被告人提出反驳的一种事实认定规则。③

1. 通过勘验现场加强客观环境对犯罪未完成形态的推定。勘验笔录及照片是对案发现场的客观呈现，能够反映出客观环境对被告人实行行为停止自

① 参见向燕：《论性侵未成年人案件的证据运用》，载《青少年犯罪问题》2020 年第 5 期。
② 参见龙宗智：《推定的界限及适用》，载《法学研究》2008 年第 1 期。
③ 参见杜邈：《刑事推定规则的特征、类型与司法适用》，载《法律适用》2022 年第 2 期。

动性的影响度。在审查犯罪未完成形态中停止行为的自动性时，客观环境是否对被告人形成了现实的外在压力，通过现场勘验，能够获得更为客观的基本判断。比如前文所述案例三，不管是一审裁判为犯罪未遂还是二审改判为犯罪中止，都具有合理性，但是如果加入对客观环境的评述，会让裁判结果更客观、更具公信力。比如，现场勘验表明，案发现场为被告人驾驶的车辆，属于被告人可以操控的密闭的移动空间；通过勘验发现车辆的车窗存有贴膜，外面的人难以看清车内情况；驾驶员能够控制前后车窗以及将车门锁死，等等。凭借客观的环境事实说理印证被告人放弃侵害行为的自动性大于客观环境影响其顺利实施侵害行为的被动性，以此印证法院对犯罪形态裁决的正当性，更具有客观公信力。

2. 从言词证据中发现与客观环境相联系的联结点。鉴于奸淫幼女案件情况特殊，以言词证据作为定案的主要依据。但在该类案件中，除案件与生俱来的隐蔽性、私密性外，作为被害人的幼女存在自身防范意识较差、无取证观念、未形成法律维权意识等情形，这些情形导致该类案件的事实难以查清。为此，可通过各方的言词证据，分析发现与客观环境的联结点，提取隐匿在现场的物证等客观性证据，比如获取被告人到过现场的佐证材料，可以将犯罪现场、被害人与被告人密切联系起来，反过来印证言词证据的客观性，从而辅助审判人员锁定犯罪行为人。

（四）规范经验法则验证规则

经验法则是一个庞大的甚至可以说是没有边际的而且可能不断更新的知识体系，不同的知识定则具有不同的证明效能。[①] 在运用经验法则进行司法裁判时，不同的审判人员具有不同的生活阅历、办案经验，会导致运用经验法则主观性不一及适用结果的不确定性。在一定程度上规范经验法则的运用，有助于统一验证案件事实标准，使案件事实更接近于案件真相。但因经验法

---

① 参见龙宗智：《刑事证明中经验法则运用的若干问题》，载《中国刑事法杂志》2021 年第 5 期。

则的主观性强，只有在现有证据不足以印证犯罪事实及犯罪形态的前提下，方可适用经验法则。

1. 逆经验怀疑法则的应用。当争议事实常常以某种大概率的方式出现时，符合顺经验的一般情形，对此应当认定，反之则不应认定。在奸淫幼女案件中，假设在仅发生生殖器官接触且未对被害人造成身体损伤痕迹的情况下，被告人否认案件事实的，被害人作为学龄前的幼童，在多次指认被告人及调查询问中，能够始终如一地指认同一被告人并就案发的经过进行相对稳定的陈述时，根据生活经验，被害人大概率不会撒谎，对其证言的真实性则可纳入顺经验相信中。例如，在抽取的裁判文书中，其中有一例案件的案情如下：

被告人经营一家副食店，被害人独自到店里购买零食时，被告人将其诱骗至房间内，欲与其发生性关系。因被告人身体原因生殖器官未勃起，被告人的行为未在被害人身体上留下损伤的痕迹，被告人给了被害人零食未收费便让其离开。案发后，被告人否认其存在奸淫的行为，但是认可给被害人零食未收费。

该案案发当日被告人与被害人系第一次见面，被害人与被告人无亲戚关系，亦不是被告人朋友或者邻居家的小孩，而被害人手里拿了购物的零钱，但是被告人却“送”给第一次见面的陌生小孩商品而不收费，不符合生活常识，因此对被告人否认的行为可以纳入逆经验怀疑中。

2. 轻重相比的当然认定型规则。早在《唐律》中便已有了“举轻以明重”的入罪规定，审判人员通过日常生活、办案经验对案件犯罪形态作出的决断，将更符合社会大众所能接受的刑罚裁决。当审判人员对犯罪形态的认定存在分歧时，当审判人员在两种以上犯罪形态之间犹豫不决时，通过类案犯罪形态认定及刑罚轻重分析，轻重相比，便可作出决断。案例二与案例三均存在犯罪未遂与犯罪中止的争议，通过分析发现，案例三中的被告人仅实施了猥亵的行为，且客观环境对被告人的影响度明显低于案例二，而案例二中的被告人的行为已经留下损害被害人身心的痕迹，轻重相比，即可认定案例三中的被告人可以在法定刑以下处罚从而认定为犯罪中止。案例二中的被告人的行为当然不应当在法定刑以下减轻处罚，显然不宜认定为犯罪中止，而应认定为犯罪未遂。

而在案例二中，该案犯罪未遂生效判决判处的刑期高于案例五犯罪既遂判处的刑期，这虽然从刑期上体现了处罚的实质平衡，但是仍然影响了刑事处罚的均衡性。审判人员对生殖器官“接触说”的机械理解，导致这一矛盾产生。通过举轻以明重的经验逻辑，对生殖器官接触应当作扩大解释，犯罪行为人除了生殖器官与幼女生殖器官发生接触外，犯罪行为人的手、嘴等肢体部位均与幼女的生殖器官发生接触，已经对幼女造成损害并对幼女身体留下损伤的痕迹或者产生了性刺激，比如阴道充血等现象，在仅生殖器官接触且未发生身体损伤的情形下已然是犯罪既遂形态，对前述的情形更应当认定为犯罪既遂。这样，类似于案例二与案例五之间刑罚不均衡的窘境必然能迎刃而解。

结合本文对奸淫幼女案件犯罪形态认定的探讨，拟定如下认定路径供读者参考（见图 1）：

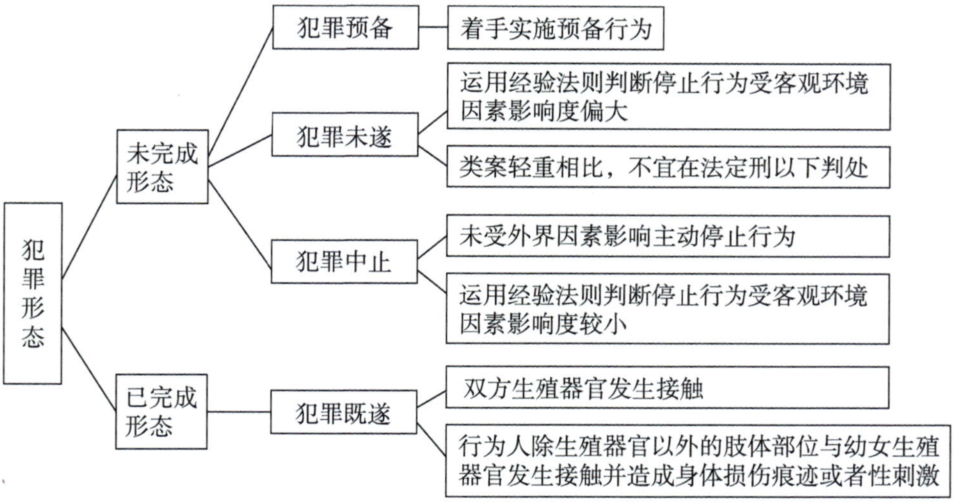

图 1　奸淫幼女案件的犯罪形态认定

四、结语

从严打击奸淫幼女犯罪行为，是当前保护未成年人权利的重要举措之一。

《刑法修正案（十一）》加重了奸淫未满 10 周岁幼女的处罚，“两高”相继出台了相应的司法解释，对相关的奸淫幼女行为进行了细化规定，从重从严打击。在打击具体个案时，准确区分、认定犯罪未遂、犯罪中止、犯罪既遂等犯罪形态，对不同犯罪形态下的犯罪行为苛以相当的刑罚，确保做到不放纵、不轻判奸淫幼女案件犯罪行为人，提高司法裁判的公信力，无疑对实现罪责刑相统一有着重要意义。